儿童健康·营养·安全促进丛书

儿童安全促进方案

Safety for Young Children：Promoting Wellness

（第 2 版）

原　著　Joanne Sorte，Inge Daeschel,
Carolina Amador
主　译　徐　韬　王　硕
译　者（按姓氏笔画排序）
王　硕　王　燕　王惠珊　牛　贺
冯围围　苏余芬　张　悦　岳　青
赵晓非　徐　韬　徐铁群　唐　鹤

北京大学医学出版社

ERTONG ANQUAN CUJIN FANG’AN（DI 2 BAN）

图书在版编目（CIP）数据

儿童安全促进方案 /（美）乔安妮·索尔特（Joanne Sorte），（美）英奇·达舍尔（Inge Daeschel），（美）卡罗莱娜·阿马多尔（Carolina Amador）原著；徐韬，王硕主译．—2 版．—北京：北京大学医学出版社，2018. 6

书名原文：Safety for Young Children：Promoting Wellness

ISBN 978-7-5659-1705-9

Ⅰ．①儿… Ⅱ．①乔… ②英… ③卡… ④徐… ⑤王 Ⅲ．①儿童教育－安全教育 Ⅳ．① G611

中国版本图书馆 CIP 数据核字（2017）第 270176 号

北京市版权局著作权登记号：图字：01-2017-5350

儿童安全促进方案（第 2 版）

主　　译：徐　韬　王　硕

出版发行：北京大学医学出版社

地　　址：（100191）北京市海淀区学院路 38 号　北京大学医学部院内

电　　话：发行部 010-82802230；图书邮购 010-82802495

网　　址：http://www.pumpress.com.cn

E-mail：booksale@bjmu.edu.cn

印　　刷：北京强华印刷厂

经　　销：新华书店

责任编辑：董采萱　　**责任校对：**金彤文　　**责任印制：**李　啸

开　　本：787mm × 1092mm　1/16　　**印张：**12.5　　**字数：**288 千字

版　　次：2018 年 6 月第 1 版　2018 年 6 月第 1 次印刷

书　　号：ISBN 978-7-5659-1705-9

定　　价：68.00 元

原著作者简介

从左至右分别为 Joanne Sorte, Inge Daeschel和Carolina Amador

Joanne Sorte 是一名从业超过35年的幼儿专业人员，她在美国俄勒冈州立大学（OSU）获得了文学学士学位和人类发展与家庭科学理学硕士学位。她最初在美国华盛顿亚基马的 Home Base 项目中担任一名家庭指导员，从而开启了自己作为幼儿专业人员的工作生涯。后来，在华盛顿朗维尤洛尔哥伦比亚学院的学前项目中担任指导，并担任开端计划（Head Start）的家庭服务协调员。目前，在俄勒冈州立大学公共卫生和人类科学学院中担任高级教员。

Joanne 在俄勒冈州立大学儿童发展实验室担任主任。该实验室推行一种多元化的早期教育项目模式，来自低收入家庭的儿童可以在俄勒冈启蒙教育幼儿园学龄前项目的支持下参与其中。有特殊需求的儿童可以与来自普通社区的儿童共同接受学前教育。Joanne 为儿童发展专业的实习生提供指导，进行毕业生督导，并为儿童发展和健康事业的研究提供条件。她还是俄勒冈开端计划协会（Oregon Head Start Association）中一名非常活跃的成员，曾经与 Inge Daeschel 合作编著了针对学前教育领域的干预方案《健康行动：获得健康的五个步骤》，并积极协助儿童早期教育机构与家庭共同改善儿童的健康状况。

Inge Daeschel 是一位拥有儿科营养学专业认证许可的注册营养师。她在美国纽约州立大学普雷兹堡学院取得了食品和营养学学士学位，曾在波士顿麻省综合医院完成了营养膳食实习，并获得诺克斯维尔田纳西大学颁发的营养学理学硕士学位。Inge 曾就职于杜克大学医学中心，起初担任儿童营养师，随后任首席临床营养师助理。该职位有助于其帮助家庭了解儿童在营养方面的需求。

后来，Inge 随家人搬到俄勒冈，并就职于科瓦利斯诊所（Corvallis Clinic）。她在俄勒冈州立大学儿童发展实验室和俄勒冈启蒙教育学龄前项目担任卫生和营养服务协调员，并在不久后接受了俄勒冈州立大学人类发展与家庭科学学院的指导员职位。同时，Inge 还是一名营养顾问，为一家地区医院、一项妇幼计划以及一系列开端计划（Head Start）提供服务。她在抚养儿童方面所拥有的专业技术是以其个人经验和职业经验为基础的，是在她抚养四个子女的过程中获得的（其中包括一名患有多种食物过敏的孩子）。她曾经与 Joanne Sorte 合作编著了一项干预方案《健康行动：获得健康的五个步骤》，旨在通过儿童早期项目中营养和身体活动的核心信息来提升他们的健康水平。

Carolina Amador，医学博士，一名获得执业认证的儿科医师。她曾在希腊雅典的佐治亚大学获得语言病理学教育学士学位，并于奥古斯塔的佐治亚医学院获得医学学位，在美国摩根敦的西弗吉尼亚大学完成了儿科实习。她曾在西弗吉尼亚大学担任总住院医师，并在此建立了一个泌乳门诊，致力于为那些愿意母乳喂养的母亲们提供帮助。Carolina 还获得了美国西雅图华盛顿大学颁发的公共卫生硕士学位，专注于孕产妇和儿童健康。她与丈夫搬到了美国俄勒冈科瓦利斯，作为一名儿科医生工作了 10 年，目前受雇于一家社区卫生中心，其服务对象大多数是西班牙裔和流动工人。在担任基层儿科医生期间，Carolina 对儿童肥胖预防、健康差异和拉丁裔人口的健康产生了浓厚的兴趣。她热衷于参加倡导维护儿童健康的社区活动和组织，包括俄勒冈州立大学的俄勒冈启蒙教育幼儿园学龄前项目健康服务咨询委员会、本顿县健康体重和生活方式联盟、本顿县口腔健康联盟以及本顿县母乳喂养联盟。在多年的教育和医疗实践生涯中，她曾多次参加在厄瓜多尔、洪都拉斯、乌干达和马拉维举办的国际医疗活动。

本书献给我亲爱的父母 Jean 和 Burrell Godard，以及我的家人 Bruce，Cascade，Matt，Caden，Jerry，Misty，Isabelle，Nate 和 Sally，是他们教会我什么是营养、卫生保健和安全，以及户外玩耍的乐趣。

——Joanne Sorte

感谢我的丈夫 Mark 以及我的四个孩子 Ariel，Lea，Kimberly 和 Devin，他们的爱与支持是我完成这本书的动力。

——Inge Daeschel

真诚地感谢每一个孩子，他们为世界带来了智慧、勇气和欢乐。还要特别感谢为我带来平安、喜乐和惊叹的家人：Scott，Lucia，Oscar 和 Felix。

——Carolina Amador

译者前言

Nutrition, Health and Safety for Young Children: Promoting Wellness（第2版）一书是由美国俄勒冈州立大学的 Joanne Sorte 和 Inge Daeschel 教授以及本顿和林恩县社区卫生中心的儿科医生 Carolina Amador 共同编写的。这本书全面概述了儿童从出生到入学前在营养、卫生保健和安全方面的需要，旨在为教师和即将成为教师的人员提供实用、易于理解的信息，帮助他们在家庭式托儿所、儿童保育中心、幼儿园和学前班等儿童早期照养机构为幼儿服务。作者通过轶事、案例和真实的例子，帮助读者了解健康概念，熟悉教育环境，掌握保健策略。

原著全书一共有 16 章，涵盖健康促进、营养促进和安全促进三方面内容。每一章节都详细阐述了相关定义、影响因素、实践方法和政策要点，针对不同年龄、不同需求的儿童提出特定的学习活动和课程计划，为教师促进儿童健康发展提供了丰富、实用的资料。

本书的翻译工作由中国疾病预防控制中心妇幼保健中心儿童卫生保健部的十多名儿童保健以及相关学科的工作者通力完成。翻译后该书分为《儿童健康促进方案》《儿童营养促进方案》和《儿童安全促进方案》三个分册，分别围绕促进儿童健康的三个重要方面进行阐述。该书旨在为我国儿童保健工作人员以及托幼机构卫生保健服务人员提供详细了解国外托幼机构儿童保健工作的窗口，并为规范我国托幼机构群体保健服务提供参考。

在翻译此书的过程中，我们力求尊重作者原意，在正确理解的基础上做到准确达意，并且符合中文的书写和阅读习惯，以使这本书的全部内容能准确、通畅地为相关专业人员所迅速运用。

由于翻译人员众多，各人对原版书意思的理解可能存在不尽相同之处，故书中难免出现一些中文表达的缺陷甚至错误。在此，我们诚恳地希望读者能给予谅解，并不吝指正。

在组织翻译这本书的过程中，对于出版社编辑人员的精心校对、指正和不厌其烦的协调，我们在此深表感谢！

原著前言

对一名儿童早期发展工作者来说，这是一个既令人兴奋又充满趣味的时代！众所周知，儿童保健专业人员为儿童早期奠定健康基础发挥着重要作用，幼儿教师也在儿童学习和成长中承担着越来越重要的责任，这对儿童早期发展工作者来说既是吸引也是挑战。在本书的第 2 版中，我们邀请您一起探寻当今养育儿童需要面临的诸多挑战，例如儿童群体呈多样性发展、食物过敏的确诊越来越多、令人忧心忡忡的肥胖流行、百日咳病例的增多、人们更加关注托幼机构或学校有特殊保健需求的儿童、儿童安全出现新的威胁、发展健康环境的意识在逐渐提升、儿童早期可持续发展策略的制订等。本书探讨的这些问题可以帮助儿童早期发展工作者理解儿童营养、卫生保健和安全之间的相互联系，并将这些知识灵活运用于儿童及其家庭。

本书*为读者提供了从出生到学龄期的儿童营养、卫生保健和安全需求的综合知识体系，内容中的案例、场景和相关问题能使读者如身临其境般站在专业的角度做出思考。本书为服务于儿童家庭看护、儿童保育中心、托幼机构、学校的儿童保健人员和教师们提供了充足的知识储备。

本书的目的是清晰、准确地为读者提供儿童健康相关的各种概念，帮助读者顺利完成相关工作，同时也提供了促进儿童健康发展的方法。读者深入了解促进儿童健康的基本方法后，应该能够掌握以下更进一步的技能要求：

与儿童及其家庭合作，共同促进儿童营养、卫生保健和安全。读者应了解婴幼儿营养、卫生保健和安全工作有赖于合作网络的支持，而您就是这个网络的一分子。

构建和实施适当的健康促进方法。读者能在实践中设计和应用与儿童年龄及发育水平相匹配的方法，以符合其发育水平、健康状况和语言发展的需求，并适合其家庭的文化习惯。

理解营养、卫生保健和安全对儿童发展的重要性。读者将在以下方面做好准备：

---

*译者注：原著为单独一本，为便于中国的读者根据自身需求查阅相关内容，翻译后的中文版按原书的内容分为三个分册，分别是《儿童健康促进方案》《儿童营养促进方案》和《儿童安全促进方案》。

- 提供有益的营养，促进生长、发育和学习。
- 满足儿童个体的健康需求，制订有益于健康的教学活动，使儿童建立终生受益的良好习惯。
- 营造确保儿童身心安全发展的健康环境，为儿童打造激发求知欲、创造力和感知力的环境基础。

读者朋友，我们向您发出热情的邀请，如果您也珍视儿童早期健康，重视儿童生长发育，并愿致力于开发每一个儿童的潜能，使他们拥有健康、快乐、美好的未来，欢迎加入儿童早期发展工作者的队伍。

接下来，为您介绍本书第 2 版所更新的内容，以及如何使用本书去学习、观察和进行教学。

本版更新

- 来自美国各地的儿童早期发展专家们共同贡献了“项目经验”部分。这部分内容为读者介绍了来自不同社区的一些具体实践项目，展示了近年来为儿童和家庭传递营养、卫生保健和安全信息做出的努力和尝试。本书的每章都可以看到这个板块。
- 更新了近年来营养方面的重要进展，包括健康饮食计划（USDA My Plate）、《美国居民膳食指南》（*Dietary Guidelines for Americans*，2010 版）、2010 年“健康无饥饿儿童法案”（Healthy，Hunger-free Kids Act），以及基于最新婴幼儿喂养循证依据修订的学校午餐计划所做的重要改动等。
- 扩充健康实践方面的讨论内容，从而更适合教师使用。例如，纳入了健康筛查要点、常见感染性疾病特征、为有特殊保健需求的儿童制订学校管理策略以改善健康等内容。另外，儿童早期的社会交往和情感健康问题也广受关注，这一内容也纳入了“儿童心理健康”章节之中。
- 依据最新的临床实例更新了安全相关章节，如紧急预案、实施心肺复苏的新策略、引起广泛讨论的儿童虐待和暴力等。
- “伦理问题”板块描述了相关的具体场景，以激发读者从专业角度去思考实际问题，并探讨如何依据专业行为准则去实践。
- 提供了使发育特殊儿童和正在学习语言的儿童理解健康概念的方法，以确保所有的孩子都能够掌握健康知识。

项目经验

培训健康指导教师

Tracy Moran 和 Tom Browning，Erikson Institute and Illinois Action for Children

在 2009 年 11 月，芝加哥市卫生局通过了一项联合决议，建议芝加哥以中心为基础的儿童保健中心实施新标准，目的是减少儿童肥胖的发生率，提高整体健康水平。具体而言，新的标准涉及限制儿童观看屏幕的时间、摄入低脂牛奶、减少含糖饮料，同时增加日常体力活动。

大家都认识到需要进行培训来解决全体儿童的健康问题。当地机构[1]合作起来，为早期儿童保健从业者提供培训研讨会。培训人员针对卫生和健康的挑战设计了头脑风暴和讨论。讨论的主题包括促进从业者成为健康模范、健康食品的可及性和可支付能力、社区的高发犯罪活动、父母的冷漠等。研讨会形成了全面深入的课程，旨在促进从业者加深关于儿童营养、体力活动、卫生和全面健康的知识和行为。

参与者提出了许多建议来促进体力活动，例如将塑料小球放在勺子上的接力赛、水瓶子保龄球、外出步行了解自然和环境，或者给每个孩子一个放大镜，让他们探索室外环境等。

在 9 个月内，5 名培训师开展了 87 次培训，有超过 1000 人参加。培训设立在城市的低收入社区以及郊区，均是方便利用公共交通工具到达的地方。课程使标准实施达到了高度一致。评估调查显示，超过一半的受训人员在培训前就达到了除牛奶以外的标准。28% 的受训人员认为，低脂牛奶的标准是最难被认同和推广的，原因包括成本增加，以及儿童和（或）家长不认同。

其中一个受训者 Maria Salazar 说：“在日常工作中，我开始把 2% 的奶改为 1%。最开始的时候我很担心，但是孩子们很容易接受这种变化。我让孩子们站着玩拼图游戏，这样他们每天就能活动得更多了。孩子们累了以后睡得更香了。我也会参加到孩子们的活动中去，我喜欢这样。”

[1] 包括 The Otho S.A. Sprague Memorial Institute，Erikson Institute，Illinois Action for Children，the Chicago Department of Public Health and the Consortium to Lower Obesity in Chicago Children

伦理问题

想象一下你想在班上组织“大家一起来做汤”的活动，要求每个儿童都带食物来加到汤中。对班级里家庭收入低的儿童来讲，带食物可能很困难。你会如何安排这个活动，使每个儿童和家庭的尊严与价值都得到尊重？

帮您理解健康概念

- 作者用叙述的方法，通过故事、病例和真实事件将健康概念具象化来帮助读者理解。每章开头的场景通常会展示一些关于教师、儿童以及家庭应对营养、卫生保健和安全问题的事例。这些场景通常会贯穿整章以体现教学的目标。
- 本书内容力求在营养、卫生保健和安全概念的教学过程中考量到文化背景，如素食、宗教、不同文化的饮食，以及如何为来自不同文化背景的儿童和家庭进行服务。
- 儿童心理健康是很独特的一章，探讨了当今儿童情感健康的需求 *。
- 强化概念和名词以增强教学效果，例如设置学习目标、核心概念和关键词表，并且在每章文末设有问题回顾、讨论以及实践要点等板块。
- 章节中设有特色主题，例如营养笔记、安全环节、政策要点和健康贴士，均为读者展示了当今的卫生保健、安全和营养问题。

第一章

你在儿童健康中的角色

学习目标

1. 给健康下定义并描述营养、卫生、安全如何影响儿童健康。
2. 确定并讨论儿童健康的影响因素。
3. 制订一个合理的课程计划来教授健康概念。
4. 描述与家庭及社区工作者合作促进儿童健康的方法。

这是 Kaylee 家庭托儿所的午饭时间。Kaylee 在儿童早期发展专业肄业后，在照顾她的两个孩子的同时，开设了家庭托儿所，并将其作为她的事业。孩子们洗过手后，一起来到饭厅准备吃午饭。Kaylee 给 Dominique 准备了“墨西哥卷饼”和一勺炸豆及磨碎的奶酪。对大一点儿的孩子 Nancy，因为她牛奶过敏，Kaylee 给她准备了没有奶酪的玉米饼。随后，Kaylee 坐下来和孩子们一起吃。“豆子！”Dominique 说道。Kaylee 和孩子们一起为 Dominique 学会的新单词喝彩。

在小镇的另一边，Hector 正在幼儿园回收垃圾。当他走过一幢楼时，Hector 想起了 Zach，那个坐着轮椅去上儿童早教课程的孩子。Zach 患有一种不断加重的肌肉萎缩病。但 Zach 那令人赞叹的精神在 Hector 的脑海中挥之不去。今天，Zach 问鲸鱼能不能在北极的冰层下生存，但 Hector 不知道答案，所以他决定回家时到图书馆去，找本关于鲸鱼的书，以便他和 Zach 一起来研究一下。

在另外一个社区，Sharina 和 Amelia 拿着夹有安全检查表的书写板走过儿童游乐场地。他们在帮助检查儿童游乐区，这是旨在增加儿童户外活动的部落健康倡议的一部分。他们记录下运动器材下的地面是硬的，发现孩子们会把树皮扔过篱笆。他们开始为改善游乐场环境想主意、提建议。

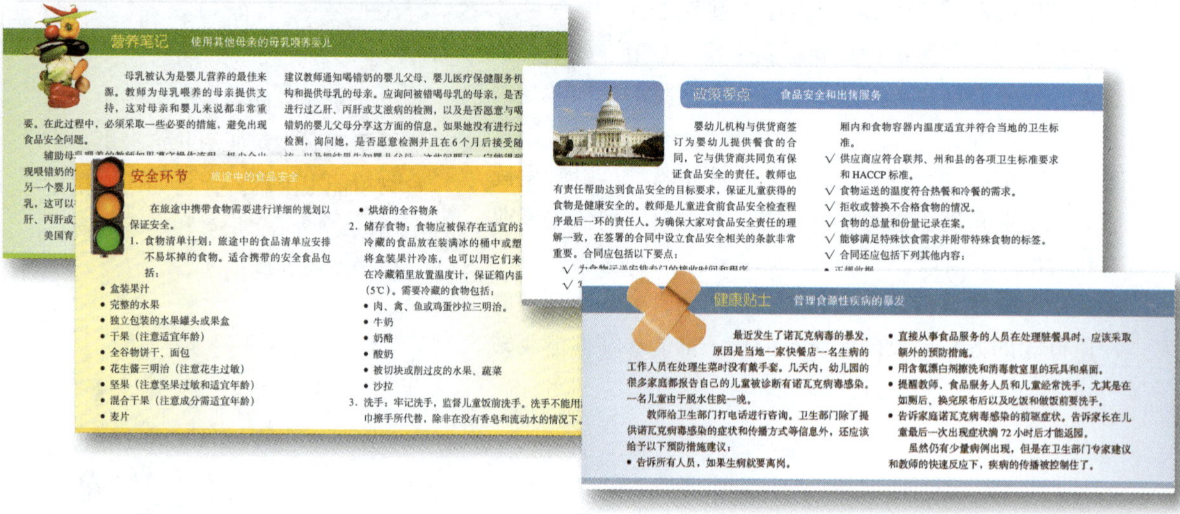
营养笔记 使用其他母亲的母乳喂养婴儿

母乳被认为是婴儿营养的最佳来源。教师为母乳喂养的母亲提供支持，这对母亲和婴儿来说都非常重要。在此过程中，必须采取一些必要的措施，避免出现食品安全问题。

辅助母……

建议教师通知喝错奶的婴儿父母、婴儿医疗保健服务机构和提供母乳的母亲。应询问被错喝母乳的母亲，是否进行过乙肝、丙肝或艾滋病的检测，以及是否愿意与喝错奶的婴儿父母分享这方面的信息。如果她没有进行过检测，询问她，是否愿意检测并且在6个月后接受随……

安全环节 旅途中的食品安全

在旅途中携带食物需要进行详细的规划以保证安全。

1. 食物清单计划：旅途中的食品清单应安排不易坏掉的食物。适合携带的安全食品包括：
   - 盒装果汁
   - 完整的水果
   - 独立包装的水果罐头或果盒
   - 干果（注意适宜年龄）
   - 全谷物饼干、面包
   - 花生酱三明治（注意花生过敏）
   - 坚果（注意坚果过敏和适宜年龄）
   - 混合干果（注意成分需适宜年龄）
   - 麦片
   - 烘焙的全谷物条
2. 储存食物：食物应被保存在适宜的……冷藏的食品放在装满冰的桶中或塑……将盒装果汁冷冻，也可以用它们来……在冷藏箱里放置温度计，保证箱内温……（5℃）。需要冷藏的食物包括：
   - 肉、禽、鱼或鸡蛋沙拉三明治。
   - 牛奶
   - 奶酪
   - 酸奶
   - 被切块或削过皮的水果、蔬菜
   - 沙拉
3. 洗手：牢记洗手，监督儿童饭前洗手。洗手不能用……巾擦手所代替，除非在没有香皂和流动水的情况下。

政策要点 食品安全和出售服务

婴幼儿机构与供货商签订为婴幼儿提供餐食的合同，它与供货商共同负有保证食品安全的责任。教师也有责任帮助达到食品安全的目标要求，保证儿童获得的食物是健康安全的。教师是儿童进食前食品安全检查程序最后一环的责任人。为确保大家对食品安全责任的理解一致，在签署的合同中设立食品安全相关的条款非常重要。合同应包括以下要点：

……厢内和食物容器内温度适宜并符合当地的卫生标准。

√ 供应商应符合联邦、州和县的各项卫生标准要求和 HACCP 标准。
√ 食物运送的温度符合热餐和冷餐的需求。
√ 拒收或替换不合格食物的情况。
√ 食物的总量和份量记录在案。
√ 能够满足特殊饮食需求并附带特殊食物的标签。
√ 合同还应包括下列其他内容：

健康贴士 管理食源性疾病的暴发

最近发生了诺瓦克病毒的暴发，原因是当地一家快餐店一名生病的工作人员在处理生菜时没有戴手套。几天内，幼儿园的很多家庭都报告自己的儿童被诊断有诺瓦克病毒感染。一名儿童由于脱水住院一晚。

教师给卫生部门打电话进行咨询。卫生部门除了提供诺瓦克病毒感染的症状和传播方式等信息外，还应该给予以下预防措施建议：

- 告诉所有人员，如果生病就要离岗。
- 直接从事食品服务的人员在处理脏餐具时，应该采取额外的预防措施。
- 用含氯漂白剂擦洗和消毒教室里的玩具和桌面。
- 提醒教师、食品服务人员和儿童经常洗手，尤其是在如厕后、换完尿布后以及吃饭和做饭前要洗手。
- 告诉家庭诺瓦克病毒感染的前驱症状。告诉家长在儿童最后一次出现症状满 72 小时后才能返园。

虽然仍有少量病例出现，但是在卫生部门专家建议和教师的快速反应下，疾病的传播被控制住了。

---

* 译者注：见《儿童健康促进方案》分册的第六章。

帮您为儿童讲授健康概念

- 在重新修订的第一章“你在儿童健康中的角色”[*]中，通过学习活动和日常课程为读者建立营养、卫生保健和安全的整体观念，并为需要在实践中创建学习活动的读者提供了活动计划模板。
- 每一章都为读者提供了健康相关活动教案，为不同发育阶段的儿童（婴儿、幼儿、学龄前儿童和学龄儿童）提供适当的课程。

吃水果和蔬菜使我保持健康

学习产出：儿童将会从感官上对水果和蔬菜进行体验（触觉、嗅觉、味觉）

关键词：触觉，嗅觉，味觉，结构，气味，香味，调料，食物名称，维生素，矿物质，纤维和彩虹的颜色名称。

安全性观察：注意儿童的食物过敏和限制，避免其再食用这些食物。准备食物时注意保证食物安全以及避免潜在的食物窒息。在儿童参与时，注意清洁和安全问题。

婴儿和幼儿

- **目标**：可以吃手指食物的婴儿和幼儿触摸、嗅闻、品尝水果和蔬菜。
- **材料**：纸杯或塑料杯，盘子或托盘，水果和蔬菜（例如香蕉、浆果类、柑橘、绿色豆类、西葫芦、南瓜、胡萝卜、土豆）。
- **活动计划**：将蔬菜煮软至可以用叉子叉起来，将食物切成许多小片，每片不大于1/4英寸（译者注：1英寸约为2.5cm）。对于婴儿和幼儿，根据其喂养计划在某个时间提供食物。首先给他们熟悉的食物，然后再给一些新的食物让儿童探索。将切下来的小块食物放在碟子或盘子上，用杯子将食物盖住。让儿童看到食物在杯子的下方，鼓励儿童拿起杯子发现下面的食物，让儿童知道可以去触摸食物。描述食物的触觉、嗅觉和味觉，例如：“这个水果叫做香蕉，让我们摸一下吧。”然后假装摸香蕉，同时说：“它很软。让我们闻一下吧。”假装闻一下食物，然后说：“这个香蕉闻起来很香！让我们尝一下这个香蕉吧！”假装尝一下，然后说：“这个香蕉尝起来很甜！”下一次尝试不同的食物。
- **如何调整活动**：为正在学习英语的儿童制作卡片，描画出将要探索的食物，包括食物的英语和儿童母语的名称（如果需要，为所有的孩子用语言给出拼写）。说出食物的英语和母语名字。帮助那些有特殊发育需要的儿童，引导他们去触摸食物，并用干净和戴手套的手将食物送到儿童面前。根据儿童的需要提供足够的时间触摸、嗅闻和品尝食物，不要强迫儿童去尝试食物。用语言鼓励儿童尝试：“你正在通过触摸、嗅闻和品尝了解这些水果和蔬菜，这是学习的好办法。”
- **你达到目标了吗？**儿童是否用触摸、嗅闻和品尝的方式探索了提供给他们的食物？

学龄前和幼儿园儿童

- **目标**：儿童将会探索不同水果、蔬菜的结构、味道和气味，并学习为什么这些食物对他们有好处。
- **材料**：由Lois Ehlert编写的儿童读物《饮食字母表》（Eating the Alphabet：Fruits & Vegetables from A to Z），书中描绘的6种新鲜水果和蔬菜，6个杯子，锡箔纸，餐碗，小盘子，勺，餐巾，餐盘和纸巾。
- **活动计划**：挑选6种食物，将他们切成一口大小的片。将各种食物放在杯中，每种约一勺大小，用锡箔纸盖上，用叉子把箔纸戳破几个洞。将每种食物的剩余部分放到碗中并置于一个托盘上。用纸巾把碗盖住，使食物充满神秘感。请孩子们集合做游戏，告诉他们这里有很多水果和蔬菜，可以对应字母表中的每个字母。为儿童读书。读书时鼓励儿童说出水果和蔬菜。用语言引导儿童：“水果和蔬菜对我们的身体有好处。吃多种水果和蔬菜使我们感觉良好，为我们的身体提供所需要的能量并保持健康，所以我们可以奔跑、游戏并能够强壮地成长。”叫出书中水果、蔬菜的名字，请已经尝试过这种食物的孩子跳起来。每叫到一种新的食物，就换一种运动。邀请儿童一起坐在桌旁。请他们闻藏在锡箔纸盖杯中的食物，让他们通过闻来辨认。然后，让孩子们拿开箔纸盖，发现杯子内的食物。揭开碗盖并传递装有食物的碗。邀请儿童品尝每一种食物。鼓励他们描述每一种食物的质地、气味和味道。确认哪种食物是水果，哪种食物是蔬菜。通过语言：来肯定儿童的努力：“你正在通过触觉、嗅觉和味觉探索这些水果和蔬菜。”强调为什么吃这些食物很重要。
- **怎样调整活动**：在班级中使用带有食物名称的图片，图片的食物名称用英语和儿童的母语标出。用班级中儿童所说的所有语言复述每种食物的名称。在用语言引导孩子触摸、嗅闻和品尝食物时，同时用动作强化信息。注意一些孩子可能厌恶触摸某些食物或某种质感的事物。给孩子们一些时间去探索。确保每个儿童能准备好拿到杯子，并嗅闻、品尝提供的食物。不要强迫儿童触摸、嗅闻和品尝食物。
- **你达到目标了吗？**儿童能够描述每一种食物的质地、气味和味道吗？儿童是否可以描述为什么吃水果和蔬菜很重要？

学龄儿童

- **目标**：儿童将学习到健康饮食包括“半个盘子”的水果和蔬菜。他们能够辨认出非常有利于健康（富含维生素A）的水果和蔬菜的颜色组合，而且可以描述为什么水果和蔬菜是膳食中的重要部分。
- **材料**：“我的餐盘”迷你海报（获取网址：www.choosemyplate.gov/downloads/mini_poster_English_final.pdf），展示有许多水果和蔬菜的图片或海报，彩虹颜色（红、橙、黄、绿、蓝、紫）的卡纸，描画有色彩明亮的水果和蔬菜的杂志图片（或水果和蔬菜的贴纸），白色的小纸盘，蜡笔或标记笔，剪刀，胶水。
- **活动计划**：将孩子聚集在一起，向他们展示“我的餐盘”迷你海报，简要回顾不同的食物分类。指出海报上展示的一餐健康的食物，其中包含足够的水果和蔬菜，即占餐盘的一半。用语言来描述这些食物的好处：“水果和蔬菜中富含维生素、矿物质和纤维，这些物质对身体成长而言是非常必要的。”解释非常利于健康的水果和蔬菜是深绿色、橙色或红色的，例如菠菜、西兰花、芒果、木瓜、哈密瓜、胡萝卜、红薯、红辣椒和西红柿。邀请儿童用彩色的硬纸制作一个餐具垫。将一个小的纸盘粘在这个餐具垫上。请儿童用水果和蔬菜的图片填满半个小纸盘，颜色包含彩虹中的各个颜色。儿童可以剪贴图片，画出食物的图案，或写下食物的名称或食物组，并且用这个食物或食物组颜色的彩笔来写。提醒他们确保包括了深绿色和橙色或红色的食物。
- **怎样调整活动**：在每一张七彩卡纸上用英语或班内儿童的母语写出颜色的名称。用班级中所有儿童的母语写出每个颜色的名称。手工活动应符合班级中儿童的发育水平。给儿童留出充足的时间制作。在剪出图片前，提供适合的剪刀、胶棒或胶带，或者提供水果和蔬菜的贴纸，帮助儿童完成活动。
- **你达到目标了吗？**儿童能够用彩色的水果和蔬菜装满半个盘子吗？他们是否纳入了深绿色、橙色和红色的水果和蔬菜？他们能够说出为什么水果和蔬菜是健康的食物吗？

---
[*] 译者注：即《儿童健康促进方案》分册第一章。

致　谢

感谢参与审阅本书的各位专家：来自 Chattahoochee 技术学院的 Maria Abercrombie，来自 Laredo 社区学院的 Marilyn Cavazos，来自 J. S. Reynolds 社区学院的 Jennifer M. Cave，来自 Olive Harvey 学院的 Ivy Cobbins，来自 Allan Hancock 学院的 Karen Demchak，来自 Lake Sumter 社区学院的 Joanne Greata，来自 Northeast Lakeview 学院的 LeAnna Hale，来自 Lord Fairfax 社区学院的 Lori Killough，来自 Central Oklahoma 学院的 Janette C. Wetsel。他们反馈的宝贵意见使本书从形式到内容都在专业性方面得到加强。

感谢来自俄勒冈州立大学儿童发展实验室的学生、儿童以及儿童的家庭，还要感谢教职员工们所提供的专业建议。

感谢 Benton 和 Linn 社区卫生中心的员工，他们热心地为社区内贫困儿童提供服务，奉献了大量的时间和精力。

最后要感谢本书编辑 Julie Peters 和 Bryce Bell，是他们的鼓励、专业评鉴和支持使得本书能够成功出版。

目 录

第一章

通过适宜的环境促进安全

学习目标

1. 从多个角度定义“安全”，并解释安全对儿童生长发育的影响。
2. 解释规章制度对安全标准的促进作用，以及规章制度如何影响儿童的安全。
3. 描述规划儿童项目的指导因素，并讨论促进环境安全的措施。
4. 为幼儿规划和创建安全、适宜的环境。
5. 解释如何为幼儿创建安全的室内环境。
6. 为幼儿选择安全、适宜的家具、玩具和设施。
7. 解释如何为幼儿创建安全的室外环境。

Cass 和 Everertt 正在为他们 2 岁的儿子 Caden 寻找幼儿园。他们之前听说阳光儿童发展中心不错，所以他们准备访问这家中心，并准备了一系列问题。班级教师 Barb 接待了他们，带他们参观教室和游戏场地，并描述了课程安排。

Cass 喜欢五彩缤纷的环境和孩子们能活力四射地参与活动。Everett 被模拟的潮汐水池游戏桌以及师生之间对材料的探索和对海洋的谈论所吸引。尽管如此，他们仍然有所顾虑，因为 Caden 从未在没有专人照顾的地方待过，所以夫妻俩担心他是否安全。他们询问教师以了解他们的受教育情况以及是否接受过急救培训。

Barb 意识到这个家庭需要确认他们的儿子将得到很好的照料。于是她向他们介绍了相关的安全制度。她解释了如何布置教室以便孩子们能在教师的监管下安全地玩耍。在他们观察

安全

保护儿童免受伤害或远离危险

的过程中，Cass 和 Everett 看到教师扶起了一名摔倒的孩子。教师冷静地安慰孩子，然后戴着手套处理伤口并且话语轻柔，这让他们感到很欣慰。所以当他们离开的时候，他们很确信找到了对于 Caden 和他们而言都非常适合的幼儿园。

保证儿童**安全**是儿童早期养育机构教师的基本责任。威胁儿童安全的因素存在于儿童成长、学习的所有物理和情感环境中。这意味着教师需要积极主动，提前做好准备以保证儿童的安全。在儿童早期养育机构保证儿童安全**不是偶然事件**！教师只有了解儿童生长发育的相关知识和识别儿童安全危险因素，并且融会贯通，才可以创造安全的环境。教师需要时刻注意发生意外的可能性，并时刻准备采取措施降低风险。理解上述信息并据此采取行动，这是成为一名教师和儿童早期养育专家的重要组成部分。

许多有害因素的存在都会威胁儿童的安全。环境危险因素所致的意外伤害、缺乏监管和安全管理实践、天气因素或其他自然灾害、社区和家庭暴力等都会对儿童安全造成威胁。儿童早期养育教师应该对上述因素保持警醒，并有能力为儿童建立安全的教室和游戏场所。

本章我们将介绍安全对儿童健康生长和发育的重要性，讨论儿童期最常发生的伤害类型。我们将探索用于指导儿童早期养育机构建立安全教室和规范管理的标准及规定。最后，我们将明确室内、室外环境安全的特征，指导如何为幼儿挑选安全且符合其发育水平的玩具和设施。

安全的环境有利于儿童的健康发育

确保躯体和情感的安全

幼儿在生命早期的生长发育速度很快。因此，教师需要理解安全在儿童特有的生长发育模式中的角色和作用。儿童安全地探索世界需要具备一定的身体能力，其做出决策也需具有一定的情感成熟度，教师也应认识到发育水平对这两者的影响。

理解安全对健康生长发育的影响

尽管保证儿童的安全主要集中在避免伤害和疼痛上，但它还是保证儿童健康发育的重要基础。教师需要认清儿童的身体和情感需要，满足儿童的基本需求，建立像避风港一样的教室环境，以便儿童茁壮成长，发挥其最大的潜能。

满足躯体安全需求

保证儿童躯体安全包括保护儿童避免受到诸如跌撞、挤压、切割、抓挠等身体伤害。任何伤害到儿童身体的行为都是躯体安全的威胁因素。保证儿童躯体安全即保护儿童免受伤害的威胁。

教师需要在所有的活动计划中考虑到儿童的躯体安全问题。教室设计、玩具选择中应首先考虑是否安全。对于采购零食和正餐食品以及后续的送餐环节，也需要考虑安全问题。采取措施避免有害微生物传播疾病，以及制订允许儿童有充足时间自由玩耍的课程表时都需要考虑安全问题。对安全的充分关注促使教师发现和换掉破损的玩具，放弃选择那些对孩子的能力而言具有很大挑战性的设施。

教师通常习惯通过设计安全的环境和为儿童提供看护来避免他们的身体受到伤害，也知道这是最基本的教师职责。但躯体安全仅仅是儿童健康中必须要关注的一个方面。情感安全是儿童安全的另一个重要环节。

满足情感安全需求

情感安全是指儿童内在的安全感。它包括体验到被保护、被庇护以及远离实际存在的或内心感受到的威胁或伤害。情感安全即儿童免于恐惧和暴力。

情感安全可以通过这样的途径得以实现：保护儿童远离那些可能伤害其精神健康和自我价值感的事件，支持儿童免受焦虑和恐惧的困扰，即儿童能自由地形成信赖感和自信（Cohen，Onunaku，Clothier，& Poppe，2005）。情感安全可以通过细致的项目设计得到支持，例如合适的教师与儿童比，具有预见性的一日常规，以及与儿童发育水平相适应的活动。婴儿的情感安全支持包括负责任的和关爱的关系，例如缓和的声调、温柔的抚摸、满足儿童需求。学龄前儿童和学龄儿童的情感安全体验包括：教师指导他们学习如何进行恰当的交流和互动，教师进行适当干预以确保儿童不会受到嘲笑和欺负［National Association for the Education of Young Children（NAEYC），2011；Shonkoff & Phillips，2000］。

感受到情感安全的儿童很容易对教师的指导做出反应，更易于遵守安全规则。他们也对环境更敏感，更愿意从实践中学习。这种情感上的舒适感可以支持儿童发展执行功能如记忆方向、控制反应、具有灵活性，这些都是认知能力和社会交往能力发育的基础（Center on the Developing Child at Harvard University，2012；Shonkoff & Phillips，2000）。总之，情感安全是一种有利于儿童建立自我价值和自尊的积极的健康心理（Cohen et al.，2005）（见图 1-1）。

图1-1 躯体和情感安全是儿童健康的支持因素

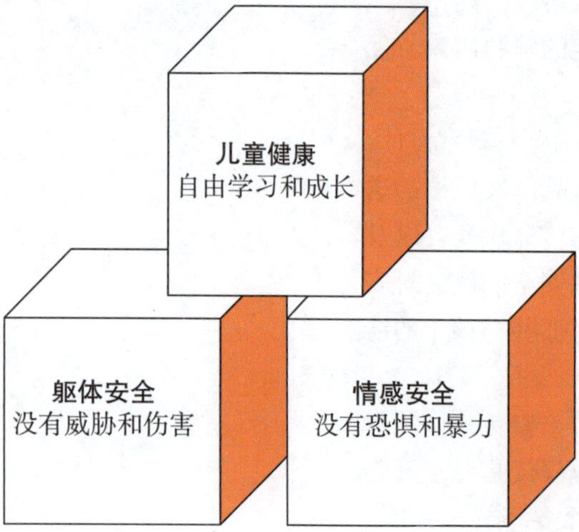

满足基本需求

基本需求获得满足对生长发育有重要影响。这些需求存在多个水平和等级（Maslow，1954）。基本需求是指满足基本生存如对空气、水、住所的物理性（躯体的）需求，以及免于暴力及威胁的身体和精神上的安全需求。其次是爱和归属感（被其他人关爱和照料的需求）、自尊（感受到自我能力和被社会接纳的需求）和自我价值实现（利用知识、解决问题、表达创造力的需求）。在满足儿童更高层级的需求前，首先需要满足较低层级的需求，并以此类推。

满足儿童的基本需求为更高层级的生长发育提供基础。当儿童在家庭以外的环境中时，满足儿童需求的重要任务依赖于教师和儿童早期养育机构。这就提醒我们，教师在保证儿童躯体和情感安全、确保儿童健康的过程中起到非常重要的作用。

把教室建成儿童的庇护所

儿童在早期养育机构之外的日常生活中会面临很多挑战。如图 1-2 所示，其中一些挑战所带来的消极体验可能损害儿童的大脑发育，例如暴力、虐待和不安全的居住条件（Shonkoff & Phillips，2000）。儿童早期养育机构的教室为儿童提供时间和空间上的庇护，儿童在教室内可以消除躯体或情感安全方面的担心，可以放松和学习。

教师布置教室环境以保护儿童免受威胁，保证儿童的躯体和情感安全，这样就引入了健康的生活方式，从两个方面对儿童进行支持。首先，儿童在安全的环境里休息、被照顾和学习。其次，这为儿童的未来打下基础；儿童感受到了具体的安全感和健康的生活方式，这将给予他们希望，并能扩宽他们对未来的理解。

在本章开始的案例中，Cass 和 Everett 希望了解教师如何照顾和保护他们的孩子。很多父母像他们一样，可能不会明确询问关于躯体和情感安全以及基本需求的问题。相反，他们可能会问这样的问题："你们如何避免外来人闯入教室？""如果一名孩子敲打物体，你将如何处理？""你如何保护我的孩子不受欺凌？"教师需要详细举例说明并给出令人信服的描述：教室是孩子们的庇护所，在这里孩子们的躯体和情感安全的需求将会得到满足，孩子们的健康将得到最大限度的重视。

识别非故意伤害

儿童早期的伤害包括意外伤害和"哎哟，好疼"之类程度较轻的伤害，

图1-2　教室是儿童获得躯体和情感安全的避风港

来源：Based on From neurons to neighborhoods：The science of early childhood development，edited by J. P. Shonkoff and D. A. Phillips，2000，Washington，DC：National Academy Press，retrieved January 19，2012，from http：//www.nap.edu/openbook. php?isbn=0309069882.

以及可能导致终生残疾甚至死亡的严重伤害。这些统称为非故意伤害。**非故意伤害**包括人们熟悉的婴儿学走路时的撞伤和跌倒、学龄儿童常见的膝盖皮肤擦伤，以及小学时期为满足好奇心而去探索环境时的刮伤和擦伤。非故意伤害也包括导致永久残疾的严重意外事件。

非故意伤害
由意外事件导致的伤害

每年都有很多儿童发生非故意伤害。据估计，每年有 920 万名 19 岁以下儿童因非故意伤害到急诊就诊（Borse，Gilchrist，Dellinger，Rudd，Ballesteros，& Sleet，2008）。每年非故意伤害带来的医疗费用约为 170 亿美元（Danseco，Miller，& Spicer，2000）。尽管如此，实际发生的非故意伤害数量可能更多，因为很多伤害没有上报或到正规医疗机构接受治疗。这提示我们要高度重视儿童安全。了解伤害的原因是一个很好的开端。

非故意伤害的原因

疾病预防控制中心（Center for Disease Control and Prevention，CDC）对非故意伤害的发生率及原因进行追踪调查（表 1-1）。其中列出了婴儿期（0 ～ 1 岁）、幼儿期及学龄前期（1 ～ 4 岁）、小学期（5 ～ 9 岁）儿童非故意伤害的 10 个常见原因。以下 3 类伤害占到了各年龄段儿童所有非故意

跌落

由于重力的作用突然跌倒并撞击到相同水平或较低水平的物体表面所造成的伤害

撞击伤

被物体击中或撞向物体所造成的伤害

咬伤或蜇伤

包括动物咬伤或水母、昆虫、植物造成的蜇伤

伤害的 74%［Center for Disease Control and Prevention（CDC），2010］：

- **跌落**：跌落是 9 岁以下儿童伤害的首要原因。2010 年，超过 170 万名儿童因意外跌落到急诊就诊，跌落地点包括婴儿床、高椅子、床、椅子、洗澡盆和游戏场所的攀爬设施等。跌落风险是儿童安全需要首要关注的因素。
- **撞击伤**：撞击伤是 9 岁以下儿童伤害的第二大原因，大约占非故意伤害的 22%。撞击伤通常发生于婴儿抓物品时被物品打到、幼儿期儿童撞向桌椅表面，以及学龄前儿童和小学儿童不小心被玩具或其他体育用品打到。生活中发生撞击伤的风险随处存在。
- **咬伤或蜇伤**：咬伤或蜇伤是 4 岁及以下儿童意外伤害的第三大主要

表1-1 美国前10位非致命伤害原因，2009年

排序	出生至 1 岁	1 ~ 4 岁	4 ~ 9 岁
1	跌落 147 280	跌落 955 381	跌落 631 381
2	撞击伤 31 360	撞击伤 372 402	撞击伤 406 045
3	咬伤或蜇伤 10 922	咬伤或蜇伤 137 352	割伤或刺伤 104 940
4	异物 8 860	异物 126 060	咬伤或蜇伤 92 885
5	烧烫伤 7 846	割伤或刺伤 84 095	自行车伤 84 590
6	其他 7 036	过度运动 83 056	过度运动 77 742
7	过度运动 6 249	其他特指 62 861	摩托车伤 58 049
8	吸入 / 窒息 6 057	烧烫伤 49 896	异物 55 185
9	割伤或刺伤 6 049	其他未特指 48 454	犬咬伤 43 512
10	摩托车伤 4 942	中毒 41 265	其他交通工具 39 732
合计	23 6601	1 960 822	1 594 061

来源：National Estimates of the 10 Leading Causes of Nonfatal Injuries Treated in Hospital Emergency Departments，United States，2009，by the Centers for Disease Control and Prevention，National Center for Injury Prevention & Control，Office of Statistics and Programming，retrieved January 2012，from www.cdc.gov/Injury/wisqars/pdf/National_Estim_10_Leading_Causes_Nonfatal_Injuries_Tx_Hospital-ED_US2009-a.pdf.

原因，是 5 ~ 9 岁儿童意外伤害的第四大原因。这种类型的伤害大约占 9 岁以下儿童所有意外伤害的 7%。包括人、动物、昆虫的咬伤，以及昆虫、水母、植物的蜇伤。

2010 年，接近 290 万名儿童因上述三种伤害到急诊就诊（CDC，2010）。

教师需要从总体上掌握每个年龄阶段儿童非故意伤害的主要原因。这些信息将帮助教师集中精力采取预防措施。

界定致死性伤害

致死性伤害

导致死亡的非故意伤害

一些非故意伤害最终会导致死亡，这些称为**致死性伤害**。表 1-2 描述

表1-2　美国不同年龄儿童发生致死性伤害的主要原因，2008年

排序	出生至 1 岁	1 ~ 4 岁	5 ~ 9 岁
1	窒息 1 058	溺水 443	机动车 / 交通意外 385
2	凶杀 156	机动车 / 交通意外 346	溺水 138
3	凶杀：其他 98	凶杀：未特指 192	火灾 / 烧烫伤 111
4	机动车 / 交通意外 98	火灾 / 烧烫伤 169	凶杀：枪支 44
5	未确定的：窒息 46	窒息 145	窒息 41
6	溺水 41	步行 111	其他路面交通 2
7	凶杀：窒息 32	凶杀：其他 77	步行 24
8	未确定 28	凶杀：枪支 56	跌落 22
9	副作用 24	撞击伤 44	凶杀：未特指 15
10	火灾 / 烧烫伤 22	跌落 38	撞击伤 13
合计	1 603	1 621	821

来源：10 Leading Causes of Injury Death by Age Group Highlighting Unintentional Injury Deaths，United States，2008，Centers for Disease Control and Prevention，National Center for Injury Prevention and Control. Office of Statistics and Programming，retrieved January 2012，from www.cdc.gov/Injury/wisqars/pdf/Leading_Causes_injury_Deaths_Age_GRoup_Highlighting_Unintentional_Injury%20Deaths_US_2008-a.pdf.

跌落伤是幼儿意外伤害的首要原因

了儿童中最常见的致死性伤害。对教师来说，儿童在早期养育机构因为受到持续伤害导致死亡的可能性是不敢想象的。但是儿童的快速生长和迅速变化加重了儿童的脆弱性。儿童常常将自身置于危险之中，这些往往超出他们的判断能力。儿童在生活中依赖成人——家长和教师——来保证自身的安全。保证儿童安全的一个积极的行为是识别致死性伤害的原因并采取行动降低其发生的风险。

致死性伤害的发生率

在美国，儿童死亡的首要原因是致死性伤害（Borse et al，2008）；由致死性伤害导致的儿童死亡高于疾病和先天缺陷导致的死亡。2009 年，超过 3800 名儿童死于非故意伤害［Centers for Disease Control and Prevention（CDC），2009］。伤害导致的死亡在 1 ~ 4 岁年龄组（学步期和学龄前期儿童）中最多，其次是婴儿（出生至 1 岁）和学龄儿童（5 ~ 9 岁）（CDC，2009）。

致死性伤害的原因

窒息

吸入、呼吸或摄入食物或其他物体使气道梗阻从而导致窒息

机动车和交通意外

由于乘客乘坐机动车发生意外伤害而导致的死亡

溺水

由于淹没在水中或其他液体中而导致的窒息

烧伤

严重暴露于火焰、热源或化学物质而引起皮肤或身体深层组织的破坏，以及上呼吸道、下呼吸道或肺部由于吸入烟雾而导致的伤害

CDC（2009）给出了儿童致死性伤害的 4 个主要原因。

- **窒息**是 9 岁以下儿童致死性伤害的首要原因，2009 年 1138 名儿童死于窒息。窒息导致的死亡多数发生在婴儿期。
- **机动车和交通意外**在 2009 年排第二位，造成 831 名儿童死亡。机动车和交通事故造成的死亡多发生在 5 ~ 9 岁年龄阶段。
- **溺水**排第三位，在 2009 年造成 614 名儿童死亡。溺水造成的死亡多发生在 1 ~ 4 岁年龄阶段。
- **烧伤**在 2009 年排第四位，造成 282 名儿童死亡。烧伤造成的死亡多发生在 1 ~ 4 岁年龄阶段。

尽管每年 4 种致死性伤害的原因顺位在各年龄组可能有变化，但窒息、车祸、溺水、烧伤一直是儿童安全的严重威胁。

了解非故意伤害和死亡的危险因素

许多因素影响儿童伤害和死亡的发生率（Borse et al.，2008；Danseco et al.，2000）。这包括儿童的年龄、发育程度、性别、种族、家庭收入、家庭住址以及儿童个人风险情况。对特定儿童来说，这些因素与危险实际发生之间的联系是概率事件，下文将详细阐述。

儿童的年龄和发育水平

儿童伤害发生的风险受到年龄和发育水平的极大影响。尽管学龄前和学龄期儿童发生伤害的人数较多，但是婴儿及学龄前儿童因伤害死亡人数却更多（CDC，2009）。婴儿致死性伤害发生率较高的一个原因是很多婴儿死于**婴儿猝死综合征（sudden infant death syndrome，SIDS）**。SIDS 是突然发生的、无法解释的婴儿死亡，是 1 岁以下婴儿死亡的首要原因［National Institute of Child Health and Human Development（NICHD），2012］。

婴儿猝死综合征（SIDS）　突然发生的、无法解释的婴儿死亡

发育水平同样影响伤害的发生风险。例如，行动不便的婴儿因为无法离开危险因素从而引起窒息。随着成长和发育，儿童逐渐学会新的运动技能，从而更容易离开危险环境，但是新的运动技能可能与儿童识别危险的能力不匹配。比如，身体发育成熟度在 1 ～ 4 岁的儿童可能因为玩水而发生溺水；5 ～ 9 岁的儿童可以更自由地行动，如在靠近车流的地方走路或骑自行车，这就会有发生车祸的危险。这些例子强调了在整个儿童早期阶段成人监管的重要性。

同时，随着儿童年龄和发育程度的增加，发生某些伤害的危险性会降低。例如，随着年龄的增长，步行时发生车祸死亡的儿童人数会降低（CDC，2008）。这说明儿童变得更能理解危险，并对远离车辆的健康教育指导做出反应。

儿童性别

男孩的意外伤害死亡率高于女孩（Borse et al.，2008）。这可能与经常鼓励男孩冒险、允许男孩更自由地检验技能有关，也可能与对男孩的监管相对较少有关。

农村地区儿童的伤害风险较高

儿童种族

白种人儿童的意外伤害发生率高于其他种族儿童（Danesco et al.，2000）。印第安人和阿拉斯加原住民儿童的致死性伤害的发生率高。黑种人儿童 SIDS 的死亡率是白种人的两倍，而印第安人儿童 SIDS 的死亡率是白种人的 3 倍（NICHD，2006）。较高的伤害死亡率提示受到的伤害更严重，或缺少后续的医疗保健措施，或二者皆有。

家庭收入

低收入家庭（低于 5000 美元每年）的儿童发生非故意伤害的人数最多（Danseco et al.，2000），其中的原因可能包括家庭条件不好造成家庭环境不安全，以及低收入家庭聚集的社区

如果……

你在入学登记过程中了解到一名3岁儿童由于在家里攀爬高架子已经有过2次去急诊室的经历了，你该怎么办？你将采取什么步骤来确保这名儿童在你班级里的安全？

存在更多的不安全因素。

家庭居住地

居住在农村地区的儿童伤害的发生率、致死性伤害的发生人数均高于居住在城市地区的儿童（Danseco et al., 2000）。尽管最近几年农村地区发生致死性伤害的儿童数量下降了，但是发生非故意伤害的人数却升高了［American Academy of Pediatrics，（AAP），2001］。生活在农村地区的儿童暴露在各种各样的危险中，包括大型动物和农具。这些儿童可能会在尚未能够理解安全威胁的情况下承担家务，例如喂养体型较大的动物或使用农机具，或者他们得到的监管相对较少。

儿童个人的风险特质

每名儿童都有其独特的风格和特点，这些特点形成了儿童自身的风险特质，或个体潜在的受伤可能（Wrigley & Dreby，2005）。这包括儿童的风格，例如儿童如何面对一个新的局面或对别人的指导做出反应，这些方面的特质会影响到他们在儿童早期养育机构的安全性。

当家长将儿童送到机构中时，他们可能会向教师描述儿童的哪些性格特质需要引起格外的关注。家长可能会说他们的孩子"总是喜欢攀爬"或"往嘴里塞东西"。教师可凭借这些信息加上直接观察获得的信息，了解儿童的行为模式和风格。这些信息将帮助教师识别该名儿童的潜在危险。

了解儿童早期养育机构中的危险因素

大多数报告的儿童伤害案例均发生在家庭中（Phelan，Khoury，Kalkwarf，& Lanphear，2005）。只有约15%的报告案例发生在儿童早期养育机构（Currie & Hotz，2004）。一般认为非家庭式的儿童早期养育机构对孩子来说是安全的，但是意外仍然会发生，而且一些儿童机构会比其他机构安全（Wrigley & Dreby，2005）。

一项细致的研究比较了3种不同类型的儿童早期机构中致死性伤害的发生数目：儿童养育中心、家庭式儿童养育中心（在私人家庭中照料一小组儿童）和入户家庭养育（在儿童自己家中提供照料）（Wrigley & Dreby，2005）。通过对接近1400例致死性伤害案例进行回顾性分析发现，儿童养育中心的发生数目最少（110例），入户家庭养育发生320例，家庭式儿童养育中心发生致死性伤害的数目最多（超过700例）。

推测儿童养育中心致死性伤害的发生数目较少，可能与其更开放的自然环境和有两名以上的教师有关。儿童养育中心里教师的行为很容易被其他人看到，因此管理者和其他教师可以向其提供安全方面的建议，帮助其应对挑战，以及在需要的时候及时提供帮助。儿童养育中心审批时要求的安全标准也在一定程度上降低了儿童非故意伤害和死亡的发生率。相反，家庭式养育中心和入户家庭养育一般只配备一名教师，且缺乏相应的支持。同时，这两类养育机构中可能存在专业机构中所没有的环境危险因素。

对教师的启示

未来 10 年中，迈入学校的 5 岁以下儿童的数目将迅速增长（Bureau of Labor Statistics，U.S. Department of Labor，2010）。随着越来越多的儿童进入家庭以外的养育机构，安全的责任也越来越重。这使得儿童早期养育机构的安全管理也变得越来越重要。教师应当对未来的安全趋势保持警醒，以确保儿童的安全。

了解非故意伤害的发生原因和危险因素，使教师有能力掌握儿童面临的危险因素等重要信息。下一步是将这些信息加以利用，包括对已知环境保持警醒，以及随时准备对环境进行评估和采取相应措施。安全标准和规章是很有帮助的资源。

利用规章制度促进安全

儿童早期养育机构和教师拥有多种资源来制定安全政策和措施。这些资源包括专业机构、研究机构以及对幼儿看护机构拥有监管权的州和地方管理机构。执业许可和准入标准帮助教师掌握基本的儿童早期养育机构的安全管理能力。

落实安全规章

儿童早期养育机构遵循的最基本的安全规章是 2011 年发表的《关心我们的孩子——国家健康和安全行为标准：儿童家庭外保健指南》。这个指南是由美国儿科学会、美国公共卫生协会以及美国育儿健康与安全资源中心共同开发的。它提供了完整的安全标准清单和推荐意见，这些均来自于文献研究综述、个人或集体关于儿童安全的辩论和讨论，以及与儿童安全有关的学会和协会。该指南中有一项关键性的建议，即每个州通过立法建立监管机构，这个机构通过对所有家庭外养育机构的强制许可保护儿童。该条建议提倡对所有儿童养育机构实行强制许可，包括半托机构和全托机构。

监管机构的角色

每个州都有一个监管机构为家庭外养育机构的儿童提供基本的健康和安全保护。他们负责制定和强制实施最低限度的安全标准以降低疾病、火灾、伤害和损伤的风险。

所有 50 个州和哥伦比亚特区都在某种程度上对儿童安全进行了规定。尽管每个州的监管结构不尽相同，但是所有监管机构均在法律的规定下：

- 为家庭外儿童养育机构制定标准。
- 实施督导策略。
- 强化儿童保健规章制度。

许可标准

各州间关于哪些机构必须取得许可的规定不一致。多数监管机构在强制许可标准中考虑以下决定因素：

- 规模：服务的儿童数量。
- 服务时间：区分寄宿式看护和 24 小时看护。
- 地点：养育中心、家庭式儿童养育机构和入户儿童养育机构。

受监管的儿童养育机构包括儿童养育中心、以学校为基础的养育中心、以家庭为基础的养育中心（照料者在家中看护一组不是他 / 她自己的孩子）。在儿童自己的家中提供的看护服务（入户儿童看护）通常不在被监管之列。

一些儿童项目和机构可能免受监管，例如娱乐课程、日间训练营以及父母在场的课程，例如在运动俱乐部和宗教团体的儿童看护。国家监督管理协会（NARA，2010）估计全国约有 980 万托幼单元接受监管。这些单元分布在大约 330 000 所注册的儿童养育机构内。在家庭外接受养育的儿童中，约有 75% 的儿童在以中心为基础的机构内。

理解常规的许可要求

许可标准涵盖了针对家庭外儿童养育机构的一系列最基本的安全要求。儿童养育许可要求包括许可申请和费用、设施、项目设计和实施、教师资格和定位、健康和营养以及儿童教育项目。

申请许可和费用

被监管的儿童养育机构必须在开业前获得许可。约有一半的州要求付费申请。费用金额与服务儿童的数量有关。家庭式儿童养育机构的申请费用是固定的。多数许可的有效期是 1 ~ 2 年（NARA，2010）。

设施要求

对设施的检查由指定机构开展，如市或区县的消防或健康监管部门。通过检查环境发现火灾隐患、卫生隐患（水、热源、洗手间设施），检查应急设施（应急照明、出口、撤离方案等）以及遵循当地建筑规范。同时，还需评估最小面积需求、清洁度、家具的耐用度和舒适度、食物的准备和供应区域。

项目设计和实施

许可要求中明确了项目设计和实践的标准。给出了儿童年龄分组、班级大小、教师学生比等方面的规定。表 1-3 中列出了儿童早期养育机构中建议的最大班级人数和师生比。

许多安全流程是强制性的，例如儿童的出勤记录、入校和离校的安全计划、儿童监护、管理流程和纪律、开展应急疏散演习，以及特殊环境下的儿童安全预案如外出游玩、乘坐交通工具、水上活动、午睡。

教师资格和聘用要求

许可要求中列出了教师和机构管理人员需要具备的资质，包括最低年龄、教育背景和工作经验。教师在聘用前需要经过犯罪记录筛查和审查。

表1-3 NAEYC认证合格机构的班级大小和师生比

儿童年龄	最大班级人数	师生比
婴儿（出生至 15 月龄）	6	1 ∶ 3
	8	1 ∶ 4
幼儿期（12 ~ 38 月龄）	6	1 ∶ 3
	8	1 ∶ 4
	10	1 ∶ 4
	12	1 ∶ 4
幼儿期（21 ~ 36 月龄）	8	1 ∶ 4
	10	1 ∶ 5
	12	1 ∶ 6
学龄前（2.5 ~ 3 岁）	12	1 ∶ 6
	14	1 ∶ 7
	16	1 ∶ 8
	18	1 ∶ 9
学龄前（4 ~ 5 岁）	16	1 ∶ 8
	18	1 ∶ 9
	20	1 ∶ 10
幼儿园和学龄儿童（5 ~ 9 岁）	20	1 ∶ 10
	22	1 ∶ 11
	24	1 ∶ 12

来源：Based on Leadership & management：A guide to the NAEYC early childhood program standards and related accreditation criteria，(p. 29)，edited by S. Ritchie and B. Willer，2005，Washington，DC：National Association for the Education of Young Children.

许多州通过进行入职前体检排除影响安全工作的传染性疾病和状况。入职前培训中需要包括安全规程介绍、应急反应和儿童虐待上报等内容。

儿童的健康和营养

监管标准通过强制性的健康措施减少疾病传播，达到保护儿童的目的。这包括建议儿童入园前体检，收集关于儿童的特殊健康信息、营养和喂养需求，确保儿童入园前按规定接种疫苗。“健康贴士”中描述了接种疫苗如何保护儿童远离疾病。还有其他许多关于促进儿童健康和安全的指南。

儿童课程

许可标准中描述了设计儿童课程的目标。包括提供与发育水平相适应的活动，与家庭成员交流，总是允许家庭成员进入教室见到他们的孩子。

监督依从性

监管机构必须确保相关机构获得许可批准时符合强制标准，并保证在以后的过程中仍然维持该标准。对依从性进行监督，对不依从者进行明确的制裁，这是确保儿童早期养育机构的健康和安全中非常重要的环节。

开展现场督导

监管机构的督导包括明察和暗访、教室观察以及查阅资料。检查重点是识别容易导致儿童受伤或患病的问题。最常见的违反许可标准的例子包括（NARA，2010）：

健康贴士　免疫接种保护儿童远离疾病

美国儿科学会密切关注多种儿童早期疾病的住院率和死亡率。他们希望家长和幼儿教师了解关于免疫接种和安全的事实：

- 免疫接种可以拯救生命，预防传染性疾病。
- 每年有近 100 人死于儿童水痘。水痘疫苗保护大多数孩子免于罹患这种疾病。
- 接种甲肝疫苗使甲型肝炎的发病率降低到最低水平。
- 曾经每年有超过 20 000 人感染 b 型流感嗜血杆菌（Hib）。自从儿童疫苗问世以来，每年只有几百例确诊感染的患者。
- 许多儿童疾病在其他国家流行。疾病可能被旅行者不知不觉地带入美国并迅速蔓延。免疫接种可以保护儿童的安全。

来源：Why Immunizations Are Important，by the American Academy of Pediatrics，2000，Common Myths about Immunizations，retrieved October 23，2009，from www. cispimmunize. org/fam/fam_main.html?http&&&www. cispimmunize. org/fam/myths.html；and “Prevention of Hepatitis A Through Active or Passive Immunization Practices：Recommendations of the Advisory Committee on Immunization Practices，” by A. E. Fiore，A. Wasley，and B. P. Bell，May 19，2006，MMWR，55（RR07），pp. 1-23，retrieved October 13，2009，from www.cdc.gov/mmwr/preview/mmwrhtml/rr5507a1.htm?s_cidrr5507a1_e.

- 超过许可的容量，招收过多儿童，或者儿童分组时组别人数过多。
- 违反许可要求，教师未进行急救培训。
- 缺少合格员工，如聘用不符合资质要求的教师。
- 儿童缺乏照料，包括监管空白和开展不合适的活动。
- 糟糕的管理和记录，如不完整的应急记录。

现场督导也是提供技术指导的机会，帮助机构的职工达到或超过保护儿童安全的最低许可要求。

如果……

你在一所儿童养育机构工作，你发现在休息时间段的师生比违反了许可制度的相关规定，你该怎么办？你对于解决这个问题有什么想法？

投诉调查

儿童保健监管机构可能会从公众和儿童家长那里收到关于早教机构的投诉。常见的投诉包括儿童数量过多，对儿童行为的监管不力，与儿童健康、安全和营养相关的问题（NARA，2010）。负责审批许可的机构会记录所有的投诉案例，并根据机构的情况和案例的重要性决定如何跟进处理。可以通过对机构进行突击调查和访问机构的管理者对这些投诉案例的真实性进行调查。

有些监管机构通过自己机构的网站将确认的投诉信息和机构采取的行动公之于众。这样的做法反映了监管机构对自身在提高儿童安全性方面角色重要性的认识。它也强调了对教师的警醒作用，从而确保了许可规章在每日的实践中得以贯彻执行。

违反许可的应对措施

如果发现违反许可制度的行为，监管机构必须确定行动进程。一些违规行为可以快速补救，比如张贴应急预案。其他行为可能会严重危及儿童的安全，例如不对员工进行犯罪背景审查。一旦确定了违反规定的性质，监管机构将给出适当的处罚。

让婴儿以仰卧的姿势睡觉大大降低了SIDS的发生率

执行处罚结果

处罚结果取决于违反规定的严重程度，包括停业整顿、收回许可或停业。在某些情况下可能会罚款。

在少数情况下，违反规定可能面临刑事起诉和监禁的结果（NARA，2010）。保证健康安全标准得以执行是监管机构为家庭外养育和教育机构内的幼儿提供安全保障的重要方式。

对教师的启示

理解儿童养育机构许可制度中的健康和安全标准对教师来

说是非常重要的。这可以帮助教师熟悉和理解这些标准如何确保创建健康和安全的教室环境。同时，还会指导教师向家长解释如何通过共同的努力来增进儿童安全。

对相关规定的了解也可以帮助教师意识到，在保障儿童健康和安全方面，他们不是一个人在工作。他们会明白自己是儿童安全网络中的一员，也会认识到安全标准和监管机构是促进儿童养育机构保证儿童安全的重要资源。

超越最低标准

保障家庭外养育机构儿童安全的公共系统仍在发展中。尽管目前的许可和监管活动可以满足看护过程中儿童的基本需求，但与建立全面、有效的许可体系的目标还有一定差距。尽管有关提高儿童安全策略的研究数据更容易获得，但是监管标准却没能跟上这种发展速度。例如，“仰卧睡觉”安全运动使 1 岁以下婴儿的 SIDS 死亡数目下降了 50%（NICHD，2006）。“婴儿安全睡眠环境项目”给出了新的推荐，婴儿睡眠区域禁止用毯子等松软的床品（American Academy of Pediatrics，2010）。尽管有这样的成功实践经验，但是目前仅有一半的州要求儿童养育机构保证儿童仰卧睡觉（NARA，2010）。这也凸显出系统推进最佳安全实践过程中仍存在差距。

目前尚有大量的儿童养育机构没有通过许可认证，这些机构中潜在的危险因素越来越受到关注［National Association of Child Care Resource and Referral Agencies（NACCRRA），2008；NAEYC，1998］。需要改进的方面包括（NAEYC，1998）：

- 强制规定所有的儿童养育机构都需要通过许可认证。
- 针对幼儿工作者技能和教育的更全面的规章制度。
- 更关注以研究为导向的政策。
- 更强有力地执行强制标准。

儿童养育机构可以选择超过最低标准开展活动。其中一种方法是通过 NAEYC 的认证。

资格认证

NAEYC（2008）认证是提高儿童早期养育机构保健质量的一个全面的过程。获得认证是对儿童环境和教学活动达到重要质量标准的认可。所有儿童教育机构可以自愿使用 NAEYC 的资料，识别可改进的领域，以达到提到机构质量的目的。

通过其他方式提高质量

各州正在制订儿童看护机构的等级评定系统，作为一种提高儿童看护质量的手段。到目前为止，这些质量评价和改进系统（Quality Rating and Improvement Systems，QRIS）常被儿童看护机构作为一种自愿使用的标准来帮助他们超越最低标准。这个系统包括一系列指标，例如提高师生比、管理班级规模、提高教师质量、提高健康和安全水平、为儿童和家庭构建协作系统（Caronongan，Kirby，Malone，& Boller，2011）。

提高师生比和管理班级规模　可以通过两种方式提高师生比，即增加教师配置和降低班级规模。这样会更易于发现安全危险因素，降低儿童发生意外的风险。但是，这一举措也是一种挑战，因为额外雇佣教师的费用可能很高，降低班级规模也会相应减少收入。

提高教师质量　提高对机构管理人员和教师质量的预期，是促进儿童安全的另一个策略。NAEYC 正在采用这种方式，逐渐要求通过认证的机构的管理人员具有更多的教育资质。开端计划项目办公室和儿童早期发展领域的机构共同倡导提高早期儿童教育师资的教育资质要求和发展水平，从而促进儿童更好地发展。

提高健康和安全水平　通过开展高于最低标准的婴儿和儿童急救培训以及心肺复苏（cardiopulmonary resuscitation，CPR）培训，可以提高儿童养育机构的健康和安全水平。考虑到因咬伤和蜇伤而导致的非故意伤害时有发生，有必要开展如何使用肾上腺素自动注射处理蜜蜂蜇伤引起的过敏性休克的培训。应对癫痫和哮喘发作是另外一个有益的培训主题，可以提高教师保护儿童安全的能力。

构建协作系统　国家 QRIS 系统可以加强各种提供儿童服务的项目（如家庭式儿童看护、儿童看护中心、开端计划项目和州政府幼儿园）和机构（例如州政府儿童营养改善项目和保健机构）的服务质量。这些项目和机构通过应用质量指标促进不同系统和服务之间的讨论和协作，以改进和优化服务。

探讨提高安全标准的后果

关于儿童养育的强制许可和规定的最重要目的是改善家庭外养育机构里儿童的健康和安全，减少疾病和伤害，增进儿童健康发展。有些情况下，为了提高儿童养育机构的质量和安全而设计更为严格的标准，却可能将一些孩子推向更危险的境地。这是为什么呢？

实施更严格的安全标准会增加隐性成本。改善师生比、增加教师的教育需求以及对每一个教师进行安全培训，这些都是改善儿童安全的措施。但是这些措施最终会都增加儿童养育的成本。

因此，一些家庭可能因为负担不起孩子的托管费用而被迫寻求其他机构来减少开支。这些家庭可能被迫选择费用较低的机构，这可能就包括那些没有通过许可或接受监管的机构。在这些机构的儿童发生非故意伤害的风险可能较高（Currie & Hotz，2004）。因此，提高儿童养育机构安全水平的努力最终可能会导致更多的儿童身处不安全的环境中。

这也加剧了当前的社会问题。富裕的家庭可以负担昂贵的儿童早期养育机构的费用，这些机构满足更高的质量、营养、健康和安全标准设置，但是高收费让低收入家庭的孩子进入这些机构变得更困难。监管部门考虑制订更严格的标准，以及儿童项目努力达到更高的质量水平时，必须考虑成本收益问题，进行更合理的改变。

机构和教室的安全计划

需要从机构和教室两个层面制订详细的计划以确保儿童的身心安全。在机构层面，安全级别取决于强有力的领导，包括对安全的优先级考虑，在机构的各个服务领域对提高儿童安全做出承诺。在教室层面，教师对建立安全环境和保证儿童间交流互动时的安全负有特定的责任。机构领导者和教师承担不同角色，共同创建促进儿童安全的环境体系。

了解机构的责任

儿童早期养育机构的领导者，包括机构法人、项目主管、协调人、校长等，对机构内支持儿童和员工安全及健康的体系负责。机构领导人承担整体或机构层面安全的主要责任。机构层面的安全决策应该是宽泛和全面的，包括物品设备、学校服务、政策和具体实践。

提供安全的设施

安全的设施对儿童身心安全具有重要作用。机构的领导有责任提供符合建筑安全规定、安全可及的环境。机构内的设施、设备还要适合于不同年龄阶段儿童的特点、符合所提供服务的需求，例如婴儿养育或课后托管。

制订安全策略和流程

策略和流程在教师的日常工作中起指导作用。这些指导方针应具备相关性和适应性。如果两名教师管理一个班级，那么就要制订两个人共同管理班级的流程。流程还必须与当前的事件相关。例如近期的特定流感引起了健康关注，那么就需要制订一个新的策略和流程应对此事，包括与家长沟通这种流感的征象以及何时应让儿童待在家中、指导教师发现儿童出现流感征象时如何应对等。“政策要点”中描述了紧急事件下制订策略的过程。

聘用安全的员工

机构的领导必须确保本机构内所有工作人员是安全的、适合的，并且具备开展工作的能力。机构的领导可以通过聘用时确保员工有适当的资格以及进行犯罪背景调查等来确保儿童安全。

提供任职培训

机构应该向教师提供任职培训，使他们在履行职责之前熟悉机构的安全策略和流程。这使教师清楚地意识到自己在执行安全策略和帮助处理紧急事故时的角色和责任。必要时，任职培训还应该考虑到每一个班级和每名儿童的特殊安全流程。

监测安全规则的依从性

确保保护儿童健康和安全的策略及流程有效实施是儿童早期养育机构的一项重要职责。在这个过程中，定期监测是非常重要的措施。监测包括观察课堂活动和使用安全记录表格。机构领导利用这些信息来制订教师培训方案和支持安全促进。

与他人建立合作关系

每个儿童早期养育机构和学校在保障儿童安全方面不是孤军奋战的。儿童机构是为儿童和家庭提供服务的组织网络的一部分。这意味着家庭和社区安全工作者，例如消防员、政府人员、安全护卫人员和社会服务者，都是保障儿童安全工作的合作伙伴。

政策要点　新的安全实践——我们需要新的策略吗？

有些时候儿童早期养育机构会面临一些新的挑战，他们需要针对尚没有最佳实践的活动制订策略。制订新策略并运用到实践需要缜密的团队合作：

1. **确定问题**

   头盔和头虱：哪一个是更严重的安全健康风险？
   - 骑自行车引起的头部损伤是重要的健康问题。
   - 共用头盔可能增加头虱传播的风险。
2. **请其他人员加入进来**
   - 教师、家庭成员、社区伙伴。
3. **识别可以预期的问题和潜在的好处**
   - 问题：头盔购买费用和清洁费用，每次使用前清洗头盔可能有困难，头虱问题需要花费更多的精力去清洁和管理。
   - 好处：让儿童学会确保安全的好习惯；可能避免现在和以后发生的伤害；尽管头虱是一个健康隐患，但是并不致命。
4. **制订计划**
   - 儿童在幼儿园骑自行车和踏板车时需要戴头盔。
   - 我们将配套四个头盔共同使用，制订清洗物品的规章，并提供清洗用品。
5. **在一段时间内试行新方案**
   - 新方案需要试行 6 个月。
6. **反馈试行情况并修订策略**
   - 儿童都佩戴头盔，到目前为止没有出现头虱传播，6 个月后将继续评估。

获得保险和法律咨询

儿童早期养育机构的领导者还需要对可预测的影响儿童健康和安全的问题负责。一个重要方法是购买意外保险和责任保险，以及在必要时聘请法律顾问。

意外伤害和死亡保险 意外保险可以为在儿童早期养育机构发生伤害的儿童支付部分医疗费用。根据保障方案的不同，意外保险可以作为家庭保险的备用方案来帮助家庭支付医疗费用。在一些情况下，机构中的意外保险是儿童唯一的意外保险。获得基本的意外保险是儿童早期养育机构领导者安全方案中的一个组成部分。

责任保险 当法院判定机构和教师在儿童照料和监管方面有疏忽时，责任保险就会发挥作用（Maine Bureau of Insurance，2012）。发生交通伤害和死亡时，儿童的父母或他们的保险公司可能会对机构或教师个人提起诉讼，声称机构或教师存在疏于照顾和监督儿童的责任。机构应该购买他们可以承担的保额最大的保险产品（Wyatt，2001）。众所周知，法律诉讼会判定责任方因儿童的死亡或残疾而赔偿大量资金。有关儿童养育的索赔可能在儿童入学后的多年里一直持续。

法律咨询 机构领导者需要知道向谁寻求法律帮助。通过法律咨询可以获得相关的建议，这对制订安全策略和了解紧急事故的应对措施有帮助（Perri，2006）。这也使机构领导者确信可以通过一个电话及时获得法律帮助。

明确教师的职责

儿童是教师首要关注的对象，而教室是教师明确发挥作用的区域。教师任何时候都有责任确保儿童在教室内的安全。这是一项重大的责任。它需要教师对确保儿童安全做出承诺，理解并遵循机构的安全流程，知道如何管理教室安全，与家长分享安全信息，教孩子安全技能，以及在需要的时候采取紧急行动。这其中的每项活动都将机构层面的安全流程与教室层面的安全活动连接起来，共同构建一个综合的儿童安全防护体系。

做出职业的安全承诺

成为一名教师意味着对儿童的安全做出职业承诺。国家儿童教育协会（National Association for the Education of Young Children，NAEYC）是0～9岁儿童教师的专业组织。NAEYC成员遵守NAEYC伦理规范和承诺声明［National Association for the Education of Young Children（NAEYC），2011］，并以此规范自己为儿童提供健康和安全保障的义务和行为。NAEYC伦理行动法案的基本原则是：

> 总而言之，我们不应该伤害儿童。我们不参与对儿童造成情感伤

害、躯体伤害、蔑视、侮辱、使其处于危险境地、剥削、恐吓的行为。(NAEYC, 2011, p. 3)

教师对教室安全采取积极主动的态度，将这些原则应用到实际工作中。他们视安全为首要职责，在安全原则下开展教学和看护工作。教师的职业素养还包括对机构和社区内的儿童和家庭安全做出贡献。教师需要关注造成儿童伤害的危险因素和原因，了解如何确定有效的安全策略。这要求教师学习各项可信来源的建议，同时了解如何运用这些信息解决教室和社区的安全问题。

伦理问题

应急演习很重要，但有时候应急演习也会让儿童感到害怕。有些教师倾向于忽略演习，或者在演习中不使用烟雾报警器。教师在制订火灾演习计划时应该考虑哪些伦理学问题？

实施安全规范

教师有责任学习和实施机构的安全措施。如果没有教师在教室层面的实施，机构层面的策略和流程就形同虚设。一个真正的儿童安全团队是管理层面顶层设计和教师层面认真实施的充分结合。

若要实现预期的安全目标，需要认真贯彻和执行机构制定的安全策略。例如，Kyra 是一年级老师，她看到学校制订的撤退方案中非常清楚地写明谁在什么时候应该做什么。 Kyra 接到学校通知，当听到火警响起时组织孩子进行撤退演习。她带领孩子们到指定的集合地点，清点人数以确定是否所有孩子全部安全撤出，当安全铃声响起时带领孩子们返回教室。在这一天结束的时候，Kyra 填写了表格，记录本次演习的信息，并上交到主管部门。所有的教师和学生都需要参加这类演习。这些措施保证了安全流程的系统训练，同时也帮助管理层了解撤退预案对人数较多的班级是否适用。

在某些情况下，教师在教室层面上实施安全流程时可以做出弹性调整。Talea 是学前班的老师，每个月需要组织一次撤退演习，但是 Talea 可以自行决定何时开展演习，以及如何引入和开始演习。同时，Talea 需要上报计划开展演习的时间，记录每次演习的信息以证明她履行了每月演习的要求。当 Talea 做演习计划时，她将其设计成了一个较大的安全项目中的一部分活动。她邀请了当地的消防教育团队到班级中来。消防员向孩子们介绍消防车，讲解安全装备，教给孩子在发生火灾时“撤到并待在户外”。消防员离开后，Talea 指导孩子们听到烟雾警报时结成对子跟着助教撤退。通过这种方式，Talea 将学校的安全方案、开展演习、班级安全教育主题结合起来，强化了撤退的重要性。这种做法为教师提供了可以借鉴的机制，用于为学前班孩子设计符合他们理解水平的演习方案和形式。

教师也可能是第一个发现学校安全流程问题和短板的人。识别环境中可能导致伤害的危险因素、识别安全流程中的问题、倡导改进措施，这些都是教师的重要职责。

建立安全的人际关系

教师若能有意识地与每一名儿童都建立一种关爱的人际关系，并帮助儿童互相之间建立社会情感联系，那么就能在班级中创造一种包容的气氛，这对班级里所有的儿童都有益处。这些活动有助于建立强有力的和信任的师生关系，使儿童愿意遵守安全规章并在需要的时候对安全指引做出及时反应。

对儿童进行监管

教师有道德和伦理义务去发现并识别儿童的脆弱性以及对成人的依赖性，并提供全面、持续的监管（NAEYC，2011）。通常，儿童应一直处于教师的视觉和听觉监管下（Copple & Bredekamp，2009）。监管是确保儿童安全最重要的方式。

树立安全行为榜样

教师是重要的模范和榜样，因此要确保自己的行为总是传递正确的健康和安全信息。这包括做一些希望儿童做的事情。例如，在应急演习过程中采取正确做法，用梯子而不是椅子取高处的物品，吃饭时坐下并仔细咀嚼，使用词汇示范如何寻求帮助，这些都是教师树立正确的安全行为榜样的例子。

教授安全技能

教师有责任向儿童传授与他们的发育水平相适应的安全知识。对于年龄特别小的儿童，教师可以说“木块是用来搭建东西的，不是用来击打的，给我看看你是怎样用木块搭建东西的”，从而引导他们不要拿木块击打窗户。有意识的设计是非常重要的。例如，教学龄前儿童和学龄儿童步行安全知识可以有效地帮助他们避免在马路上行走的危险（Agran et al.，2003）。“健康教案”中提供了一些向儿童教授步行安全技能的方法。它侧重于提供清晰的指令让儿童做出反应，而不是引入不必要的担忧，并强调成人可以帮助儿童保持安全。

与家长分享安全信息

对儿童安全的专业承诺应超越班级的范围。教师通过与家长分享关于伤害趋势的信息，以及家长如何帮助确保儿童的安全，可以将这种专业承诺扩展出去。例如，可以与家长分享“健康教案”中的儿童安全概念，或者关于玩具回收的信息。教师和家长一起工作，可以降低发生伤害的风险，并对儿童的躯体和心理健康以及安全产生积极的影响。

健康教案 步行安全

学习目的：儿童将能够安全地沿着人行道行走，并演示安全技能，如停止、观察、倾听和与成人一同过马路。

重点词汇：行走、安全、人行道、行人、十字路口、交通信号灯。

安全观察：在所有的社区步行过程中对儿童进行认真监管。

婴幼儿

- **目标：**婴幼儿将体验如何沿着人行道安全地行走和如何安全地横过马路。
- **材料：**婴儿背带、背包或婴儿推车。
- **活动计划：**选择一条不繁忙、不嘈杂的街区散步。让儿童与教师手牵手，沿着人行道行走。描述你们正在做的事情，用肢体语言强化信息。可以说："我们正安全地行走在人行道上。人行道是让人们在街道上行走的地方。"在十字路口停下来，说："现在我们准备过马路。首先我们要停下来。我们观察交通灯，知道什么时候可以行走。你们看到绿灯亮了吗？这表示我们可以过马路了。我们要注意看汽车、听汽车发出的声音。在过马路的时候始终要注意观察过往的汽车。现在，我们穿过了马路。这就是安全过马路的方法。"
- **如何调整活动：**使用人偶和图片传递安全信息。学会用班里儿童使用的语言说"停""走"和"安全"这些词汇。向家长传递安全信息，这样他们在家里可以继续强化这些信息。
- **你达到目标了吗？**儿童是否倾听了你说的话并跟随你的指引？你看到孩子们停下、观察和倾听了吗？

学龄前儿童

- **目标：**儿童能说出安全词语，包括停下、观察、倾听、与成人一起过马路。
- **材料：**玩具汽车、人物图片、小的交通信号灯模型、木块、胶带。
- **活动计划：**搭建一个"街区"模型。在地板上用胶带粘贴长方形以模拟街区的道路和路口。把其他材料摆放在附近。介绍活动内容。讨论通过十字路口时的安全规则：停下，观察信号灯，注意过往车辆，在确认没有车辆的时候过马路，总是与成人一起过马路。让儿童玩模拟城市的游戏。请他们教人们如何安全地过马路。在儿童游戏的过程中注意观察。询问这样的问题："这个孩子如何走到那个商店？她了解'停下 - 观察 - 倾听'吗？有成人牵着她的手一起过马路吗？"如果班里有儿童使用其他助行工具，例如坐轮椅，需要注意使用更有包容性的词汇，如用"移动"代替"走路"。在小组活动时间，复习这些安全信息。
- **如何调整活动：**与儿童和家长一起在街区散步。讲解并示范"停下 - 观察 - 倾听 - 与成人一起过马路"。指导家长用儿童能理解的语言解释这些信息，并向家长学习他们是如何用这些语言与有发育问题的儿童进行沟通的。
- **你达到目标了吗？**儿童能明确安全过马路的步骤吗？儿童能说出为什么应该在成人的陪同下过马路吗？

学龄儿童

- **目标：**儿童能说出安全词语，包括在过马路的时候要停下、观察、倾听，能描述如何沿着人行道安全地行走，过马路时走人行横道，以及使用行人过马路信号灯。
- **材料：**手工用纸、剪刀、铅笔、胶水、胶带。
- **活动计划：**提供材料让儿童制作安全书籍。对活动进行指导。讨论安全词汇：停下 - 观察 - 倾听，沿着人行道行走避开车辆，在人行横道上过马路，观察信号灯。邀请儿童设定一个角色（人或动物）。请他们写一本关于儿童安全的书，并在班里向其他儿童讲解。
- **如何调整活动：**给儿童安排机会向小年龄的儿童讲解他们制作的书。提供材料让儿童制作介绍儿童安全信息的书签。
- **你达到目标了吗？**儿童能明确安全词汇吗？你能从他们讲的故事中看出他们真正理解了安全的概念吗？

在紧急情况下采取行动

尽管教师的大部分注意力集中在如何预防非故意伤害的发生上，但是他们还必须时刻准备应对突发事件，一旦看到儿童处于危险境地或意外事件正在发生，应该立即采取行动。教师通过参加应急反应培训来做好履行这一职责的准备。如果发生了紧急事件，教师就可以立即启动应急反应预案进行响应。

创造安全和适宜的环境

创建满足儿童身体和情感安全需求的环境是教学的一个重要任务。对年龄小的脆弱儿童来说，这也是很重要的责任。因此，需要进行很多充分的考虑来强调**儿童环境**中的安全问题，这包括活动场所和辅助学习的物品［National Association for the Education of Young Children（NAEYC），2008］。这包括选择合适的校址，建立安全的教室和室外活动场所，以及提供安全的玩具和设备。考虑到为小年龄儿童提供服务的学校和场地的多样性，这个任务可能具有挑战性。在创建幼儿养育和教育机构的过程中要考虑各个方面的需求：满足家庭和社区的需求，创建满足幼儿发展需求的空间，并且做出在机构发展方面符合安全标准的承诺。

儿童环境
是指促进学习的场所和物品

满足安全场所的需求

儿童早期养育机构目前主要为大量幼儿提供家庭外集中看护服务。依据美国人口调查局的数据，2010 年，超过 860 万的 5 岁以下儿童在一些儿童看护和教育机构接受学习和照料，350 万 5 ～ 14 岁的儿童除了上学之外还接受其他形式的常规照料和看护（U.S. Census Bureau，U.S. Department of Commerce，2010）。家庭的需求和早期教育的利益驱动推升了对儿童早期养育机构场所的需求。

社区目标同样起到作用。早期教育可以缩小教育水平的差异，其重要性正受到越来越多的关注。很多州正在研究如何实现幼儿教育的全民覆盖，即所有 4 岁儿童都可以享受儿童早期教育服务。这些措施增加了对安全教室场所的需求，同样也带来了挑战。

认识挑战

满足家庭和社区对幼儿养育场所的需求是一项复杂的工作。挑战存在于很多方面：

- 由于服务种类的多样性，以及不同年龄段儿童的特殊需求，对机构空间的需求也是多种多样的。

- 很多儿童早期养育机构借、租或者翻新的场所并不是按照养育幼儿所设计的，常常是不完备的。
- 已存在的儿童早期养育机构通常没有足够的利润来建设新的场所。
- 很少有儿童早期养育专业人员接受过相关培训，了解如何设计合适的场所或者管理不动产和贷款来筹资建设新的机构。

为了应对以上挑战，国家级机构需要制定政策和规则以指导建设安全、适宜的儿童早期养育机构（Sussman & Gillman，2007）。

对教师的启示

为了保证建立安全、适宜的环境，儿童早期养育机构的专业人员需要对安全标准有独立、清晰的认识，并且学习如何获得合适的资源，倡导满足儿童的需求。以下是可能提供帮助的两个资源：

- 可以在美国国家教育机构清算中心和美国公众服务部（U.S. General Services Administration，GSA）的公共建筑中心儿童护理中心获得建立公立托幼机构的指南（U.S. General Services Administration，2003）。
- NAEYC 的认证标准为建立儿童服务场所提供了指导方针，美国育儿健康与安全资源中心也提供了相应的方针（见本章节末的网络资源）。

从长远看来，为了儿童未来的利益，儿童早期养育专业人员需要倡导制定建立规范儿童教育场所的政策。

为儿童设计合适的场所

设计和布置安全、适宜的儿童早期养育场所时，首要考虑的因素是儿童（NAEYC，2008）。这种以儿童为中心的设计方法起源于这样的理念：儿童的早期发育是一个独特的过程，为幼儿提供服务的场所应该能反映这种重要性。怀着儿童是社会最珍贵成员的信念，做出以儿童为中心的承诺。这种做法得以强化，是因为人们认识到许多儿童早期养育机构环境的缺点，认识到需要规划合适的场所以便为儿童提供足够的空间、可及并能反映文化价值。

环境的设计和布置反映了对儿童价值的重现

体现幼儿的价值

儿童场所的设计和布置受到对儿童价值的理解、儿童的学习方式、教师的角色和促进儿童生长发育的环境等因素的影响。这些信念以考虑场所与在其中进行的活动、经验、学习之间关联性的哲学视角为基础。以下是儿童哲学观影响活动场所设计和布置的两个例子。

Maria Montessori Maria Montessori（1870—1952）博士相信儿童善于学习，因此在布置儿童活动场所时应格外注意（Montessori，1966）。因此，Montessori 设计的教室是为促进孩子独立学习、促进个人或团队开展探索性研究而设计的有序环境。玩具和物品被非常仔细地放置在底层开放的抽屉里，允许孩子们选择自己的玩具并在结束时把玩具归位。使用适合儿童尺寸的家具是以儿童为中心的重要体现。

Reggio Emilia Reggio Emilia 方法起源于意大利小镇 Reggio Emilia。在那里，人们认为儿童和社区中的其他人是平等的，需要担负一定的责任（New，1993）。社区价值在学校设计时体现得很明显：通过共用的场所和广场，将儿童同其他人、大的社区和世界联系起来，通过仔细布置的窗户和教室门廊将儿童和外界联系起来（New，1993）。仔细布置的儿童艺术作品、可爱的家具和镜子，增加了室内和室外环境的愉悦性，并且引发探索的兴趣（Edwards，Gandini，& Forman，1993；Katz & Cesarone，1994）。通过这种方式，Reggio Emilia 方法提出了环境也是教师的观点（New，1993）。

从批评中学习

美国的儿童校园环境经常因为不能体现幼儿工作的价值而受到指责。大多数机构建立在改造后的建筑里，常常没有经费建设具有创新性的、漂亮的环境。一项报告称美国的儿童早期养育班级逐渐变成了过分忙碌和拥挤的场所（Tarr，2001），孩子们被彼此隔离，与外面的世界也断绝联系（Greenman，2005）。一些 5 岁以下儿童的教室环境只有最基本的几行桌椅，这里关注的重点是教师做了什么而不是儿童的体验如何（Tarr，2001）。这些批评言论使教师重新获得动力，以建立体现儿童价值、保护儿童身心健康和安全的适宜环境。

设想适宜的环境

需要考虑儿童的年龄、班级规模和发育需求来建立适宜的环境（Moore Johnson，2006）。这些都体现了一种认知理念：儿童通过对周围环境的视觉、听觉、嗅觉、触觉等感受去体验和学习。适宜的环境也是受欢迎的、舒适的、美丽的和鼓舞人心的。适宜的环境鼓励创新和探索，使儿童建立学习的信心（Greenman，2005）。总之，适宜的儿童场所是：

- 支持躯体安全和情感安全。
- 传递欢迎和熟悉的信息。
- 提供让儿童进入教室时会逐渐放松的场所。

- 强调儿童的年龄、发展和教育的需求。
- 具有文化适应性和适合儿童的发展水平。
- 鼓励探索和发现。
- 支持教与学。

适合儿童的环境对教师来说同样重要。教师需要舒适的场所来进行创造性的房间布置、安排课程、提供足够的储藏空间（Moore Johnson，2006）。适宜的环境可以给教师带来满足感，这会降低教师轮换率并因此提高学校的教学水平。图 1-3 列出了儿童早期养育机构创建适宜环境的需求。

提供充足的空间

儿童需要足够的空间来安全地行动和玩耍。教室的建筑面积是安全、适宜的儿童环境中最重要的特征。**可用建筑面积**是指不被家具覆盖的开放、可用的地面面积。这个面积是决定教室最多一次性容纳儿童数目的基本标准。因此，教室建筑面积、家具摆放方案决定了儿童早期养育机构中一个教室房间能容纳的学生数目。

可用建筑面积
是指不被家具覆盖的开放、可用的地面面积

图1-3　儿童早期养育机构的空间要求

教师和普通教室的空间要求
- ✓ 满足班级人数的充足的建筑面积
- ✓ 耐用、易清洗的干净地板、墙壁和柜子
- ✓ 双方向的紧急通道
- ✓ 儿童尺寸和成人尺寸的厕所及洗手池
- ✓ 水龙头或其他获得新鲜饮用水的设施
- ✓ 食物储藏、准备和供应区域
- ✓ 锁闭的药品储存和冷藏区
- ✓ 通用的存储场所

婴儿教室空间要求
- ✓ 存放儿童个人物品（尿布和衣物）的场所
- ✓ 放置儿童床和高椅子的足够的空间
- ✓ 隔离可移动和不会移动儿童的可移动隔板
- ✓ 换尿布和清洗区
- ✓ 存放母乳、婴儿配方食物和药品的冰箱

幼儿期儿童的教室空间要求
- ✓ 孩子物品（尿布、衣物和毯子）的储藏区
- ✓ 换尿布和厕所区
- ✓ 换尿布区旁的洗手区
- ✓ 存放母乳、婴儿配方食物和药品的冰箱

学龄前期儿童的教室空间要求
- ✓ 外套存放柜，存放儿童私人物品的空间
- ✓ 存放幼儿午睡床的空间
- ✓ 儿童尺寸的厕所和洗手池
- ✓ 存放展示作品的区域

学龄期儿童的教室空间需求
- ✓ 用于存放私人物品的、可上锁的衣物柜
- ✓ 方便使用的分性别的厕所
- ✓ 存放展示作品的区域

有特殊发育需求儿童的空间
- ✓ 无障碍的厕所、地板和家具
- ✓ 合适的地板表面、声音和光线布置
- ✓ 存放特殊设备的区域
- ✓ 声音或灯光报警系统

各州的许可标准和NAEYC的认证标准传统上认为，任意一个教室中每名儿童的最小可用面积是35平方英尺（译者注：约3.2m^2），这在尺寸上相当于5英尺乘7英尺的面积（译者注：1英尺约为0.3m），这仅仅比两个婴儿围栏床大一点，让人不得不担心这样局促的空间会不会给儿童带来压迫感。因此，目前正在努力提高推荐的面积标准。GSA（2003）推荐公立机构每名儿童的最小面积为45平方英尺（译者注：约4.2m^2）。开端计划技术援助中心（National Head Start Facilities Information Services，2002）以及国家健康和安全性能标准［American Academy of Pediatrics（AAP），American Public Health Association，& National Resource Center for Health and Safety in Child Care and Early Education，2011］推荐每个儿童的最小面积为50平方英尺（译者注：约4.6m^2）。这些差异体现了每名儿童所需要的最小面积逐渐变大的趋势。

增加儿童平均建筑面积同样也带来了以下挑战：

- 增加儿童平均建筑面积会增加新建设项目的成本。
- 目前的儿童早期养育机构需要减少招生数目来满足面积要求，这会降低收入或需要增加看护成本。
- 成本增加可能会使得一些儿童家庭支付不起满足标准的高质量的养育机构。

教师需要清楚这些有关质量标准的相关讨论，并权衡如何达到健康和安全的目标，这是非常重要的。

确保可获得性

按照1973年康复法案第504条和美国残疾人法案（Americans with Disabilities Act，ADA）的要求，为儿童提供看护和教育服务的场所应该对所有儿童都是方便可及的，包括那些有特殊发育需求的儿童。这些规则确保残疾人士可以进入建筑、教室、玩耍区域，使用厕所和洗手池。还应当考虑满足有特殊健康和发育需求儿童的需要。例如，为听力受损的儿童提供支持，如教室地板采用柔软的材料控制噪声，火警报警器除了声音报警外配备灯光警报。在规划场所和布置教室时就要强调可及性。通过这种方式可以提前做好设计，使环境适合于所有儿童。

> 如果……
>
> 你新加入一个社区，希望了解更多的社区文化背景以及你要服务的儿童及其家庭的兴趣，你该怎么办？你将如何直接从家庭获得这些信息？

创建与文化相适应的场所

环境传递了一个信息，即谁在使用环境以及他们的价值观是什么。环境中的事物和布置会传递这些信息（York，1991）。在儿童的环境中纳入文化元素是一个挑战。教师依据自己的经验和知识布置场所，但很容易会忽视能够反映儿童以及家庭文化传统的内容。教师需要与家庭一起商量，汇集各种想法并运用到实践中。

其中一个方法是选择视觉材料或艺术作品布置场所，如绘画、编织物品、陶瓷 / 瓦片等。从当地艺术市场选购这些物品可以使学校与社区和当地文化联系起来。陈列孩子们的艺术作品是另外一种独特的方式。墙壁和家具色彩的选择同样会传递不同的文化含义，家具的布置可以体现当地习俗。例如，在大厅放置长凳以及在门廊放置椅子为家长聚集和交流提供了场所，这样做考虑了上学和放学时刻也是重要的社交时刻的文化需求。与家庭合作创建体现文化含义的场所，这传递了所有孩子和家庭都受欢迎和受重视的信息。

理解建筑规范和设施要求

各地的建筑规范列出了安全场所建设和修复的特殊要求。安全规范强调了建筑材料和施工技术的选择，以及选择合适的扶手、门廊处的护栏、避免意外伤害的隔板等。在创建儿童集体养育环境和场所时一定要强调这些规范。以下是一些例子（AAP et al.，2011）：

- 建筑材料必须是无害的，例如不能使用发霉的或有毒的材料。
- 不能将地下室作为 2 岁以下儿童的服务场所。
- 木质结构的房子只能使用地上部分。
- 门和窗户必须使用安全玻璃，或者必须安装至少 36 英寸（译者注：约 91.4cm）高的金属围栏。

教师必须时刻保持警惕，保证房间装修和翻新时同样遵循安全标准。

提供合适的公共服务设施

幼儿的养育机构要确保提供安全的公共服务设施。这些服务设施通常在进行机构的许可审批时会得到现场查看，平时也应该做好监督工作以确保持续的安全性：

- 水：获得批准的供应水，比如必须提供公共供水系统，或者定期进行监测的合格的水井水，必须确保避免儿童罹患细菌、寄生虫或其他有害物质导致的水源性疾病。沙门菌、大肠埃希菌和痢疾志贺菌是污染水源的三种常见致病菌。
- 下水道：可靠的下水道系统可以避免因为渗透造成设施和地面污染引起的疾病。
- 电力系统：充足的电源插座可以避免电力系统超负荷运转。这也可以避免教师使用可能导致绊倒的插线板。应在走廊、楼梯间、逃生出口处安装应急照明灯，以便在必要时进行紧急撤离。
- 制热、制冷、通风系统：维持适宜的温度、湿度以及防止空气污染对健康和安全非常重要。新鲜的空气可以维持室内健康的空气质量，

儿童和家庭需要安全进入教育场所或学校

降低呼吸系统疾病的发病率（AAP et al.，2011）。

- 垃圾处理：定期清理垃圾以控制儿童环境中可能传播疾病的昆虫、啮齿类动物和其他有害生物。
- 通信系统：通过电话或其他通信方式在儿童生病或受伤时联系紧急服务和家长。

提供以上公共服务设施是一项安全任务。如果因为机械故障、天气或其他因素，上述设施无法正常工作，儿童就会处于危险之中，学校可能需要停课。

在学校建筑物附近创建安全区域

学校建筑物附近的安全区域为安全进出学校提供了支持。安全的出入口、安全的停车区域以及装货区都为儿童安全上学提供了支持。

提供安全的入口和出口 明确标示的出入口处的步行道提高了儿童进入和离开学校，以及在紧急情况下撤离的安全性。步行道将保护儿童远离汽车行车区。应确保步行道不被占用，可以供婴儿车、轮椅等使用。

考虑停车场的安全问题 对儿童来说，停车场是主要的危险来源之一。约 1/3 的步行儿童死亡发生在儿童突然冲向两辆车中间或停车场（Savage，Kawanabe，Mejeur，Goehring，& Reed，2002）。修剪灌木丛以保持停车区域清晰可见，用彩色条纹、色彩明亮的圆锥体、旗子或标志物等明确标示步行区域。教师需要教儿童和家长如何安全地通过停车场。

标示紧急出口 紧急出口是通向门外的通路。需要进行明确的标示，并且在教室的任何角落都可以看到这个标示。通向紧急出口的通道必须保持畅通，而且门永远是可以打开的。如果紧急出口通向停车场或其他有潜在危险的区域，需要在门上安装警报铃，当儿童试图打开门出去的时候能警示教师（AAP et al.，2011）。

提供自行车停放区域 自行车停放支架的设立鼓励人们采取健康的交通方式，并且可以避免将自行车倚靠在门旁，从而导致儿童绊倒。

创建公交车道和乘客下车区 安全的公交车下车区域可以保证儿童下车后直接走到步行道，不是走到停车区域，后者会带来危险。

标示救护车停放区域 学校需要指定一个区域专门停放救护车。这些区域可以用彩色的条纹标示出位置，一般安排在紧靠入口的地方。

指定学校区域 小学经常会将附近的街道标示为学校区域，提醒过往车辆注意儿童。这对幼儿园或其他儿童养育中心也是很好的启示。如果这种形式不可行，可以通过放置标示物或者旗子提醒这是儿童出入的区域。

安全管理

儿童早期养育机构的安全管理是综合安全管理的重要组成部分。安全是指避免儿童与不适宜的危险人员接触。家长希望教师能够保证孩子不受到入侵者的伤害，而教师则希望万一发生入侵事件时能得到及时的支持。安全管理计划可以消除上述顾虑。

如果……

你被要求描述一下你所在社区儿童意外伤害的常见类型时，你将如何回应？你可能通过哪些途径获取相关信息？

一定要密切关注儿童，确保其始终留在学校内——防止他们溜达出去。同时也要密切注意以确保潜在入侵者无法进入学校——只有经过允许的人员可以进入校园和教室。安全保障工作在达到上述目标的同时，也不能过分限制儿童进行探索、接受挑战和学习的机会（Greenman，2005）。

为了避免造成儿童与外界隔绝，教师努力寻求各种适合于机构的策略。这包括将学校警卫和当地社区安全联系起来，识别可能会导致安全问题的家庭事件，对学校和教室的入口进行管理。尽管已有这些措施，但是还要对学校内的活动和人员时刻保持警醒，时刻监管儿童。

识别社区的安全问题

尽管安全是创建儿童教室时普遍关心的问题，但在一个社区适用的安全措施在另一个社区不一定适用。需要考虑的社区因素包括附近的交通状况、社区服务（例如警察和紧急医疗）的可获得性、毒品和枪支事件以及总体犯罪率。对上述因素保持清醒的认识可以帮助学校确立优先安全目标和需要特别注意的安全事件。

了解家庭安全问题

有时候家庭存在一些可能威胁儿童或其他家庭成员安全的状况，这也会对教室安全产生影响。当存在家庭暴力或某个家庭成员有限制令时，需要制订特别的方案，包括孩子的到达和离开、预留个人谈话的空间、了解何时需要向安全部门寻求帮助。

管控学校入口

管控学校入口包括管理进出学校的人员、进入教室的人员，以及防控觉察到的威胁，如性骚扰和暴力。尽管学校入口管理是常见的安全措施，但是因为学校允许家长或其他监护人在任意时间进入学校，这一措施变得很复杂。这需要对允许谁进入学校有明确的理解。

学校入口的安全管理方法可能因为学校类型不一、当地社区呈现的安全问题不同而异。常见的策略有：

- 设置单一的入口，在进入学校的走廊处设置锁上的门，只有获得允许的人员才能进入教学区。
- 要求学校的职工穿统一的制服。

- 要求学校里的所有人员佩戴职工胸卡或访问者胸卡。
- 安装电子钥匙系统，只有被允许的人员知道密码。

以上系统传达了重视安全的信息，也形成了保持警觉的氛围。然而，很难预测这些安全措施在实际运用中是否像期望中的那么有效。如果安全系统特别依赖某一种进入学校的方式，那么就应该特别注意货物通过时门是否能自动闭合、是否能通过窗户进入学校等这些可能会出现漏洞的方面。确保学校安全级别与机构的环境相适应，这非常重要。以下是相关案例：

- 机构 1：4 英尺（译者注：约 1.2m）高的围栏，符合许可标准，并能够充分保证儿童无法离开玩耍区域。考虑到附近社区入侵者的威胁很低，所以 4 英尺高的围栏是足够的。教师需要特别关注游戏场地的周边区域。
- 机构 2：6 英尺（译者注：约 1.8m）高的坚固隔墙可以遮挡街道上的枪击活动场景。但是高大坚固的隔墙阻挡了视线，也限制了教师观察墙外是否有潜在的入侵者游荡。教师在监督玩耍区域的时候应该考虑这些问题。
- 机构 3：需要建设特殊的围栏来阻隔耸立在玩耍区周围的高层建筑。教师倡议在特定的地点建立遮挡区域，以掩蔽儿童，以及阻隔可能来自高层建筑的坠落物。教师每天都会提前巡逻一遍活动场地，确保场地的整洁以及没有有害的杂物。

儿童机构的安全保障工作依靠教师、家长和工作人员来加强，他们通过持续观察儿童的活动区域来发现可疑人员或潜在的威胁。

对教师的启示

教师虽然不参与学校的设计和管理，但是他们在教学时要面对学校安全的各个方面。所以，掌握这些知识对创建安全的室内和室外环境是非常重要的。

创建安全的室内环境

教师为儿童的茁壮成长创建和维护安全的教室环境。这通过认真合理地分配空间、选择满足孩子发育需求的家具、深思熟虑地摆放玩具和器械以及持续监督并移除潜在的危险来实现。

教室管理

依据明确的目的和目标布置儿童活动的区域。在设计环节，分配每一个可用空间开展各种重要活动，比如抵达和离开、厕所和洗手池，以及点心和用餐区。还应该明确每个空间为满足儿童的发展需求而开展的活动。

例如，为早期文学教育准备阅读区。一些空间可能重复使用，在这些区域可以通过调整家具的布置以满足不同活动的需求。通过制订教室使用计划、考虑不同年龄段儿童的需求，从而实现教室管理。

制订**空间使用计划**或者绘制环境地图是展示如何在房间内安排活动的好方法。计划的第一步是确认基本需求，然后加入活动细节和家具细节。可以先在一张大纸上画出空间的基本陈列，用活动的圆形纸片确定活动区域和家具，这样在方案计划的过程中可以随时调整活动区域的位置。图 1-4 给出了一个幼儿园或学前班的设计方案例子。

空间使用计划

儿童使用空间的地图或图表，其中标明如何使用空间，以及计划的活动区域、家具位置、入口和出口

在制订空间使用计划时需要考虑的安全因素取决于空间的大小和提供何种服务。下面列出了一些例子：

- 在入口和紧急出口位置设立过道。在入口和出口的附近设立开放性的聚集空间。这样的空间可以用于与家长交谈和适当监督儿童进出学校的情况。
- 设计房间内的通道。为日常的服务内容设计合理的通道，例如推午餐车进入教室的道路，同时要保证通往厕所和洗手池的道路是通畅

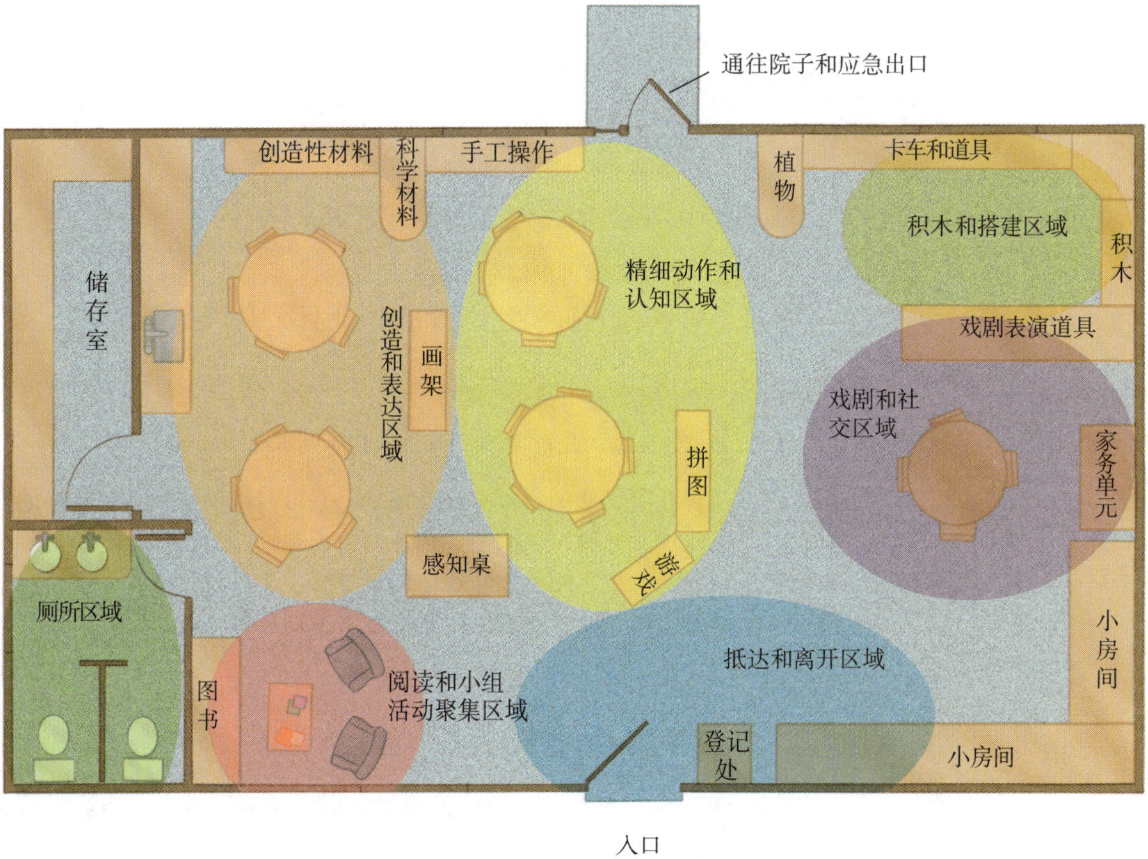

图1-4　学前班或幼儿园教室空间使用计划

适合儿童尺寸的家具可以增强儿童的独立性

和明显的。通往紧急出口的通道在任何时候都不能放置物品。

- 为小组或大组活动预留空间。设计足够的开放性空间，便于儿童在游戏或舞蹈时间集合和安全地移动。
- 活动区域分布符合逻辑。设计活动中心时要避免不必要的冲突。活跃的表演活动区要远离安静区，比如阅读角等。
- 利用窗户。充分利用自然光，将艺术创作区域安排在窗户旁可以鼓励孩子们创作与自然环境相关的主题。
- 仔细布置家具。用矮架子搭建供儿童玩耍的安全空间。比较高的家具，比如柜子和架子需要靠墙摆放以免倾倒。可以用小块的地毯布置玩耍区域。

教室的家具布置

家具是儿童环境中很重要的一部分。需要仔细挑选家具，确保其耐用而且满足儿童的需要。这样可以支持儿童进行探索和学习，并且强调了安全需求。

选择适合儿童大小的家具

儿童家具要适合幼儿使用。通常有以下几种选择：

- 儿童不用攀爬就可以倚靠和坐下的椅子。
- 桌子要齐腰高，儿童可以站着在桌子上玩玩具而不需要使劲够。
- 放置玩具的架子不要太高，儿童不需要使劲伸手就够得到。
- 马桶要低且儿童可以独立坐下。
- 水池大小合适，儿童可以不踩凳子就够到水龙头。

提供适合儿童尺寸的家具有许多好处。它可以帮助儿童理解这里的空间是专门为儿童设计的，从而使儿童在教室中顺畅移动，并且能获得一种积极的体验感。当儿童能很容易地使用家具时，他们的双脚始终能站在地板上，这提高了安全性。这可以使儿童更有自信，鼓励他们进行探索并发展照顾自己的能力。

满足每个年龄组儿童的需求

每个年龄组对家具都有特殊的要求，以满足养育需求。当选择符合特定需求的家具，而不是试图使用不合适的家具凑合时，安全性就得到了提高。

> **如果……**
>
> 你注意到儿童爬上一个较高的架子去拿纸张，你该怎么办？你已经向上级报告较高的架子存在安全风险，但是没有人把架子固定在墙上。你下一步应该做什么？

婴儿　婴儿房间的家具包括为每一名婴儿准备的小床和高脚椅，以及牢固的更衣桌，这些很容易进行消毒，教师用起来很方便。当喂养婴儿时，需要 2 把成人尺寸的椅子。应该选择摇椅以避免挤压危险。耐用和容易清洗的地毯可以为环境增加色彩和柔软性。小桶可以用来收纳玩具。低矮的房间隔板可以将婴儿分为好动类型和安静类型两组。

好动的婴儿和幼儿　为幼儿和刚学会移动的婴儿准备的家具应该高度较低、结实和坚固。当儿童扶着家具站起来时，家具不应滑动。例如，应该避免使用底下有滑动轮子的架子，除非轮子可以被锁住以保持架子固定。为幼儿准备的椅子通常座位高 10 英寸（译者注：约 25.4cm）。椅子需要有较宽的底座，避免幼儿在试图坐下时发生椅子滑倒。桌子的高度应该与椅子的尺寸匹配。厨房游戏区里的挂钩应该较低且牢固。休息用的小床应该舒适、容易消毒清洗、容易折叠储存。

学龄前儿童　学龄前儿童的家具应该适合儿童的各种尺寸。椅子的尺寸为座位部分高 10 ~ 14 英寸（译者注：25.4 ~ 35.6cm），不同高度尺寸的桌子或能调节高矮的桌腿都可以提供有弹性的选择。架子应该牢固，不能超过儿童眼睛的高度，这样儿童可以安全地拿到玩具。其他家具可能还包括小床、水游戏桌或感知游戏桌、画画用的画架、衣服挂钩、工作台、音乐角或科学活动用的小桌子、厨具和戏剧表演单元，以及舒服的椅子、垫子或枕头。

幼儿园和小学儿童　幼儿园和小学儿童的椅子通常座高 16 ~ 18 英寸（译者注：40.6 ~ 45.7cm）。需要足够的桌子和椅子以确保每名儿童都有地方坐着做手工。需要配备不同尺寸的家具以满足不同项目和小组活动的需要。其他家具可能包括水游戏桌或感知游戏桌、画架、桶状的搁置架、开放的架子、书架、小地毯、小房间和锁或衣服挂钩。

评估家具的安全性

儿童的家具应该结实、耐用，没有尖头或锋利的边缘。不能有空隙以免夹住或卡入手指。在建筑手工课中禁止使用含铅的颜料或其他有毒的材料。表面柔软的家具，例如儿童尺寸的沙发和椅子，应该覆盖容易清洗的材料。儿童环境中的家具必须从可靠的来源获得。从国外进口的家具应该进行审查，检查是否符合美国的产品安全标准。

安全存放教室用品

大多数儿童早期机构的教师报告称教室内没有足够的储物空间。创造性的教学工作常常需要收集教学用的材料。必须仔细收纳用品，防止玩具和材料堆积在教室内和过道上，导致环境杂乱无章，并降低环境所展现的专业性，或者因为存放玩具的架子或橱柜过满，儿童在打开橱柜时玩具滑落或倾倒而造成安全隐患。理想状态下，应该在教室内开辟专门的存储空

如果……

一位家长请你把她孩子使用的肾上腺素自动注射器（EpiPen）存放在教室里以备应急使用，但是你所在机构的规定是将 EpiPen 和其他药品一起锁在主任的办公室，你该怎么办？儿童父母的这种要求合法吗？你将如何处理这样的事情？

间存放每天都需要使用的物品，还需要一个存放共享材料的空间，以及存放教师个人的教学材料的衣橱或文件柜。需要特别注意对物品的整理、对药品的存放、限制清洁用品的可及性以及避免物品损坏。

整理物品

许多储物系统可以帮助教师整理物品。教师可以使用贴有标签的盒子或者透明的塑料桶分辨需要的物品，并便于在使用完毕后放回储物架。整理物品有助于延长教学用品的使用寿命，而且可以确保玩具使用完后被放回它们的储存空间，同时有助于避免因为玩具散落在过道而造成绊倒等危险。

安全存放药品

儿童使用的药品应该被安全存放在上锁的医药箱里，或有锁的橱柜里。这样教师可以比较容易取用，但同时儿童又不能轻易拿到。上锁的医药箱还可以用来存放需要放在冰箱里冷藏的药品。

存放清洁用品

所有的清洁用品、乳液、漂白剂和其他毒物必须储存在儿童区域之外，或锁在柜子里（AAP et al.，2011）。仔细整理此类用品有助于防止这些不适宜的物品出现在儿童区域并造成危害。

避免昆虫和啮齿动物的危害

保持食物相关产品的干燥，例如在感知仓中经常会使用大米、玉米和鸟粮。这些物品应该保存在盖紧的容器中，以防止被昆虫或啮齿类动物破坏。这些材料应该定期更换，以始终保持感知仓清洁干净。

控制危害

管理儿童的安全还包括谨慎选择那些可能会将危险引入环境的物品，例如植物、墙壁的展示品、电子用品和回收的箱子。进行定期的安全检查是鉴别和纠正潜在危害的重要方法。

为教室选择合适的植物

教师经常会使用缓和的物品例如鲜花和植物装饰环境。然而，并不是所有植物或植物制品都适用于儿童所在的空间。图 1-5 中列出了适合儿童环境的植物和因为有毒性而不能用于儿童环境的植物。

图1-5　安全的和有毒的植物

儿童环境里可以使用的安全的市内植物

非洲紫罗兰	蟹爪兰	景天树	吊兰
冷水草	彩叶草	草胡椒	瑞士常春藤
红掌花	巴西铁树	巴西条纹竹芋	紫罗兰
单药花	龙血树	橡胶树	白花紫露草
婴儿泪	多肉植物	鹅掌柴	毯兰
秋海棠	石莲花	含羞草	垂叶榕
波士顿蕨	凤仙花	虎尾兰	黄花萱草

有毒的植物——不能在儿童机构内使用

家庭植物	**花卉和灌木**	**蔬菜**	**野生植物**
金凤花	秋水仙	龙须菜	颠茄
蓖麻	荷包牡丹	番薯（绿色部分）	苦甜藤
花叶万年青	小叶黄杨	大黄叶	毛茛
常春藤	毛华菊	西红柿（绿色部分）	印度大麻
冬青	黄水仙	**树木和灌木**	三叶天南星
非洲相思子	紫茉莉	刺槐	曼陀罗
珊瑚樱	毛地黄	美国稠李	千鸟草
槲寄生	风信子	接骨木	雪乌
虎皮兰 *	八仙花	英国紫衫	蘑菇（某些品种）
夹竹桃	鸢尾	金钱薄荷	龙葵
蔓绿绒	铃兰	马栗树，苏罗子	毒芹
一品红	晨耀花	杜松	有毒橡树和常春藤
	白花杜鹃	橡树	有毒漆树

* 译者注：原文如此。

来源：Cooperative Extension Service，Home and Garden Education Center，University of Connecticut，Safe and poisonous houseplants，retrieved January 19，2012，from http：//www. ladybug.uconn.edu/hotissues/SafeandPoisonousHouseplants.html；Douglas，S.（2007）. Poisonous Plants. Connecticut Agricultural Extension Service，retrieved January 19，2012，from http：//www.ct.gov/caes/cwp/view. asp?a=2815&q=376888；and Oregon Health Authority，Public Health，Safe Kids Oregon，Poisonous Plants，retrieved January 19，2012，from http：//public.health.oregon.gov/PreventionWellness/SafeLiving/KeepingChildrenSafe/SafeKids/Pages/poisonplants.aspx.

使用安全的墙壁展示品

儿童早期养育机构的教室通常非常活泼明快，将儿童的手工作品和海报等张贴在宣传栏或者墙壁上。然而，张贴大量的纸张会有火灾风险。许多消防规定不允许将易燃材料悬挂在天花板上。当地的消防部门会提供指导，告知张贴多少纸张是合适的。最好使用胶带固定材料，而不要使用订书钉、图钉或别针固定，这些物品会掉落到地板上被幼儿捡拾到。

管理电源插座和电器

儿童如果出于好奇把手指或玩具插入电源插座的插孔中，可能会导致电击危险。为避免此类情况发生，可以在不使用插座时安装安全盖来遮盖插孔。教室内还应该配备足够的墙壁电插座。这样在需要临时使用电器时仍能保证满足需求，同时可以避免过多地使用电源线而导致绊倒。

管理回收容器

为了支持回收和重复利用，许多教师会在教室里准备一些收集废旧物品的容器。这些容器需要放在远离过道的地方，并且定期清空以避免造成绊倒或火灾隐患。

进行教室安全检查

教师应当经常检查教室以确保安全。作为这个监督活动的一部分，他们定期从教师的角色中脱离出来，对教室的环境进行审视，发现其中的安全隐患。图 1-6 中提供了一个检查表的例子，可以用来对儿童环境的安全性进行检查。详细记录发现的问题，进行追踪直到问题得到解决，完成安全检查过程。

为活跃的游戏提供安全的室内区域

近年来，人们很少会注意到需要为儿童的活跃游戏创造安全的室内环境。有研究表明，在很长一段时间内，儿童早期养育机构倾向于提供越来越少的户外活动机会，而仅仅注重坐着的室内活动（Pate，Pfeiffer，Trost，Ziegler & Dowda，2004）。此外，有时因为教室内的空间有限，教师还会限制儿童在室内活动的水平和强度。教师通常会说："记住要用你的脚行走！"这需要进行平衡，需要给儿童提供充足的机会在活跃的室内和室外游戏中"使用他们的脚奔跑"。

在室内开展活跃游戏的空间应该：

- 能够提供适合儿童年龄和班级大小的充足空间。
- 能够提供满足多种活动需要的空间，例如奔跑、玩抓人游戏、骑自行车、跳舞、蹦跳，包括集体活动和个人活动。
- 能将爬行的婴儿、活跃的幼儿和年龄较大的儿童分隔开来。
- 易于进行监督和管理。
- 能恰当地存放设施，例如存放皮球的推车，以便儿童可以自己取用玩具。
- 可以提供饮用水的水源或摆放水杯的托盘。

图 1-7 提供了安全的室内活跃游戏区域的检查清单。

图1-6　儿童环境的安全检查清单

安全特征	细节和追踪	整改措施和时间
机构的整体环境		
□ 通往入口和出口的路线保持通畅和开放		
□ 电源插座在不使用的情况下用安全盖覆盖		
□ 所有电灯泡都进行覆盖		
□ 水源合格并进行正确的日常维护		
□ 饮用水清洁并有足够的水压		
□ 下水道系统工作正常		
□ 垃圾至少每周处理一次		
□ 教室里空气清新，空气流通正常		
□ 取暖和制冷系统工作良好		
□ 烟雾感应报警器和火警报警器工作正常		
□ 储物空间没有啮齿类动物、昆虫和其他害虫		
□ 窗户和门有安全保护		
□ 其他：		

安全特征	细节和追踪	整改措施和时间
儿童的空间		
□ 能保证每名儿童平均可用空间为 35 平方英尺（译者注：约 $3.3m^2$）		
□ 空间清洁有序		
□ 急救用品储存恰当。储存位置进行标注		
□ 紧急出口标示清晰，通道保持畅通		
□ 紧急医疗救助、火警和毒物控制部门的电话号码张贴在每部电话机旁边		
□ 教室设施清洁并状态良好		
□ 教室储藏柜里没有有害物质		
□ 家具坚固稳定，或固定在墙上		
□ 换尿布的空间能保证儿童的安全且容易打扫		
□ 厕所清洁，光线良好，通风良好		
□ 洗手池靠近换尿布的区域和厕所		
□ 有肥皂和纸巾		
□ 其他：		

来源：Based on “Rules for the Certification of Child Care Centers”，Child Care Division of the Oregon Employment Department，2001.

在室内和室外提供适当的活动空间可以自然地引导儿童发展自身能力。其结果是，活跃的游戏可以降低儿童互相打闹的概率，从而减少教室内的不安全行为。

图1-7 安全的室内活跃游戏区域的特征

- 空间里有合适的边界分隔出活跃区域和非活跃区域、橱柜、壁橱、桌子或其他有凸起的家具，避免儿童在奔跑的过程中发生碰撞。
- 区域内保持清洁，没有有害物质；物料保存方式合适。
- 墙壁相对光滑平整。
- 地板表面相对光滑平整。
- 所有的窗户都有安全防护。
- 区域内光线充足，灯管有覆盖以防止发生破碎。
- 没有易导致绊倒的危险。
- 设施和玩具适合儿童的年龄。
- 室内攀爬设施架设在得到安全认证的弹性垫子上方，且垫子需要向外延伸至少6英尺*。
- 室内设施的高度最高相当于每个年龄1英尺*，例如2岁儿童的设施高2英尺*，3岁儿童的设施高3英尺*。

*译者注：1英尺约0.3m。

来 源：Based on KidsHealth for Parents：Playground Safety，Nemours Foundation，2009，retrieved January 2012，from http：//www.kidshealth.org/parent/firstaid_safe/outdoor/playground.html；and Public Playground Safety Handbook（Publication No. 325），by the U.S. Consumer Product Safety Commission，April 2008，retrieved January 2012，from http：//www.cpsc.gov/CPSCPUB/PUBS/325.pdf.

选择安全的玩具

为儿童早期养育机构选择安全和适宜的玩具是既令人兴奋又具有挑战性的。有很多种类的有趣玩具可供选择，严格的市场行为对教师和儿童都会产生影响。对众多的备选儿童玩具进行排序和规范的筛选是安全管理重要的组成部分。玩具应该适宜、数量充足，并且满足较高的安全标准。

确保玩具的适宜性

玩具是儿童学习的工具，而不仅仅是一个消遣时间的娱乐工具。与有趣的玩具进行互动使儿童可以采取行动、构建知识和发现新的世界。玩具应该能为发展提供机会，并且应确保玩具中包含适宜学习的特征。必须确保玩具的数量充足，并且需要满足那些有特殊发育需求的儿童的需要。最后，玩具必须能起到鼓励活跃游戏和传授健康理念的作用。

提供发展的机会

不同年龄和发育阶段的儿童对特定玩具的兴趣也不同。为了满足适宜性，玩具应能吸引儿童的注意，鼓励安全的互动和符合儿童对挑战的需求[U.S. Consumer Product Safety Commission（CPSC），2008]。教师在工作中理解儿童不断出现的兴趣点，以便能提供适当的玩具，帮助每一名儿童从一个能力水平发展到下一个水平。需要注意每个年龄段儿童的发育能力和可能的危险（Telep，2009）。

婴儿　出生至1岁的儿童对色彩的对比、设计和图案，以及有趣的声音和材质等感兴趣。柔软的玩具、嘎嘎作响的声音、简单的音乐玩具和硬板书是很好的选择。婴儿本能地用他们的嘴去探索玩具，因此应该进行检查，确保玩具没有容易松动的小零件。

幼儿　1～3岁的儿童倾向于用他们的嘴、手和脚趾去探索玩具，同时他们的活动能力逐渐增强。他们喜欢跟手一样大小的木块、套叠在一起的玩具、形状分类玩具、有1～4块的拼图玩具、坚固的可推动的玩具。玩具可能给这个年龄的儿童带来危险，比如有些玩具可能会被拽到儿童身上，有些玩具有绳子，有些玩具有细小的零件例如小珠、弹球或磁石。

如果……

家长向你询问为何班里不准备一些更流行的玩偶或电动玩具时，你该怎么办？你该如何解释你是如何选择玩具的？

学龄前儿童　3～5岁的儿童渴望尝试新的事物和接受新的挑战。他们喜欢更复杂的拼图玩具、木块和建筑类玩具、玩偶和家务玩具、玩具车辆、各种手工操作性的玩具和骑行玩具。这个年龄段的儿童可能展现出超越他们能力的好奇心。潜在的危险包括需要电源的玩具、有绳子的玩具、能射出小零件的玩具和可以突然摇摆伤到他人的坚硬玩具。

学前班和小学　儿童5～8岁的儿童有很广泛的兴趣，能对玩具进行细致的探索。他们日益增长的能力可以通过更加复杂的拼图玩具、棋类游戏、复杂的建筑类玩具、爱好和收藏以及坚固的自行车和足球等游戏进行强化。这个年龄段的儿童还渴望对自己的能力进行检验，这有时会超越他们对后果的理解。应该避免的玩具包括草地飞镖、可以发射小零件的玩具[包括射程超过3英尺（译者注：约0.9m）的水枪]，以及过大的自行车和体育设施。对电器玩具需要进行严密的监督。

判断玩具的特点

理想的玩具应该能促进儿童主导的玩耍和儿童主导的学习。这样的玩具是可以自我解释的，允许儿童自己探索和弄清如何玩耍。这样的玩具还可以自我纠正，即其中设计有一些部件可以用来满足特定的需要，这样儿童可以理解玩具所呈现的概念。

可以促进各个发育能区技能的玩具也是理想的。用来促进运动能力发展的小积木还可以帮助培养探索空间的意识，可以用来数数和培养对色彩及形状的认知，可以用来培养整理和规划，与车辆或人物图形结合使用还可用于戏剧扮演游戏。图1-8给出了一些在挑选玩具时需要考虑的玩具特点。

图1-8 玩具特点检查表

部件的大小和形状	☐ 玩具的属性对特定年龄的儿童来说是否安全、适当和有吸引力?
部件的数量	☐ 部件的数量是否符合该年龄段儿童的能力?
	☐ 玩具是否能提供适当的挑战性?
部件之间的连接	☐ 部件之间的连接是否满足该年龄段儿童的兴趣和能力?
材质	☐ 玩具的材质是否适合该年龄段的儿童?
需要的发育技能	☐ 玩具所需要的运动和认知水平是否符合该年龄段的儿童?
颜色 / 对比性	☐ 玩具的外表是否能吸引儿童玩耍?
动机和作用	☐ 玩具是否以某种方式对儿童的动作做出反应?
感官促进	☐ 玩具是否提供与该年龄段儿童相符的独特的感官体验?
现实水平	☐ 玩具是否符合该年龄段儿童的成熟水平?
许可标准	☐ 玩具是否有许可生产或许可特征的标签?
	☐ 许可标准是否与儿童的年龄和机构的目标相一致?
经典性	☐ 玩具是否有长时间的吸引力?随着时间的延续,儿童是否会对其保持兴趣?
机器人或智能特征	☐ 玩具是否有电动或智能特征?是否容易使用?
	☐ 玩具是否鼓励理性认知的发展?
教育性	☐ 玩具是否具有适合特定年龄段儿童的教育性或认知性目的,并与机构的哲学信条相一致?

来源:Based on Age Determinant Guidelines:Relating Children's Ages to Toy Characteristics and Play Behavior,edited by T. P. Smith,September 2002,Bethesda,MD:U.S. Consumer Product Safety Commission. Retrieved January 2012,from www.cpsc.gov/businfo/adg.pdf.

提供充足的玩具

玩具的数量应该足够,以便所有儿童都有机会参与到积极的游戏中,同时避免儿童过分争抢那些受欢迎的玩具(Ritchie & Weller,2005)。这对于那些仍在学习如何等待轮流玩耍的幼儿和小年龄儿童来说格外重要。提供多样化的有趣的玩具,在儿童等待玩耍特别受欢迎的玩具时,教师可以用其他玩具暂时安抚儿童。

当几名儿童在一起玩耍相类似的玩具时,应该鼓励他们进行积极的社会性互动。例如,提供足够数量的积木可以使单一的游戏变得更具有社交互动性。儿童看到彼此摆放的结构,会进行给和拿的互动,并互相谈论他们在建造的是什么。

支持儿童的特殊发育需求

每名儿童都需要通过获得玩具和材料来得到学习的机会。为实现这个目的，教师需要认识到阻碍某些儿童全身心参与游戏的因素。有时仅仅是简单地注意到儿童遇到的困难就能提示其需求，例如为左利手的儿童提供“左手”剪刀。提供具有宽泛特质的玩具可以使一项活动更容易或更有挑战性，这样具有不同能力的儿童都能参与其中。例如，画笔的手柄圆粗而不是细小，对那些手部力量和协调性刚刚开始发育的儿童来说更容易使用。选择和提供各种不同种类的画笔可以确保每个发育阶段儿童都能使用，这样对所有儿童都有好处。

有些玩具的特点更适合具有特殊发育需求的儿童：

- 质地和色彩对比度明显的玩具，以及具有真实和容易辨识的图案的玩具能帮助儿童将精力集中在玩具上，从而玩得更持久。
- 具有大的部件或凸起部分的玩具更容易被有运动功能障碍的儿童抓握住。
- 坚固和具有防滑底座的玩具可以在儿童玩耍的时候保持不动，有利于支持那些有协调功能障碍的儿童。

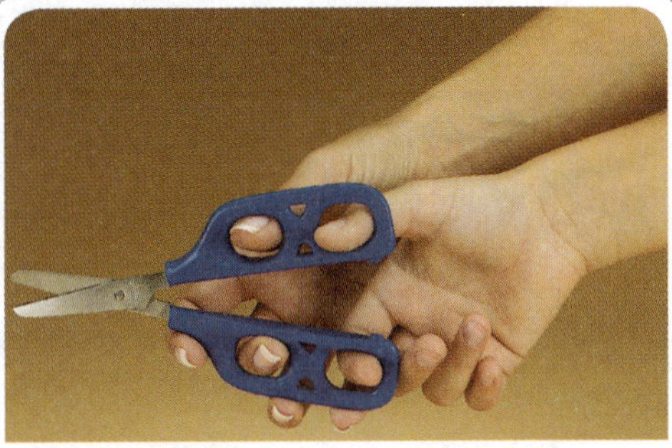

所有儿童都能通过精心挑选的玩具和设施获得帮助

有些玩具的设计允许教师提供特别的辅助。例如，特殊设计的剪刀可以允许教师和儿童同时将手指放入其中进行剪切动作。这可以帮助儿童练习手部力量和协调性，教儿童剪切的动作节奏。其他情况下，对传统玩具进行改装可以帮助儿童成功学习新的技能。在三轮车脚踏板上安装一块木板可以帮助那些肌力较差的儿童学会如何有效地蹬脚踏板来骑车。与发育水平相适应的玩具、调整设计的设施和对传统设施进行改装，这些措施可以使玩具具有的挑战性与儿童的能力相适应，从而提高安全性。

选择鼓励活跃游戏的玩具

教师还需要选择一些可以鼓励儿童进行活跃的室内和室外游戏的玩具。活跃游戏玩具包括球类、滚圈、大木块、可推动的玩具例如三轮车和四轮车。季节性的玩具，例如带把手的耙子和容器，可用于在秋天邀请儿童一起收集落叶。提供这些玩具可以帮助儿童以合适的方式积极地参与到活动中。这有助于确保儿童的大运动发育成为日常学习的一部分。

利用玩具传授健康理念

在儿童主导和教师主导的互动过程中，玩具都是重要的传授健康理念的工具。例如，在游戏场地的三轮车玩耍区域设置交通信号灯标志，可以很自然地向儿童传授安全的概念。描绘有应急反应内容的人物和卡车图形可以使儿童有机会讨论诸如火灾以及应急反应人员等主题。在角色扮演游

营养笔记　可以教授营养概念的玩具

- 代表不同文化背景的玩具事物
- 测量用的杯子和勺子、碗、搅拌器、锅铲、壶、平底锅、漏斗
- 特殊设施：黄油搅拌器、手动食物粉碎机、压面机、曲柄式苹果削皮器
- 食物主题的图书
- 食物图案的拼图游戏
- 与食物、农作物、儿童烹饪和儿童饮食相关的画报

戏过程中出现的医疗设施可以鼓励儿童探索健康保健的理念。“营养笔记”中提供了一些可帮助儿童探索重要营养知识的玩具和设施建议。

确保玩具的安全性

教师有责任确保给儿童的所有玩具都是安全的。这包括检查每个玩具是否符合安全标准，评估玩具的窒息风险，保持玩具清洁，以及定期检查以确保玩具持续安全。

符合安全标准

美国的儿童玩具受到美国消费者产品安全委员会（U.S. Consumer Product Safety Commission，CPSC）的审查。CPSC负责制定确保玩具安全的安全标准和检测方法，以及安全标识标准。这些标准要求儿童玩具不能含有铅成分，不能含有可能被吞咽的细小部件或其他危险因素。幼儿使用的玩具必须保养完好，并且能在繁忙的儿童机构持续使用。玩具应该有平整和安全的表面，没有尖锐的边缘或凸起，没有掉落的碎片或油漆脱落。玩具不能使用有毒材料制作。当同时照看不同年龄的儿童时，教师必须格外警惕小年龄儿童能够获得的玩具。应该教会大年龄儿童有关的安全风险，以及如何让小年龄儿童远离那些非常细小的玩具部件。

如果3岁以下儿童使用的玩具中包含细小的组件或很容易破碎成小碎片，CPSC就会禁止其在市场上销售。然而，即使有这样的玩具标识法律，商店里仍然可以发现不安全的玩具。“安全环节”中描述了生产商如何通过滥用标签来误导消费者。

有些进口玩具不是为美国市场所生产的，他们在销售之前没有经过美国安全指南的审查。应该对进口玩具进行认真评估，如果发现存在安全问题，应该从教室里去除。在某些情况下，进口玩具中含有铅和其他有毒物质。CPSC提供了一个清单，列出了因为可能会导致儿童伤害而被召回或禁止销售的玩具清单。这些信息可以在CPSC的网站上获得（参见本章结尾

安全环节　玩具的标识问题

美国消费者产品安全委员会要求，如果 3 岁以下儿童使用的玩具中包含细小的组件或很容易破碎成小碎片，就会被禁止在市场上销售。3 ~ 6 岁儿童使用的玩具中如果包含细小的组件，需要在标签上明确标明有窒息风险。然而，有些制造商似乎对这些标识法律有误解，他们仍允许不安全的玩具进入市场。他们在玩具上标注对 3 ~ 6 岁儿童有窒息风险，即使这些玩具是给婴儿和幼儿使用的。这种做法通过“自创”标签的方式，有效地规避了关于 3 岁以下儿童玩具中细小组件的禁令。例如：

- 一系列题为“我爱我的狗狗”的儿童海绵纤维图书，内容看起来更适合 7 个月大的婴儿，但仍标注为 3 ~ 6 岁儿童使用。这些书上有很容易被撕掉的魔术贴，可能会有窒息风险。
- 一套适合 18 月龄幼儿玩耍的塑料茶具套装玩具，但是标签上仍标注为 3 ~ 6 岁儿童使用。其中的塑料组件很容易破裂为小碎片，可能会有窒息风险。

来 源：Based on Trouble in Toyland，Attachment A：2006 Summary of Toy Hazards and Examples of Potentially Dangerous Toys. Potential Choking Hazards. Boston，MA：U.S. PIRG. Retrieved January 2012，from www.uspirg.org/html/2006DangerousToyList.pdf.

的“网络资源”部分）。教师也可以通过网上注册来接收关于玩具召回的电子邮件。

对于在杂货店、跳蚤市场、旧货店购买的玩具，以及捐赠的玩具，都需要进行仔细检查。被召回的有安全危险的玩具有可能已经进入了捐赠销售环节，使那些新的购买者在不知情的情况下购买了有安全危险的玩具。此外，旧玩具可能在生产的时候并没有符合最新的安全标准。教师需要对照 CPSC 提供的指南和玩具召回信息仔细审查每一次购买，并检查每一件玩具的状况和外表。如果玩具不符合较高的安全、清洁和适宜性的标准，应该丢弃。

如果玩具上有组件可以装入窒息检测装置，就说明它有窒息风险，例如这个玩具火车的轮子

避免窒息风险

给婴儿和小年龄儿童使用的玩具中不能包含细小的组件，这些组件可能会被吞下，从而造成窒息的风险。可能引起窒息的玩具通常包括：

- 弹珠玩具、小球和珠子。
- 有细小组件的玩具，例如可以被啃掉的玩具汽车轮子。
- 硬币和纽扣，经常用来玩耍排列和数数的游戏。
- 气球，经常在庆祝活动中使用，或用来训练儿童的粗大运动。一个没有充盈的气球或者破裂的气球碎片可能导致窒息。
- 小的磁石可能会导致窒息。如果被儿童吞下，可以在体内互相吸在一起，引起肠道损伤。

如果……

一个家庭从他们的国家给你带来了一些玩具礼物放在教室内使用，你该怎么办？你知道玩具中可能存在安全风险，但是你将如何在尊重这种慷慨举动的同时保障儿童的安全？

窒息检测装置是类似儿童咽喉的装置，可以用来检测有细小组件的玩具。CPSC 用来检测玩具和玩具组件的装置是一个 $1\frac{3}{16}$ 英寸（译者注：约 3.0cm）深，椭圆形开口短直径 $1\frac{3}{8}$ 英寸（译者注：约 3.5cm）、短直径 2 英寸（译者注：约 5.1cm）的装置。如果一个玩具的任何一个部分能放进这个装置，就说明这个玩具太小了，有引起婴儿和幼儿窒息的风险。如果玩具的凸出部分能放入这个装置，它也有可能会插入儿童的口腔引起窒息。

提供清洁和消毒的玩具

玩具应该没有细菌，使儿童远离疾病的威胁。每天的玩耍中都会自然地发生玩具放在口中、椅子上染上颜料、沙子和脏东西粘在感知仓玩具中这些情况。这使定期清洁玩具、保持玩具卫生变得非常重要。清洁玩具对婴儿和幼儿来说尤为重要，因为他们天生喜欢用嘴去探索周围事物。

许多教师使用一个“请清洗我”容器来收集一天中使用过的玩具，包括那些被儿童放入过嘴里的玩具，或者掉在地板上的玩具，或其他被弄脏的玩具。这些玩具在重新被发给儿童使用前要进行清洗和消毒。塑料玩具可以用洗碗机清洗，或者按照 3 个水槽的顺序进行清洗、漂洗、漂白剂消毒。其他玩具需要用消毒剂擦拭后放在空气中晾干。选择容易清洗和消毒的玩具是非常明智的，特别是为 5 岁以下的儿童选择玩具时。

清洗玩具的频率取决于玩具的使用频率和使用玩具的儿童年龄。如果一群儿童中发生了流感或其他传染性疾病，则需要经常清洗玩具，甚至每天清洗。NAEYC 已经将定期清洁和消毒玩具作为其认证机构的一项措施标准。这意味着玩具消毒的重要性已经上升为一项政策要求。

保持玩具的可用性

应该经常对玩具的安全性进行评估。在清洗的同时对玩具进行检查，利用这个机会检查部件是否松动从而可能导致窒息。把丢失零部件的玩具和散落的玩具部件放在“丢失部件”容器中，日后再进行修复。破损、磨损或者零部件丢失的玩具应该丢弃。给儿童提供不完整的玩具，例如不完整的拼图，会剥夺儿童完成任务的喜悦感。这会造成未完成任务的挫败感，甚至还可能使儿童形成工作可以半途而废的概念。

合理排列玩具

每个玩具都应该储存在架子或箱子的特定位置。教师经常使用照片或画线来记录每个玩具的存放位置，包括在教室内和仓库内。恰当的存放有助于保证玩具的完整性，延长玩具的使用寿命。通过这种方式保管玩具传达了一种尊重儿童学习用品的信息，并可以通过避免破损和绊倒等来增强安全性。

创建安全的室外环境

室外环境能让儿童接触自然，为充满活力的游戏提供场地。这包括规范设计的空间，例如学校操场和公共玩耍区，以及家庭式儿童养育机构的后院。创建安全的室外玩耍空间需要注意许多细节。这包括与儿童发育水平相适应的户外玩耍设施、识别潜在危险因素、安排组织环境、设计适宜的空间、注意安全细节、选择安全的设施、安全存放户外器材以及监管玩耍设施。

认识到户外玩耍区域的重要性

户外环境给儿童提供了室内环境不可能提供的玩耍和探索机会。在户外玩耍可以让儿童感受大自然，体验他们生活地区的气候，并且与自然和各种各样的生物进行接触（Greenman，2005；Rivkin，1995）。这些经历帮助儿童建立和发展在更大的世界内安全地进行活动的能力和信心（Trancik & Evans，1995）。它们形成了儿童认识大自然和人们在大自然中扮演的角色的基础意识。

许多儿童没有太多机会在户外玩耍。由于房屋扩建和发展等原因，街区公园和社区户外空间可能逐渐消失了。有些公共户外活动区域距离交通道路太近，或离家庭房屋太远，对儿童来说并不安全（Rivkin，1995）。有些家庭根本没有计划让儿童在户外玩耍。对很多儿童来说，在儿童早期养育机构或学校里进行户外玩耍，是他们能自由地在户外活动的唯一机会。

理解了这些问题之后，教师就能认识到户外环境是教室的延伸，它能给儿童提供独特的学习资源和工具。聪明的教师会设计每天的户外活动计划，就如同他们设计室内活动一样。

认识到危险因素

在布置户外活动的环境时，教师需要考虑户外环境中与意外伤害相关的危险因素。儿童早期养育机构的户外玩耍环境中最常见的伤害类型包括（CPSC，1999，2008）：

- 跌落——从平台上、滑梯上、泳池边。
- 碰撞——儿童跑着撞到设施上或被移动中的设施撞上。
- 卡住——狭小的缝隙使儿童的头部或身体其他部位进入并卡住。
- 缠住——被凸起的东西绊倒，例如“S”形的钩子和儿童带到环境中的绳子或带子。

- 夹住或挤住——手指或身体其他部位被设施夹住或挤住。

即使认识到了这些危险因素，儿童的户外玩耍区域仍不能做到完全安全，而且教师经常不了解这些安全问题［U.S. Consumer Product Safety Commission（CPSC），1999］。这向教师们传递了一个非常重要的信息，即必须很好地理解安全规章，应该在这些安全规章的指导下建造和布置玩耍区域，并且要了解最新的安全建议，因为安全规定和建议会不断更新和变化（CPSC，2008）。

安排户外环境

安全的户外玩耍环境需要考虑儿童的发展需要，有利于进行适当的监管，并且能为充满活力的游戏提供安全保障。这些目标可以通过检查场地并纠正安全问题、用合适的围栏建造大小合适的空间、设立各种活动区域并确保必需的安全静止区等措施来实现（Rivkin，1995）。

检查场地

需要对户外玩耍区域进行认真的评估以确定危险因素、制订安全计划、识别玩耍机会。潜在的危险包括附近的交通车辆、静止的水域、废弃的排水渠以及暴露在阳光和风中的空间（CPSC，2008）。安全计划还可以包括确定安放滑梯的位置以避免下午的阳光暴晒。玩耍机会包括确定可以使用的天然通道，以便在安放秋千的区域让儿童四处活动。

纠正安全问题

户外玩耍区域应该没有危险的材料，例如脏东西、垃圾、金属废料或玻璃碎片。应该排干这个区域内的静止水域。可能包含有毒部分的植物、灌木或树木等也应该被移除。泥土应该不含任何有毒物质，例如可能包含铅成分的油漆残片。

创建足够大小的空间

NAEYC（2007）推荐户外区域应该达到平均每名儿童至少 75 平方英尺（译者注：约 $7.0m^2$）的可用空间。该区域应该能用来开展活跃的游戏，并且便于成人进行监管。

> 如果……
>
> 你的家庭式儿童养育中心只有一个很小的户外活动区域，你该怎么办？你将如何为婴儿至 5 岁的儿童准备游戏区域？你应该考虑哪些安全方面的问题？

在游戏区域设置围栏

户外游戏空间应该用围栏或其他适当的障碍物进行隔离，以防止儿童游荡到街上、停车场或其他不安全的区域。围栏高度应该至少为 4 英尺（译者注：约 1.2m）。围栏的门闩应该能自动上锁并且儿童无法打开。用围栏隔离的游戏区应该至少有 2 个紧急出口。

这幅画从儿童的视角展示了玩要区域的情景，里面有很多种类的玩要设施，还有一排令人愉快的树木

设计活动区域

定义、聚集和连接不同的活动区域可以将游戏区创建成一个学习的环境，并且避免不必要的冲突或危险。

定义学习空间 需要为各种活跃的游戏提供空间和机会，例如奔跑、攀爬、骑车、搬运和建筑。最理想的情况是为小组游戏和个人游戏均提供开放的活动空间。自然区域和蔬菜园可以提供探索和发现的机会。涉及比赛的策略包括定义小组活动的区域和设计转换的区域。

聚集不同类型的活动 最好把攀爬设施和秋千安放在同一个区域，把奔跑类游戏划分在另外一个开放的区域，因为这样有利于按照不同的需求布置玩耍区域的地面，并集中那些需要教师监管的区域（Trancik & Evans，1995）。

提供转换区域 转换区域是不同游戏区域之间的进入和离开通道，可以为儿童提供有用的提示。例如，用一条被碎木屑环绕着的水泥道将草地区域和攀爬设施区域分隔开来，这为儿童从一个区域转移到另外一个区域提供了一个自然的提示。同时，可以帮助儿童预计下一个区域内哪些活动和行为是被期望和被允许的。

设立安全静止区域

在玩耍区域的设施周围需要设立一个静止区域，或安全区域。游戏设施应该远离围栏和步行道。高度超过 30 英寸（译者注：约 76.2cm）的攀爬和玩耍设备之间的间隔应该至少达到 9 英尺（译者注：约 2.7m），以避免危险区域的重叠。因为秋千是导致儿童伤害的一个重要来源，因此它们应该由橡胶、塑料或其他柔软的材料制成，并被安放在远离其他游戏区的地方。需要选择适合儿童大小的滑梯。滑梯应该远离繁忙的玩耍区域，这样儿童滑到底端时就不会碰到其他人。滑梯还应该避免直接面朝南方或西方，这样太阳就不会直接暴晒其表面而引起儿童烫伤（CPSC，2008）。

规划适宜的空间

与发育水平相适宜的户外玩耍空间可以满足不同年龄段儿童的需求。这样的空间可以满足残疾儿童的需求，鼓励社会化交往，还可以提供半私人化的空间。

满足每个年龄段儿童的需求

户外游戏环境应该能够适合儿童的发育能力并且提供一系列逐渐增加的挑战（CPSC，2008）。在共享的游戏空间里，这意味着为每个年龄段的儿童设立独立的活动区域，为那些容易发生碰撞或被大年龄儿童撞到的小年龄儿童单独设立活动区域。通道、灌木和长凳都可以用来分隔不同年龄段儿童的游戏区域。

婴儿 婴儿的户外活动空间应该能提供多种感官体验，同时避免过度暴露在日晒和风中。表面装饰多样化的通道可以使坐在婴儿车里经过的儿童感受到趣味性。能自己运动的婴儿喜欢有趣的和能安全爬行的表面，例如混合有圆形石头的混凝土道路、有橡胶地垫的区域和草地。

幼儿 幼儿的空间应该能提供多种步行的路面，允许儿童在常规和不常规的地面练习行走，例如草地、水泥地或橡胶地面。松散填充的地面材料，例如细砂粒、木屑或切碎的橡胶屑不适合用来铺设学步期儿童的空间地面，因为这些材料可能会带入容易被吞咽或吸入的细小碎屑（CPSC，2008）。

学龄前儿童和学龄儿童 学龄前儿童和大年龄儿童的户外空间可以提供多种材质和色彩的表面材料、树木、植物和灌木。这个年龄阶段的儿童喜欢挑战倾斜的地面进行奔跑和翻滚，喜欢在山坡和洼地骑三轮车或自行车来挑战他们的骑车技能。

增强空间的可及性

户外设施可以支持社会化互动和积极的玩耍

如果户外环境中有足够的空间可以安全地移动，那些有特殊发育需求的儿童就更有可能积极参与到活动中。供轮椅和拄拐杖的儿童通过的步行道应该至少宽 44 英寸（译者注：约 111.8cm），而且表面坚固和稳定（Rivkin，1995）。教师应该检查斜坡以确保儿童能成功越过它们。

鼓励社会化交往

户外玩耍时间是一个重要的社交机会。在环境中进行合理布置，鼓励其成为儿童聚集的自然方式。例如，一个大的草坪可以使一群儿童在一起玩奔跑或球类游戏。设计一个轮胎秋千区域可以鼓励 2 个或 4 个儿童一起玩耍，这更能满足一小组儿童共同玩耍的需求，而不仅仅是提供只能由 1 个人玩耍的秋千。

提供半私人化的空间

提供可以享受半私人化空间的户外活动环境也非常重

要。玩耍小屋、隧道或长凳这样的设计空间既可以被教师观察到，又能给儿童自主性的游戏提供一个体验个人隐私的区域。这些空间也给儿童提供了一个远离喧闹和嘈杂的暂时的休息空间，让儿童感受到平静和舒适。

考虑安全细节

建立户外玩耍区域需要做出一系列与安全相关的决定，包括选择安全的表面材料、种植材料和注意空气质量与日照暴露。

选择合适的表面材料

跌落是户外游戏空间里首先要考虑的伤害类型，因此在选择攀爬设施下面的保护性材料时需要做出重要的决定。不适合在攀爬设施下面使用的材料包括沥青、水泥、泥土、草皮或经过铬化砷酸铜（chromate copper arsenate，CCA）处理的木屑。为达到安全标准，表面材料需要符合美国检测和材料学会的指南标准，ASTM F1292（U.S. Product Safety Commission，2008）。两种经过认证合格的保护性表面材料是：

- 固定在地面的包含橡胶垫和瓷砖的整合表面材料。经过安全认证的橡胶垫可以支撑轮椅通过。
- 松散填充表面材料，例如沙子、细砂砾和木屑。这些产品通常较便宜但需要进行更多的维护。

每种类型的表面材料都经过测试以确定潜在毒性（例如经过处理的木屑或回收的产品），是否可以支撑轮椅通过，以及松散填充材料在儿童跌倒时起到防护作用所需要的最小厚度（CPSC，2008）。表 1-4 中列出了儿童从不同高度跌落时能起到防护作用的各种松散填充材料的最小厚度要求。所选择的表面材料应该铺在玩耍设施下面并至少延伸 6 英尺（译者注：约 1.8m）。

选择植物、灌木和树木

植物、灌木和树木使户外环境变得美丽和贴近自然。它们提供了色彩和材质的多样性，传递关于四季的知识，帮助指导路径和设计玩耍空间。应该选择对儿童来说安全的植物、灌木和树木，这一点非常重要。有些植物的球茎、根、叶子、种子、浆果或树皮可能会对小年龄的儿童造成威胁。

考虑空气质量和日光暴露

户外玩耍空间应该设立在空气质量符合安全标准的地方。应该每天对空气质量进行检查，以决定是否因为空气污染而要求儿童在室内活动。此外，该地点还应该考虑到遮阳的需要。应该最大限度地减少直接暴露在阳

表1-4 松散填充表面材料的最小厚度要求

厚度（英寸*）	表面材料	可保护的跌落高度（英尺*）
9	木屑	10
9	橡胶屑 / 回收橡胶	10
9	木质覆盖物（非 CCA）	7
9	细砂砾	5
9	沙子	4

* 译者注：1 英寸约为 2.5cm，1 英尺约为 0.3m。

来源：Public Playground Safety Handbook（Publication No. 325），by the U.S. Consumer Product Safety Commission，April 2008，retrieved November 9，2011，from www.cpsc.gov/CPSCPUB/PUBS/325.pdf.

光下的时间，因为过度暴晒会导致阳光灼伤，并且增加儿童成年后罹患皮肤癌的概率（American Academy of Dermatology，2005）。婴儿更应该时刻远离直接的阳光暴晒。如果没有天然的遮阳物，应该准备雨棚或其他能遮盖的区域。

选择户外游戏设施

户外环境中的游戏设施可以鼓励儿童尝试新的挑战并发展新的技能。应该提供两种类型的设施：固定的设施，例如攀爬设施、秋千和滑梯，以及移动设施，例如球、锥桶和铁环。提供固定设施和移动设施的户外环境就形成了户外教室。安全的户外环境的建立需要满足这些条件，即设施符合儿童的发育水平、满足有特殊需求儿童的需要、设施持久耐用、符合安全标准以及安装方式合理。

做出与儿童发育水平相适应的选择

固定设施可以提供很多有趣的和具有挑战性的选择。然而，有些设施会带来伤害和窒息的危险。这包括蹦床、摇摆门、两端都没有拴住的绳索、重的金属秋千、绳索秋千、摇摆铃铛和吊架（CPSC，2008）。对固定设施进行认真的选择可以避免这些危害。

在选择不同年龄阶段儿童玩耍区域的设施时，应该注意体现该年龄阶段儿童逐渐显现的平衡能力、协调能力、反应时间以及手臂和身体力量。还应该为不同发育技能水平的儿童配备足够的设施。这可以确保小年龄的儿童不会玩耍对他们来说太大的玩具，从而避免使他们暴露在能力范围之外的挑战之中（Nemours Foundation，2012）。

为有特殊发育需求的儿童提供更多选择

有些玩耍设施可以供所有儿童使用，同时又能满足有身体缺陷的儿童的需求。可以用轮椅达到的有趣的游戏区域，例如方向盘或沙水盘等，就是很安全的选择。有些秋千可以允许使用轮椅，或者有特殊的座椅可以让这些儿童安全地玩耍。在这类设施的周围需要有足够的空间，以便成年人能在旁边进行辅助。

选择耐用的设施

在做出选择的时候，非常重要的一点是要参照相关指南选择耐用的设施，例如美国消费者产品安全委员会出版的“公共场所游戏场地安全手册”（U.S. Consumer Product Safety Commission，2008）。设施应该由已经在类似的游戏场地使用过的材料制作而成，并且已经被证明具有耐用性和安全性。设施不能含有任何已知的有毒物质。油漆或涂料覆盖的铁质材料是理想的选择。游戏设施上使用的木质材料应该能抵抗虫害和不易腐烂，如雪松或红杉，或使用适当的物质进行处理。木质的设施具有弹性和天然性，但是较难维护，因为有发生断裂的可能。固定扣件和连接件应该是安全的，不能有容易导致割伤的五金产品。可移动的部件应该罩上保护套以防止发生挤压伤害。

满足安全要求

设施设计方面需要包含必需的安全部分，例如护栏和围栏，并避免潜在的危险。

护栏　所有的平台、落点和楼梯上都需要安装护栏。护栏可以降低意外跌落的危险，但是不能防止儿童故意攀爬。

围栏　任何高处的行走区域都应该安装围栏：学步期儿童围栏高 18 英寸（译者注：约 45.7m），学龄儿童围栏高 30 英寸（译者注：约 76.2cm），学龄儿童围栏高 48 英寸（译者注：约 121.9cm）（CPSC，2008）。围栏可以防止儿童爬越。

困住、挤住或压住　需要对玩耍设施、扶手、护栏和围栏等进行认真的设计以避免发生困住、挤住或压住。如果一名儿童的身体部位陷入不移动的设施之间，就会被困住。头部卡住可能导致儿童窒息死亡。挤住和压住常发生在设施的开放部位将儿童的手臂、腿、手指、脚趾和衣服夹住。为避免这些风险，开放部位需要小于 3.5 英寸（译者注：约 8.9cm）或宽于 9 英寸（译者注：约 22.9cm）。还应该对设施进行检查，确保其表面平整，没有可能伤及手指或勾住衣物的凸出部分。

如果……

你发现秋千上有一些生锈和粗糙的地方，你会怎么办？你将跟谁取得联系帮你解决这个问题？

如果能提供恰当的玩具，儿童就能更积极地进行活动

购买和安装设施

应该从有经验和值得信赖的供应商处购买游戏设施，并请他们安装。供应商应该能确认他们的产品符合 CPSC 的儿童设施安全指南要求。应该严格按照制造商提供的安装指南进行安装，并保留全部安装文件（CPSC，2008）。应该对设施进行定期检查以确保其始终安全，对发现的问题应立即整改。教师是对游戏设施进行监管、发现和报告问题的最合适人选。

进行安全的储存

对户外玩具和可移动设施进行储存非常重要，这可以保持玩具的最佳安全性能并保护物料资产。理想的情况下，应该在玩耍区域附近设有一个能防水的储存空间。这可以防止金属制品生锈和腐蚀，避免安全风险。

储存空间应该布局合理，方便进入并且空间足够大。这些空间如果过分拥挤会带来安全风险。放在架子上的玩具桶和挂在墙上的三轮车对于儿童来说可能太沉了，不容易安全获取。基于这些原因，户外储存空间应该仅供成人使用并上锁。

可以提供一个儿童能获取玩具的存储空间存放较小的玩具，例如一个有铰链的小橱柜，可以敞开，也可以在不用的时候关闭。这样可以允许儿童在设计自己玩耍的主题时去取用玩具。

对安全进行监督

对户外环境持续进行监督可以确保随时发现紧急情况和意外危险并进行正确处理。季节性的植物、潜在危险物质的进入以及天气的影响，这些都可能在每日活动中带来问题。定期的安全检查可以帮助教师明确和处理这些及其他安全问题。

监督在植物附近玩耍的儿童

接近正在生长的植物对儿童来说非常重要，但即使是在安全的植物、灌木和树木旁边玩耍，教师也需要进行监督。小的种子可能非常有趣，但是可能会戳进鼻子或耳朵，并且很难取出来。玩耍区内的蘑菇等菌类应该每天清理，即使不是所有蘑菇都有毒。应该戴上手套避免与这些植物进行接触，并且向儿童解释蘑菇和菌类可能非常危险，不能触碰它们。

带领儿童体验种植园活动的教师应该清楚哪些植物的果实或蔬菜可能是有害的。安全的和有害的植物都可能会有诱人的浆果和种荚吸引儿童去尝试。教师应该帮助儿童学会只观察但不要去吃任何未经教师和家长烹饪过的植物。

“项目经验——菜园体验活动中的安全措施”中讲述了位于拉斐特市的

路易斯安那州大学儿童和家庭学习儿童早期实验室是如何实施一项特别的菜园项目来帮助儿童通过自己种植蔬菜来爱上蔬菜的。

注意意外进入的危险物

教师每天都需要监督户外环境中的危险物。需要移除黄蜂或马蜂窝以减少蜇伤的危险。如果在一个有遮盖的地方发现了蝙蝠，应该让儿童远离，

项目经验

菜园体验活动中的安全措施

Mary Sciaraffa，University of Louisiana，Lafayette，Child and Family Studies Early Childhood Lab

为了应对拉斐特市日益升高的儿童肥胖率，路易斯安那州大学儿童和家庭学习儿童早期实验室联合路易斯安那州大学营养学系和资源再利用学系共同设立了一个菜园体验项目。菜园项目整合了生命科学标准，它的首要教育意义是给儿童及其家庭提供如何种植蔬菜、如何在日常生活中改进饮食习惯的知识。

儿童学习了种植食物的过程和食用多种蔬菜的重要性。他们学习了设计、种植、照料（施肥、浇水）、收获、准备、烹饪、品尝和食用这些“家庭种植”的蔬菜的重要性。由于儿童拥有了一个可以与家庭成员分享的家庭菜园，他们的教育经历得到了增强。

确保儿童进行安全的菜园种植体验。

- 菜园应该远离潜在的污染源和瓦斯或电源线。考虑在菜园周围设置栅栏，方便教师对儿童进行监管。
- 泥土和水源应该远离污染物（例如铅、霉菌、水藻）。联系当地相关机构讨论泥土和水源检测的问题，帮助确保水源的储存和处理方法正确。
- 如果使用抬高的苗圃，需要注意雪松、松木或冷杉等建筑材料是天然耐用的、防水的和防虫的。不要使用不抗压力的木材、使用过的轮胎或铁路枕木这些材料，因为这些材料对儿童环境来说是不安全的。
- 要清楚有些植物生吃时是有毒的（例如大黄的叶子、利马豆和红芸豆、土豆和西红柿的叶子及藤、绿色西红柿和茄子）。在种植之前检查儿童的过敏史。教会儿童在没有获得成人允许的情况下不要食用任何植物或种子。
- 使用儿童尺寸的菜园工具。向儿童演示正确的使用方法和安全的移动方法。例如，当把工具放倒时，教会儿童如何把耙子或其他有锋利尖端的工具放下，不使用的时候要放在一边。如果需要使用木桩，要确保木桩的高度比儿童高，以避免伤到儿童的眼睛。
- 应该避免使用化学物质和杀虫剂。当地的相关机构可以协助选择使用何种儿童适宜的虫害控制方法。

户外菜园为儿童提供了一个奇妙的学习场所。成人需要密切关注儿童，并采取与教室内相同的、合适的安全防护措施。

直到专业人员将蝙蝠移除。动物闯入者应该被立即清除。教师还应该确保空间内不能有垃圾、纸杯、针、碎玻璃或其他被带入环境中的有害物质。

识别天气的影响

儿童的安全也会受到季节或天气的影响。长时间的阳光暴晒会造成木质结构干燥和断裂。炎热的晴朗天气会升高滑梯的表面温度，使滑梯变成烫伤的危险源。寒冷会损坏树木和灌木，使树枝掉落从而造成危险。教师需要时刻注意这些安全问题并随时准备纠正或上报。

进行定期的安全检查

定期对户外环境和设施进行检查非常重要，可以确保游戏区域持续符合安全预期。CPSC（1999）的一项回顾性研究发现，27% 的儿童早期养育机构的游戏场所维护得非常差，24% 的机构在儿童游戏设施下面提供了不安全的防护地面。这提示许多儿童正暴露于需要进行纠正的危险环境中。定期的检查有助于确保教师识别和纠正安全隐患。表 1-5 中列出了教师可以用来检查户外环境中的安全隐患的记录表。

总结

确保儿童的身心安全是最基本的教育责任和儿童健康的决定性因素。它包括认识到安全是如何影响儿童健康发育的，以及必须在教学的各个环节考虑安全问题。教室是儿童的重要庇护场所，在这里他们可以放松和集中精力成长及学习。为了创造一个安全的环境并提高工作的效率，教师需要了解导致幼儿非故意伤害和死亡的常见原因。在了解导致个人发生伤害的危险因素的同时，教师需要准备好在教室内设计和实施确保安全的各项措施。

儿童机构和学校通常是安全的，但是意外事件仍会发生。为应对这种情况，机构的领导者和学校需要共同工作以达到或超过安全标准。机构领导者建立安全的机构并设计安全制度来降低危险。教师布置安全的教室和室内、室外活动区域。他们选择合适的家具、设施和玩具，布置环境以避免危险。为了提高效率，教师应明确每个游戏区域存在的潜在安全威胁。教师持续对游戏场所进行监督，发现存在的问题并采取措施纠正不安全的问题。

关键词

咬伤或蜇伤	儿童环境	跌落
烧伤	溺水	致死性伤害

表1-5 游戏场所维护检查表

维护问题	细节和追踪	整改措施和时间
游戏区域检查		
☐ 垃圾、碎片、碎玻璃、其他危险物质 ☐ 围栏或其他安全屏障的间隙（有困住儿童的危险） ☐ 损坏的门闩，不能正常工作的门锁 ☐ 电缆、绳、电线（有缠住儿童的危险） ☐ 腐烂或断裂的木质结构、长凳、桌子 ☐ 绊倒的危险 ☐ 玩具、三轮车、四轮车等生锈或油漆脱落而暴露的金属 ☐ 静止的水域，排水系统的问题 ☐ 沙箱盖丢失，沙子没有采取防止动物接近的保护措施 ☐ 塑料设施的裂痕		
游戏设施检查		
☐ 坚硬的凸起、尖角或边缘 ☐ 能卡住头部的地方 ☐ 容易导致挤压或切割的尖端 ☐ 设施与地面相连的部位腐蚀、生锈或磨损 ☐ 设施损坏或零件丢失 ☐ 设施的底座暴露 ☐ 设施下面的防护表面不达标 ☐ 其他问题		

来源：Public Playground Safety Handbook（Publication No. 325），U.S. Consumer Product Safety Commission，April 2008，retrieved January 2012，from www.cpsc.gov/cpscpub/pubs/325.pdf.

机动车和交通意外　　撞击伤　　非故意伤害
安全　　婴儿猝死综合征（SIDS）　　可用建筑面积
空间使用计划　　窒息

问题回顾

1. 描述什么是躯体安全和心理安全。解释身心安全是如何影响儿童的生长和发育的。
2. 说出 3 个常用的与儿童安全有关的许可标准。解释它们分别是如何影响儿童早期养育机构的安全的。
3. 讨论指导儿童机构规划的指标，解释增强儿童环境安全性的策略。
4. 列出创建安全和适宜的环境时必须考虑的方面。描述它们分别是如何影响儿童安全的。

5. 解释作为一名教师，你采取哪些步骤来确保你的班级适合每个年龄阶段的儿童、对所有儿童都有可及性以及如何反映儿童的文化传统。
6. 讨论选择安全和适宜的教室内家具、玩具和户外玩耍设施的 3 个重要指南。
7. 描述如何为幼儿创建安全的户外环境。

讨论

1. 考虑年龄和发育成熟度对儿童意外伤害风险的影响。讨论教师应该如何调整他们的监管措施来管理以下年龄段的儿童：婴儿、1 ~ 4 岁儿童和 5 ~ 9 岁儿童。因为存在技能发育差异，是否应该按照年龄把儿童分组？一个混合了不同年龄儿童的小组是否安全？
2. 回想你曾经任教或观察过的一个儿童班级。有哪些政策和行动用来保证儿童的安全？你将如何向儿童的父母解释这些内容，使他们感到他们孩子所处的环境是安全的？
3. 回顾教师对儿童安全的各种责任。你认为其中哪项是确保儿童安全的最重要的责任？哪项是对家庭最重要的责任？
4. 考虑每个年龄段儿童的发育特征：婴儿、幼儿、学龄前儿童和学龄儿童。讨论你将如何为每个年龄段的儿童布置合适的室内环境，解释你的做法如何降低特定年龄组的安全风险。
5. 回想你曾经工作或观察过的儿童早期养育机构。描述每个环境内潜在的安全危险，以及负责教师是如何考虑（或没有考虑）这些内容的。你觉得影响儿童安全的哪些方面是最难纠正的？

实践要点

1. 登录疾病预防控制中心网站“伤害、暴力和安全”http：//cdc.gov/InjuryViolenceSafety，浏览 3 个主题。阅读“快速事实”和“家长与儿童伤害预防贴士”。讨论这些信息如何指导你安排教室环境和建立安全监管实践。
2. 登录国家儿童保健信息和技术支持中心网站 http：//nccic.acf.hhs.gov/topics/topic/index.cfm?topicId=2。浏览与机构相关的健康与安全、师生比例和分组大小以及员工资质等信息。明确你所在州里与家庭式儿童养育机构和以中心为基础的机构相关的资质和车辆保险规定。
3. 考虑你作为一名教师有哪些儿童安全保障方面的责任？编制一份你认为自己可以履行的安全措施清单。确定至少 3 项关于教室内儿童安全的关注点。找到 2 个可以帮助你获取相关信息和技能的资源。

你将采取哪些行动来提高自己处理上述问题的能力和自信心。

4. 登录美国消费者产品安全委员会网站，浏览《公共游戏场所安全手册》(www.cpsc.gov/CPSCPUB/PUBS/325.pdf)。使用附件 A 中建议的通用维护记录表对你所在社区的游戏场所进行一次安全检查。将你的建议交给学校或公共公园管理办公室。
5. 查找最近因为安全风险被召回的玩具和儿童设施。登录美国消费者产品安全委员会网站 www.cpsc.gov/cpscpub/prerel/category/toy.html，总结前 15 项被召回的玩具中存在的安全风险。描述这些信息如何为你的教学提供帮助。

网络资源

Centers for Disease Control and Prevention

www.cdc.gov

Head Start Design Guide，Second Edition

www.headstartinfo.org/publications/hs_design_guide/index.htm

National Association for the Education of Young Children

www.naeyc.org

National Association for the Education of Young Children：Code of Ethical Conduct and

Statement of Commitment

www.naeyc.org/positionstatements/ethical_conduct

National Child Care Information and Technical Assistance Center

http：//nccic.acf.hhs.gov

National Clearinghouse for Educational Facilities

www.edfacilities.org/rl/teachers_workplaces.cfm

National Resource Center for Health and Safety in Child Care and Early Education

http：//nrc.uchsc.edu/STATES/states.htm

U.S. Architectural and Transportation Barriers Compliance Board，Guide to ADA Accessibility

www.access-board.gov/play/guide/guide.pdf

U.S. Consumer Product Safety Commission

www.cpsc.gov

U.S. Department of Justice，ADA Standards for Accessible Design

www.ada.gov/stdspdf.htm

第二章

通过有效的班级管理促进安全

学习目标

1. 对教师在幼儿课堂中为加强安全而建立的班级常规命名并描述。
2. 讨论安全管理策略，识别需要特别关注的安全问题。
3. 比较不同年龄段儿童在安全方面的特殊需求，描述如何教会儿童保障安全。

教师 Jean 在三年级班任教 4 年后，被派到了全日制幼儿班任教。想到即将面对一个不同年龄段的儿童群体，她感到非常兴奋，并带着极大的热情开启了新的教学旅程。但是经过了 3 个星期，她就觉得筋疲力尽，备受打击。

这个有 22 名幼儿的班级让 Jean 信心受挫。班上有 3 个孩子依然有分离焦虑，每天早上来到教室的第一个小时必定大哭。有 2 个孩子在休息时受了伤。Manny 在围圈圈游戏的时候踢了其他小朋友，甚至有一次她抓着 Sasha 的头发把她拉到桌子底下。Candida，Olivia 和 Sebastian 正在学习英语，他们总是不能专心上课。Kelli 和 Mohammed 上课很专注，但他们每次做完自己的事情后就开始去干扰其他小朋友。有唐氏综合征的 Sam 有一次走出教室，另一位教师发现他时，他正坐在门外的地板上。昨天，Jean 发现 Emma 跟 Angie 在交换食物，但是 Angie 是有食物过敏的。就在今天早上，Malcomb 的妈妈打电话来，说她觉得 Malcomb 在学校没有得到足够的挑战性训练。

Jean 是一位经验丰富的老师，但她觉得这个班实在太难管了，她又不知道去哪里寻求帮助。如果她去找园长，园长可能会觉得她没做好自己的工作。Jean 感到不知所措，她甚至不能确保孩子们是否安全，而且她的课程计划也毫无进展！

任何年龄段的儿童都可能向教师表达他们个人的诉求，并给教师带来挑战。像 Jean 这样的教师如何解决这些难题，决定了学习环境的有效性和儿童的安全。在本章开头的案例中，Jean 面临着一系列的问题，以致她开始怀疑自己在创设安全课堂方面的能力。有一些安全问题是她首要的工作内容，其他的则是教育方面或机构方面应考虑的方面，需要周全、有目的地进行干预。有哪些管理方法可以帮助 Jean 这样的教师来计划和实施保证儿童安全的策略？

在本章中，我们将介绍加强幼儿课堂安全工作的各种方法。首先，我们会介绍有哪些常规工作可以为儿童安全打好基础。接着，我们将介绍在室内和户外环境中可以使用的监管策略。最后，我们会讨论作为教师如何实施各项措施以保证儿童的安全，并介绍教授儿童安全知识的方法。

制订教室安全常规

教师有责任保证儿童在教室内和户外活动时的安全。他们为保障安全创造条件，制订一日活动安排，规划安全到园和离园流程，以及为校车安全接送提供支持。这些工作共同形成了一个主动预防的管理方案，将儿童的安全置于核心位置。

为实现安全做好准备

在儿童到达教室之前，安全工作就已经开始了，例如采用合适的玩具和设施。其他准备事项包括考虑循证的安全措施、收集入园登记信息以及向家长介绍教室的安全措施等。

采取循证的安全措施

意外伤害发生率和死亡率被用来指导制订有效降低幼儿园疾病、伤害、残障和死亡的措施（American Academy of Pediatrics，American Public Health Association，and National Resources Center for Health and Safety in Child Care and Early Education，2011）。时刻保持对这些趋势和指南的关注，可以帮助教师了解在维护儿童安全方面应该做什么、怎么做以及它们背后的原因。

大部分州要求幼儿教师通过每年的培训和继续教育活动，学习及更新最新的安全措施相关知识。这保证了班级的安全措施能持续应对突发情况。理解并使用基于证据的安全措施的教师会更有自信心，他们会按照安全措施推荐的方法开展工作（Strain & Dunlap，2006），并尽全力保证儿童的安全。

入学登记时收集相关信息

入学登记可以提供详细的信息，帮助教师制订适宜的安全措施，有效地为管理儿童的安全做好准备。除了学习儿童的日常节律、饮食和休息习惯之外，教师还需了解其他要特别注意的安全方面的问题，以及怎样在必要的情况下联系儿童的家长。理想的情况是，在儿童正式入学之前，教师要能看到所有的登记信息，与家长见面，以便每一位照看儿童的人都能知悉他们特殊的安全需要（French，2004）。图 2-1 中的信息可以帮助教师更好地理解如何为儿童安全措施提供支持。本章开头的 Jean 老师便可以用这个表格中的信息作为指导，开展相关的工作。

家长宣教

邀请儿童及其家人在正式入园之前来班级参观是个可行的办法。这也是一个合适的时机来介绍班级在儿童安全方面的工作，并帮助家长了解他们应如何提供相关支持，这很重要［American Academy of Pediatrics et al，2011；National Association for Education of Young Children（NAEYC），2009］。当儿童和父母参观时，关于安全的注意事项也自然而然地一一介绍给他们了。例如，当儿童走进教室时，告诉他们随时与集体待在一起的重

图2-1 对儿童安全有利的入学登记信息

儿童信息

- ✓ 姓名和昵称
- ✓ 出生日期
- ✓ 到校（园）和离校（园）时间

联系信息

- ✓ 负责看护的父母或其他监护人：姓名、地址、日间联系电话、邮箱
- ✓ 紧急联系人：至少一位住在本地并且不是儿童直系亲属的人
- ✓ 第二紧急联系人：住在其他社区但能及时联系上的家人或朋友（在本社区因紧急事件出现通讯故障时，住在其他社区的人可能仍可以联系上）
- ✓ 列出禁止接走孩子的人的名单

健康状况

- ✓ 儿童接种疫苗的记录
- ✓ 过敏等特殊健康注意事项
- ✓ 因宗教、文化和家庭习惯而需禁止食用的食物等
- ✓ 已经确定或可能存在的发育需求
- ✓ 负责儿童保健的相关人员及联系方式（如保健医师、牙医、其他人员）
- ✓ 儿童保险相关信息（主要责任方、相关规定及联系电话）
- ✓ 父母签字确认的紧急情况下用药说明

儿童安慰信息

- ✓ 进食与如厕（特别是婴儿和学步期儿童）
- ✓ 儿童适应入学需要的信息：
  - 喜欢的玩具或游戏
  - 儿童的日常用语
  - 兄弟姐妹或好朋友的名字
  - 儿童的安慰策略
- ✓ 其他可能影响儿童健康的信息（如父母或其他直系亲属患病、父母入狱等）

来源：American Academy of Pediatrics，2011；National Association for the Education of Young Children，2009.

要性。教师还可以向儿童示范进入教室时怎样洗手，怎样小心地走近洗手池以免因地面太滑而跌倒。经过操场时，可向儿童介绍玩秋千和滑梯的安全原则。另外，提醒家长根据天气情况给儿童穿合适的衣服、鞋子或雨靴，保证儿童在做户外活动时安全和舒适（AAP et al，2011；NAEYC，2009）。

非英语语言的家庭前来参观时，如果现场没有翻译，最好请家长带一名信任的、又会英语的家人或朋友陪同。这有利于确保那些基本的安全规则（如在家长来接走儿童之前，儿童需跟其他人一起在教室等候）能正确有效地传递给家长和儿童。还可以请家长就相关问题提问，以提升大家对幼儿园安全措施的信心。当班级大部分儿童是讲英语以外的其他语言时，为了保证儿童安全和落实规章中的行为要求，需要确保至少有一位教师能用他们的语言介绍安全规章。

制订一日活动安排

一个熟悉的活动安排能指导一日活动顺利进行，并能为群体的安全管理提供支持。这个活动安排需提供可预见的活动计划，创造儿童熟悉的常规，提供平稳的过渡，还需灵活变通以应对意外事件的干扰。

设计活动安排

一日安排围绕着一系列可预见的活动组织班级一天的活动。儿童逐渐知道，当他们来到教室后，首先要将外套挂好，接着洗手，然后坐下来吃早餐。他们还能预知，在收拾好之后，就要去户外玩了，或是“每日故事时间”结束之后就可以回家了。知道了这些流程之后，他们对于从一个活动转换到另一个活动心里会比较舒适，提高他们的参与度和活动的有效性。

活动安排围绕着“动活动”和“静活动”展开，要尽量减少状态切换和中断的次数，否则容易引起困惑和潜在的安全危险。大部分儿童早期养育机构在一日安排中会纳入就餐和休息时间、群体活动时间、故事时间、户外活动时间和自由活动时间。活动安排需考虑儿童的年龄和需要。例如，对婴儿制订的安排是非常个性化的，因为教师需遵循每个孩子熟悉的就餐和睡眠习惯（Wittmer & Petersen，2008）。学步期儿童的一日安排中可以逐渐引入较长的玩耍时间。随着儿童的年龄增长，他们参与集体活动的能力也更强。当儿童适应了一日活动安排的节奏之后，他们就能够自我指导，有能力继续往下进行熟悉的环节。随着儿童能自己根据提示完成从一项活动到另一项活动的过渡，教师就能集中精力监管儿童集体的安全（Alter & Conroy，2007）。

一个有预见性的活动安排可以让儿童预期到下一步是什么，鼓励他们更好的合作

创造熟悉的常规

从一个活动过渡到另一个活动，这种过渡给儿童提供了许多机会练习，并能让儿童熟悉常规。常规是班级每天遵循的节奏和习惯。它帮助儿童懂得在每一个时间段里应该做什么。例如，幼儿在幼儿园中渐渐懂得吃饭之前要洗手、吃完饭之后要把盘子清干净这类规矩。他们还将学会把玩具从架子上取下来玩，玩完之后要把玩具再放回去。熟悉常规可以帮助儿童顺利地度过一天中的各个环节，他们也因此更有自信和更安全。图 2-2 列举了儿童在儿童早期养育机构中渐渐熟悉起来的一些常规。

实施平稳的过渡

过渡指的是儿童从一个个人活动或集体活动转入另一个活动时的短暂时间。每日活动日程中的过渡时间包括：结束自由活动并开始收拾东西，或是结束“故事时间”准备进行户外活动。过渡时间需要计划和管理好，否则儿童可能会因为行为中断而产生困惑，或有引发意外伤害的可能性（Alter & Conroy，2007）。例如，有些儿童在自由活动时玩得正起劲，但这会儿不得不沮丧地终止活动。有些儿童可能不愿意收拾玩具而到处乱跑，或拿着玩具敲打桌子。有些儿童可能会突然想起父母不见了而开始哭泣。一群正集中精力玩耍的安静儿童下一分钟可能就变成风暴。以下措施可以避免诸如此类的干扰带来的安全隐忧（Alter & Conroy，2007）：

- 尽量安排大段活动的时间，将过渡的次数减到最少。
- 在每个活动结束前 5 分钟给儿童提示，给他们时间做好准备。
- 将儿童分成小组，逐渐引入下一个活动。

这些方法充分显示了对儿童玩耍重要性的尊重，教会儿童完成活动转

图2-2 一日常规的一些简单例子

- 到达校园：跟老师拥抱，将外套挂好，洗手之后再玩耍。
- 自由活动：选择一项活动；一项活动结束后先将玩具收好，再选另一项活动。
- 整理时间：注意听“5 分钟提示铃声”；将玩具放进篮子，再把篮子放到架子上；围成圆圈。
- 围坐时间：找到圆圈上的圆点坐好；听老师的提示；发言之前先举手，等待老师叫自己的名字。
- 准备就餐：听“就餐提示音乐”：洗手，在桌子前坐好，等待所有人都坐好后才开始就餐。
- 就餐：轮流传递食物，自己动手，等食物传到每个人手上时才开始吃。
- 应急演练：听到警铃，停止玩耍，倾听并遵循老师的指示。
- 离校：等待接送，穿上外套，从房间里拿出手工作品；等待大人登记离园信息；跟家长一起走出校园。

来源：Sorte（from practice）.

变，也有利于班级的有序性。

在本章开头的案例中，Jean 能从梳理自己的一日活动安排中受益。她可以想出一些办法减少活动过渡的次数，从而解决她所面临的班级管理方面的难题。

应对一日活动的干扰因素

一日活动安排可能受到诸多因素的干扰，如午餐送来得比较迟，突如其来的应急安全演练，或停电等。这些干扰破坏了一日活动的有序进行，可能给教师和儿童都带来困惑。当这些干扰发生时，教师要尽快排除，与此同时还要照顾好儿童。教师需要找到干扰发生的原因，确认儿童的安全是否受到威胁，并在问题解决后总结出保障儿童安全的一些措施。例如，教师可以在等待午餐时给儿童讲故事，或是在应急安全演习时跟儿童说“1—2—3，看着我”，以此吸引儿童的注意力，给予儿童指示。在等待供电恢复时可以使用应急灯。有些幼儿园停电时可能引发安全问题。教师需要迅速做出判断，明确应该如何应对：是请家长把儿童接回家？还是尽管没电也要将今天的活动完成？

制订安全的到达和离开流程

关于儿童上学和放学回家，有很多不同的方式。有的幼儿园是家长将儿童送到教师面前，离园时再从教师处接回儿童。有的儿童是由校车接送。学龄儿童则通常是自己去上学。教师需要了解每个儿童的安排。他们需要知道儿童每天大概什么时候会到班里，谁会来送儿童，以及谁有权利将儿童接回家。掌握这些信息之后，教师就能顺利安排每一个环节，确保儿童是用恰当的方式接送的。

保证到达和离开的安全

儿童到校和离校时教师均应该在场，欢迎儿童抵达，或是跟儿童道别。关于这个交接环节，需要有明确的规定以确保安全［American Academy of Pediatrics（AAP）et al.，2011］。例如：

- 家长必须亲自将儿童送到教师面前，而不是在教学楼前就把儿童放下，让他们自己跑进教室。
- 当紧急撤离或避险禁闭时，儿童不应被接走或落下，除非有公共安全部门的指示。
- 在没有儿童父母或其他监护人书面同意的情况下，儿童不能和其他儿童一起自行回家。

在到校和离校时组织儿童参与游戏，能让教师在此时接待家长，并且管理班级安全。在到校时间让儿童玩智力游戏，在等待离校时安排儿童进行自由阅读，可以此创造流畅和有组织的过渡（Hemmeter，Ostrosky，Artman，& Kinder，2008）。

登记 大部分照顾婴儿至幼儿期儿童的儿童早期养育机构要求儿童在到园和离园时进行登记。登记表上记录了接送儿童的人员姓名和接送时间，当遇到疑问时，这些交接信息会有所帮助。图 2-3 提供了一个登记表的样本。到园和离园安排常常会比较复杂，特别是当有多个成年人交替着接送儿童的时候。若班级进行户外活动或儿童不在教室里时，家长来接儿童，则必须进行登记。教师可以随身携带一个小本子，以便家长登记签名。

将儿童交给合适的接送人员 教师有责任将儿童交给父母或是其他监护人。当来接的人员是监护人，但教师又不认识此人的时候，需要进行身份确认。当来接儿童的人表现出可能将儿童置于危险的行为，如酒醉、吸毒或其他不适宜的状态时，教师不能将儿童交给此人（AAP et al.，2011）。关于这方面的要求，每个州都有不同的规定。教师至少应做好计划，延迟移交并安排其他处理措施，例如打电话给其他备选监护人。教师也可以联系警察以获得相关建议。有时家长会委托儿童的哥哥或姐姐来接走他们。关于多大的儿童可以接走弟弟妹妹，以及多大年龄的儿童可以被未成年人接回家，这方面的规定还不是很多。教师需联系当地儿童保育的权威机构以获得指导。另外，教师还得有相关准备，当没人来接儿童的时候应采取

图2-3 到园和离园登记表

给家长的提示：请在登记表上注明到达、离开的时间，并签上您的名字。

儿童姓名	**星期一，10 月 20 日**		**星期二，10 月 21 日**	
Annette	抵达	离开	抵达	离开
	7:50 Alice Yates	5:25 Ben Yates	7:45 Ben Yates	5:15 Alice Yates
Arturo	7:45 Belinda Dee	12:15 Belinda Dee	7:45 Belinda Dee	5:45 Belinda Dee
Maria D.	7:45 Belinda Dee	12:15 Belinda Dee	7:45 Belinda Dee	5:45 Belinda Dee
Maria M.	7:55 Marc Mitchel	5:15 Mike Robinson	7:55 Marc Mitchel	5:15 Mike Robinson
Su Lin	7:55 Seong Yun	5:25 Joan Lee Yun	7:55 Seong Yun	5:45 Joan Lee Yun

什么措施。当地儿童保护服务机构可以帮助教师制订相关的应对方案。

监控儿童出勤情况

点名是幼儿园里常见的安全常规。教师应时刻熟知谁到园了、总共有多少儿童到了（APP et al.，2011）。点名应在儿童到园、离园时马上进行，可以避免混乱。在一天之中，教师应在不同时间段清点儿童人数，确保所有儿童在场。在儿童转换活动、到户外玩耍、进行应急演练、出外郊游上下车、经过走道去休息室及回教室的时候，点名更是尤为重要的。

点名应该在儿童到园时进行，并且应定时点名以确保所有儿童都在

儿童缺勤时联系家长　监控儿童的出勤情况也是健康和安全工作的重要事项。应当让家长知道，当儿童有事需要请假（如带儿童看医生或外出旅行等）时，需提前联系教师，通过打电话或发邮件告知教师儿童因生病或其他突发原因无法上课。了解儿童缺勤的原因可以帮助教师了解传染性疾病的传播情况，提醒教师可能存在的安全问题。

如果发现儿童在没有提前告知的情况下缺勤，教师应该联系家长了解原因。如果班上同时有几个儿童由于生病请假，教师应注意是否需要采取其他卫生保健或预防疾病传播的措施。如果学龄期儿童迟到或缺勤，学校或相关政策要求教师联系家长以确保儿童的安全。这种措施对于自己上学的儿童来说尤其重要。

在日间检查儿童的出勤情况　一般情况下，并非所有儿童都是早上来、下午回家。有些儿童可能会来得晚，或是提前回家了。儿童也有可能来了之后请假出去看牙医，看完之后又回到学校直到放学。或者是某个儿童参加了语言培训，所以去了其他教室进行小组练习。如何在白天追踪儿童的出勤情况对儿童安全来说也很重要。例如，在考勤表上记录儿童离开和到达的信息、在白板上写下儿童的人数，这些都是教师关注每个儿童和记录全体儿童人数的有效方法。

安全地接送儿童

接送服务一般是针对学龄儿童或长时间有特殊发育需求的儿童提供的服务（Bluth，1993）。开端计划及其他儿童保健服务项目也为儿童提供接送服务［Early Childhood Learning and Knowledge Center（ECLKC），2008］。教师经常被安排在到达地和出发地，并且在外出郊游的时候监督儿童。教师需要了解交通规则，随时为安全的交通行为提供支持，并懂得在外出郊游时如何安排出行。

如果……

你想组织一次乘坐大巴车出游的活动，你将向当地什么人询问相关的规定？

了解儿童交通安全规则

儿童上学坐校车比乘坐任何其他交通工具都安全（NHTSA，2011）。对校车结构的严格要求及人们熟悉的醒目的亮黄色，是确保其高度安全的两大因素。

使用货车接送儿童是非常不被认可的，甚至在很多地方被明令禁止。其中有很多危险因素，包括：对货车的结构没有明确的规定、没有明令规定货车需在铁道路口停下、其他司机无法识别车里载着儿童等。

虽然联邦指南在儿童的交通安全方面有相关规定，但美国各州也制定了接送儿童上下学的特殊要求。有些州甚至在指南中特别规定了接送5岁以下儿童的注意事项（NHTSA，2011；Savage，Kawanabe，Mejeur，Goehring，& Reed，2002）：

- 儿童安全控制系统的类型。
- 校车上允许承载的最大儿童数（视儿童年龄而定）。
- 维持车上秩序的成人监督数量员和其资质。
- 接送流程。

教师可以通过各州的小学生交通服务指南学习到更多的相关规定。

支持安全的交通行为

教师在校车到达和出发时承担非常重要的任务。虽然校车是运载儿童最安全的方式，但是每年平均有19名儿童因校车交通事故而丧生（NHTSA，2011）。大部分的致死性事件中，都有5～7岁儿童在校车的危险区域内遭受碰撞。校车的危险区域包括校车10英尺（译者注：约3.0m）以内的地方，如图2-4所示。教师需要特别警惕，确保儿童用正确的方式通过这些区域，不在这些区域内逗留。

由于5岁以下儿童的日常上下学人数逐渐增多，关于年幼儿童的车辆运输规则也在不断发展。教师非常适合观察本单位的接送流程，如果发现了安全隐患，应立刻汇报，以便做出相应调整。

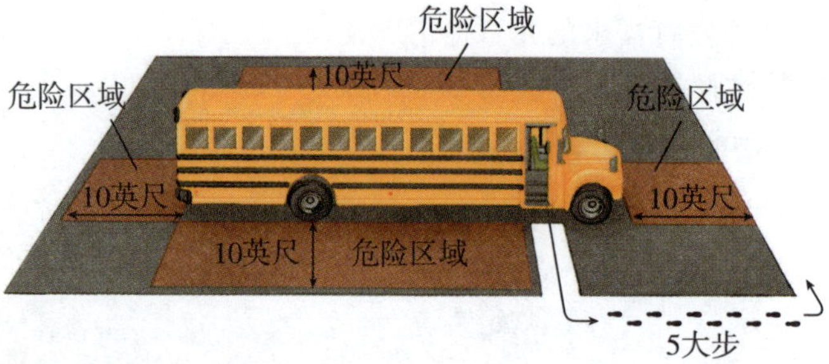

图2-4 校车危险区域

安排出游的交通

很多儿童早期养育机构会安排出游。虽然私人看护机构的交通行为不受联邦指南的约束，但是制定安全出游的交通政策对机构是有益的。此类政策的核心内容包括，体重50磅（译者注：约22.7kg）以下的儿童必须使用儿童安全座椅，并且这个出游的集体需要有一位成人进行监督（NHTSA，

1999）。

与家长沟通出游的交通信息是很重要的。当儿童乘坐车辆时，应让家长知道以下信息：

- 去哪里——地点名称以及地址。
- 什么时候——出发和返回的时间。
- 怎么去——乘坐的交通工具类型。
- 谁开车——描述司机的资质。
- 谁将负责监督和管理儿童的安全。

最后，教师有责任计划、沟通和管理，以确保符合交通安全规则。教师必须不打折扣地遵守这些规则。也就是说，在实际活动中，如果无法做到交通运输安全、合理，那么集体出游计划应该被取消。

实施安全监督

监督对儿童的安全至关重要，也是有效教学的基本措施。监督是教师确保幼儿之间进行安全的互动和保护幼儿情感环境的重要方式。有效的监督可减少意外伤害，促进儿童茁壮成长。要在这方面做好准备，教师需要知道有效监督包括哪些方面、如何在室内和户外进行有效的监督、如何应对一些特殊事件，以及如何强化学校 / 幼儿园的安全规则。

理解恰当的监督

在集体环境下监督儿童的安全需要有深思熟虑的计划，并给予持续和细心的关注。教师需要用符号和声音来指引儿童，明确每位教师的责任，与搭班教师一同协作，让儿童知道教师会时刻注意和关注他们。

用符号和声音管理

通过集中注意的管理来确保儿童的安全是非常关键的。简单来说，就是教师每日“做什么”以及“不做什么”对保证儿童安全起了很大作用。NAEYA 伦理行为准则（NAEYA, 2011a）呼吁教师用符号和声音管理儿童：

- 对于婴儿和学步期儿童，必须始终用符号和声音进行管理。
- 对于学龄前儿童，必须始终用符号进行管理，可以有短暂的时间不用声音进行管理。
- 对于学前班的儿童，如果在安全的环境中并且有规律地点名确认，则在短暂的时间内可以不用符号和声音进行管理。

根据儿童年龄的不同，符号和声音管理可用不同的方式进行。婴儿的房间主要是创造睡觉、换尿布、进食和玩耍的空间。房间的设置要方便教师看到和听到进行不同活动的婴儿。学步期儿童和大一点儿童的活动空间通常只安置一些矮柜，以便教师能在房间里自由走动，监督所有活动。有些州对儿童睡眠的管理也有要求。例如，针对注册在案的家庭式儿童看护中心的相关规定中，明确了“儿童是否能睡在与教师办公室不在一个楼层的房间”这一问题。

教师必须让儿童一直都在自己的视线范围内，注意儿童游戏时发出的声响。他们还必须知道应该站在哪个位置［National Association for the Education of Young Children（NAEYC），2009］：

- 站或坐在能看到大部分儿童的地方。
- 站在能看见门口的地方以防儿童走出去。
- 持续观察周边环境，确保全体儿童安全。
- 定期在儿童群体中走动，并经常变换位置。

管理过程中还要了解需要特殊注意的问题和情境。表 2-1 描述了各种不同的管理情境，指导教师如何去做和应避免的情况。

将儿童交给特定的教师

为了确保幼儿安全，需要给予其密切关注。因此，每名儿童都该交给特定的教师，该教师承担着照看儿童的主要责任，随时知道儿童在哪里、正在做什么。理想情况下，幼儿每天都应跟同一位教师、同一群儿童在一起（NAEYC，2009）。这样可以强化感情联结和熟悉感，当有特殊需要的时候，也便于家长和教师直接联系。将儿童交给固定的教师照看可以减少可能会造成安全隐患的失误。

婴儿和学步期儿童 对婴儿和学步期儿童来说，特定和稳定的教师（即“养育的连续性”）有助于持续了解婴儿的喂养和睡眠习惯，婴儿对情感和舒适的需要也能得到支持。婴儿和学步期儿童保育中最主要的是，每位教师都负责照看 3 ~ 4 名儿童。例如，如果班上有 8 名婴儿和学步期儿童，则需要两位教师照看。这种直接的师 - 幼任务分配，将每名儿童的养育和安全责任落实到教师个人。

学龄前儿童 有 16 ~ 18 名儿童的班级一般至少由 2 位教师带领。教师应合作进行持续的班级监管。应通过布置教室环境，使教师在每个区域都能很容易地看见和听见儿童。

学龄儿童 和学前班的人数不同，小学班级通常是 18 ~ 24 人，甚至更多。一般有一位教师专门负责班级的安全活动和持续的监管。教师会设置一系列活动和课程，在儿童自由活动的同时，教师能够在班级内来回走动，随时关注儿童的个体需要。

有特殊需要的儿童 给有特殊需要的儿童配备专门的教师，这样能更

表2-1　管理措施

应该	避免
每天检查教室及户外空间，排除潜在危险。	认为别人会去做这件事。
让儿童一直在自己的视线和听力范围内。	让儿童处于无人照看的状态。
教儿童总是待在学校里，或出游时总是跟集体待在一起，并时刻保持警惕。	认为儿童自己会想到要时刻关注集体。
教给儿童不同情境下的安全规则。	把不必要的担心或担忧传递给儿童。
了解儿童特殊的家庭情况（如监护方面，哪些人不能接触到儿童）。	认为儿童的家人和朋友是安全的，不会引起危险。
了解家长授权哪些人能接儿童放学。	将儿童交给未被授权的家长或监护人。
查看你不认识的授权人带照片的证件。	认为儿童会告诉你“我可以跟这个人走”或是“我不能跟这个人走”。
明白你在学校安全措施中的角色。	认为安全问题是别人在负责，跟自己无关。
知道你需要关心的事情，设想可能出现的安全隐患，制订适宜的预防策略。	忽视你所了解到的“其他地方”发生的事情。
在学校中发现你不认识的人时，立即上前交涉。	认为你不认识的人出现在教室、走道或其他安全的地方也没什么大问题。

来源：Sorte（from practice）.

大程度地保证儿童的特殊教育、语言帮助、过敏或其他用药需要能够被持续、安全地理解和监管（NAEYC，2009）。例如，“健康贴士”描述了教师给糖尿病儿童提供安全服务时需要注意的事项。如果有一位或是一个团队的教师能针对这些注意事项接受特定的训练，则在提供服务的连续性方面将会很有帮助。根据儿童的特殊需求，班里会配备一位教学助理专门帮助

健康贴士　教师为糖尿病儿童提供服务所需的信息

- ✓ 什么是糖尿病，如何在儿童早期养育机构和学校中有效管理糖尿病
- ✓ 关于如何给儿童提供日常特殊看护的详细培训
- ✓ 关于胰高血糖素的使用及其他紧急护理程序的培训
- ✓ 如何获取更多相关的资源，如美国糖尿病协会（American Diabetes Association）提供的信息：
  - 糖尿病用药管理计划
  - 给教师的建议：如何在学校中保证糖尿病儿童安全
  - 课堂糖尿病管理常见问题的解决方法

来源：The American Diabetes Association：Living with Diabetes：Diabetes medical management plan. Retrieved February 1，2012，from www.diabetes.org/living-with-diabetes/parents-and-kids/diabetes-care-at-school/written-care-plans/diabetes-medical-management.html；Living with Diabetes：A team effort. Retrieved February 1，2012，from www.diabetes.org/living-with-diabetes/parents-and-kids/diabetes-care-at-school/a-team-effort.html；and Tips For Teachers of Students with Diabetes，Retrieved February 1，2012，from www. diabetes. org/assets/pdfs/schools/tentipsforteachers.pdf.

这名儿童。教学助理是班级教师团队的一员，他们需要非常清楚自己的监管责任是什么。

临时小组 有时候需要把儿童组成临时小组，如上学前或放学后，或是在一天结束准备回家时将儿童汇成一个大组。临时小组可包括不同年龄的儿童，每天的临时小组成员也可能不一样。安排特定的教师负责特定的儿童，从而让教师明确自己的责任，并且认真关注哪个儿童在安全方面有特殊的需求。

与教师小组合作监管

学前班年龄以下的儿童通常由 2 ～ 3 位教师组成的教师小组监管。作为小组的一员，教师需要有明确的监管计划，承担起自己的责任（Kern & Wakeford，2007）。例如，儿童在玩水时，会有一位教师专门监管，其他教师则在教室中来回走动进行常规观察。其他策略包括在教室的不同区域各安排一位教师，或是教师之间承担不同的任务，如有一位教师在教室中观察儿童，另一位教师则去照看有特殊需要的儿童，或是安排午餐。明确教师个人的监管职责，从而保证每位教师都专注于自身的任务，防止教师产生“有其他人看着呢”之类的想法（Kern & Wakeford，2007）。

使儿童对自身的安全状况感到安心

当儿童知道教师就在旁边保护他们的安全时，会觉得安心。一旦感觉到安全和安心，他们就能够进入到游戏情境中去享受，并从与环境的交流中学习（Bowlby，1982）。他们在遇到安全方面的问题时也更容易向教师寻求帮助。

安慰儿童的行为次数取决于儿童的年龄和成熟度，以及他们在特定时间的需求。例如：

- 婴儿需要看到教师，并听到教师的声音，知道他们有需求时教师会出现。
- 学步期儿童需要从身体上和心理上都感知到教师就在他们身边。
- 学龄前儿童喜欢教师能倾听他们的想法和顾虑，当他们有需求的时候教师会有所回应。
- 学龄期儿童喜欢获悉他们需要遵守的规则是什么，以及在他们需要帮助的时候应该去找谁。

教师通过“可及性”（待在附近并留意儿童）和“有回应”（可接近和可诉说）来提供安全的保障。教师站在儿童附近，随时加入他们，跟他们说话和微笑，这些都能让儿童感受到教师就在他们身边，能随时为他们提供帮助。

伦理问题

儿童经常会找教师，以减轻自己的担忧。当儿童抱住你说她不想回家时，你如何利用 NAEYC 的伦理行为准则来应对这种情况？

保持专注和警惕

安全监管需要保持注意力和专注。这意味着教师必须避免出现以下这些被干扰和分散注意力的情形（AAP et al.，2011）：

- 互相闲聊、打电话或发短信。
- 走神。
- 打扫卫生，或是做其他打断正常监管的事情。
- 过分投入于儿童的玩耍中，以致忘记儿童的安全监管。

教师应学会在与个别儿童交流的同时观察全班儿童。例如，当帮助一个学步期儿童做拼图游戏时，教师应该时不时地抬头看看其他儿童，确保其他儿童在安全地玩耍，并跟其他儿童进行眼神交流，向儿童微笑。

监管班级活动

教室中的监管是有效管理班级的关键部分。制订适合于儿童发育水平的活动计划、关注与动物或水有关的可能引起危险的活动、持续不间断地对环境安全进行监督，都有助于进行安全监管。

计划适宜的活动

通过细心的计划，可以合理安排需要教师密切关注儿童的活动数量以及儿童可以自行参与的活动数量（Alter & Conroy，2007）。设计有趣的和适宜的活动可以提高儿童参与的积极性，增加他们自我指导的机会。这可以减轻教师总在教室里走来走去观察儿童的负担。

监管与动物有关的活动

儿童一见到动物就很感兴趣、很兴奋，因此制订特殊的计划对于保证儿童、班级宠物以及外来动物的安全都很重要。出于安全考虑，儿童保育常规中对于儿童班级中允许出现的动物是有限制的（AAP et al.，2011）。例如，有钩状喙的鸟类、可能携带沙门菌的动物（如蜥蜴、青蛙、海龟、小鸡等）是决不允许的。从别处借用的动物应该是健康的，并且不会对儿童造成攻击的威胁。

教师要小心安排儿童与动物的交流互动。例如，当儿童围坐在地板上，教师会说：

> 今天 Sally 家的小狗 Bess 来到咱们班上做客。我们都不想吓到小狗，所以当 Sally 介绍 Bess 的时候，我们就安静地围坐成一个圆圈。Sally 会邀请你们每个人都来逗逗它，每次只能上来一位小朋友。

这个方法给了儿童他们所需要的信息。它告诉儿童：

- 规则是什么（围坐成圆圈，没叫到名字之前请先等待）。
- 接下来会发生什么事情（要倾听，每个人轮流，各有一次机会）。
- 做什么（坐好，安静地听，当被邀请时再走上前）。
- 谁有机会参加（每个人都有机会）。

当儿童知道接下来要做什么，以及确认每个人都有机会参与之后，会对其更感兴趣，而且这对儿童和动物来说也很安全。

监管与水有关的活动

与水相关的活动可能伴随着安全问题，如溺水和滑倒。细心的监管很关键。对婴儿和学步期儿童来说，教师可以在浅水池里放进干净的水，开展与水有关的游戏，这可以避免儿童翻入水里。对于学龄前和大一点儿的儿童，可在感知桌上放些水，探索“浮沉”游戏。教师在一旁密切观察儿童活动，确保地板不被弄湿、不滑，指导儿童在活动结束后及时洗手，以避免细菌传播（U.S. Consumer Product Safety Commission，2012）。

浅水池的使用应遵循当地政府的儿童保育相关规定。有些州不允许在儿童机构中使用浅水池。

环境监控

班级管理也包括对环境的持续监控，其目的是排除安全隐患。如果做手工用的玩具放在过道的话，可能会绊倒儿童或挡住紧急出口。游戏时沙子或感知箱里的米粒撒在地上，可能增加滑倒风险。这些问题都需要关注，并可通过严谨的房间布局以及安全防护措施来避免，如在感知箱区域铺上安全地垫，或是就近备好笤帚和畚箕。细心的监控能确保安全隐患及时得到纠正。

管理户外活动

户外活动中，儿童可能会突然受伤，且伤情有可能相当严重，因此在户外活动区域需要特别注意。任何时刻儿童都应该在成人视线范围内，且其声音能够被听见，这样一旦儿童身陷危险或是受到侵扰和欺凌，教师才能马上获悉。一个设计优良的户外活动需要有利于教师把控，并便于教师查看附近和远处的环境以保证安全（Kern & Wakeford，2007）。有效管理户外儿童的安全涉及制订适宜的活动计划、使用管理区域以确保适宜的查看以及积极的教学。

安全隐患，如游戏材料从感知桌上撒下来，需及时发现并立即处理

计划户外游戏时间

户外游戏是学习时间。仅仅给儿童提供在户外玩耍

的机会是不够的，户外游戏需要带着目的，且做好计划和准备，确保儿童能自由走动，教师在一旁观察、注意他们的安全。户外活动的安全管理包括在儿童自主的活动和教师引导的活动间取得平衡，辨识可用的设施，选取可以避免冲突发生的游戏场地等。例如，球类游戏应设置在离秋千较远的地方，以防止儿童从摆动的秋千底下钻过去捡球。

> **如果……**
>
> 你被安排看着儿童滑滑梯，但你分神了，想着要去食品杂货店买东西。在管理如此重要的活动区域时，你可以怎样做来提高你管理的质量？

让儿童预先明白应安全使用玩具和设施，这可以让其在一定程度内积极玩耍。儿童准备出发参加户外活动时是分享这些知识的好机会。儿童集合后，教师向他们介绍可玩的游戏和设施，提醒他们安全游戏的规则。总的来说，当计划开展户外活动时，教师有责任做到以下方面：

- 选择恰当的和有趣的活动，使儿童觉得有挑战性，又能提高他们的技能。
- 准备所需的设施和器材。
- 鼓励儿童至少在某段时间内积极地投入活动。
- 全程管理儿童安全。

有目的地计划游戏是安全进行户外活动的基础。它避免了因为活动太无聊而导致的欺凌和粗鲁动作。

管理区域的使用

进行户外活动时，教师要允许儿童探索和发现，而非过度干涉。但是当观察到危险行为时必须立刻进行干预。教师可能习惯性地认为户外活动或小憩是他们的“休息时间”。他们可能会聚在游戏区外，在离儿童有段距离的地方，只在儿童有需要的时候才加入他们。这种行为容易分散教师的注意力，带来一定的害处。

户外活动空间通常较大，树和设施可能会挡住视线，玩耍的声音会干扰教师对儿童的观察。在这种情况下，可以把游戏场划分为几个不同的区域，每位教师负责管理一个区域（Kern & Wakeford，2007）。这个办法可以让教师把注意力集中在其负责的区域内发生的特定活动上，提高其指导儿童进行正确游戏的专注力。适时地轮换管理区域可以使教师减少无趣感，恢复注意力。

积极教学

当教师在游戏区内来回走动时，他们已经在积极地进行教学和管理了。教师观察着儿童的技能发展，鼓励儿童进行积极玩耍。他们给儿童提供建议和思考的机会，激起他们对户外活动的兴趣。这些行动说明了管理作为教学过程的一部分，是自然而然发生的。当教师观察儿童、与儿童交流时，他们也在保持警惕，并且管理着儿童的游戏。他们观察儿童，确保儿童遵守安全规则，并进行着积极的交流。这有助于儿童以恰当的方式进行游戏，并且向儿童传达出这样的信息：一旦有欺凌行为，教师就会看到并马上来阻止。

特殊情况下的看管

虽然室内和户外游戏是在日常安排活动之内的，但是有些特殊情况也需要教师随时用他们的专业经验和常识去正确地管理儿童。这些情况包括郊游、代班、有客来访、有家庭活动、有干扰者、出现复杂的家庭问题以及需要采取强制规则和禁止危险行为等。

出游时保持警惕

从熟悉的环境到外出游玩的新环境，儿童很容易从教师或其他监护人的注意中脱离。教师可通过选择适宜的出游地以及提前踩点来评估景点的安全，减少儿童的意外伤害。向儿童以及照看他们的成年志愿者说明安全规则，把每个儿童交给固定的成年人带领，这是非常重要的安全管理策略。

代班教师的安全工作

带班人员的更换可能引发安全问题。代班教师可能不了解儿童的个体需要，并且需要迅速地适应班级日程。这个问题可以通过恰当的介绍来解决。向儿童介绍代班教师，解释为什么之前的教师没在，这样能帮助儿童理解为什么代班教师可以带领他们并负责班级的安全。另外，将原先计划的活动内容调整为以儿童自主游戏为主的活动也是一种明智的做法。这样，新老师能够专注地与儿童交流，管理班级安全。提前制订“代班教师一日课程”对代班教师和班级安全来说也是大有裨益的。

管理来访者

来访者会带来受人欢迎的帮助和新技能，但是他们也会给班级安全常规带来一定干扰。他们需要明确自身的角色、责任以及班级的安全常规。教师应向儿童介绍来访者，确定来访者是“得到教师认可的”班级成员。来访者最好带着明确任务到来，如给儿童读故事、给颜料罐添加颜料，或是照顾大家。注意不要让来访者与儿童单独待在一起，教师需要密切留意他们的交流。

有时候，来访者会穿着制服来到班里，例如火警带着头盔，或是穿着戏服。成人可能会觉得这样很好玩，很有意思，但在儿童看来可能觉得很可怕。这样的来访者需要特殊安排，只有当全班儿童都能接受的时候才能来到班里。需要提前告知他们如何与儿童恰当地交流。当他们到来时，教师需要一直在场，确保儿童感到舒适和安全。

家长需要了解班级安全规定

指导家庭活动

儿童早期养育机构会经常将家庭组织起来，参加一些社交活动，以鼓励家庭参与，然而这样的活动也可能会有安全方面的问题。当有家人在场时，儿童可能表现得特别兴奋，而且一大群人在一起时会很嘈杂，有可能会让人觉得困惑。

这种情况下可能还有一个疑惑——谁来管理儿童，是教师还是家长？教师与家长沟通活动目的以及谁负起管理的责任是很重要的。这可以在邀请家长时加以说明：

- 如果是教师看管儿童，家长被邀请前来，可以说："请来观看班里儿童跳舞，听他们唱最喜欢的歌曲。"
- 如果是家长看管儿童，那么邀请中可以说："当您和孩子在欣赏班级艺术展时，请看好您的孩子。"

需注意的是，即使家长负责看管自己的孩子，教师也应该时刻关注，并在必要的时候强调安全规则。

面对陌生人

有时候教师需要面对出现在班上、走道上或户外活动区域的陌生人。教师必须做好准备询问该人到此的目的，需要时可请他（她）马上离开。应做好支持计划以备不时之需，如打电话寻求其他教师、单位领导或校长的支持。

指导复杂的家庭问题

复杂的家庭问题或儿童的监护问题可能会带来安全方面的挑战。例如，家长可能会说，另一位没有监护权的家长或成人已被法院传令禁止与儿童接触。教师需要知道如何处理这种情况。在一些案例中，教师必须查看临时法院禁止令，了解隔离的程度。这样可以保证教师不是简单地听从一位家长的指示就限制另一位家长接触儿童。

陷入抚养权争夺战的家长有时会请教师记录另一位家长对儿童做的事情。教师要避免卷入家庭纷争，应向家长解释学校是确保儿童安全的中立环境，记录家长的行为对教师来说不合适。教师应与家庭建立合作关系，便于在遇到难题的时候与家庭交流（Olson，2007）。

强化安全常规

教师有责任确保机构或学校中所有的活动都遵循安全常规。在没有获得足够信息的情况下，来访者或家人的到来可能会引发一些安全问题，如给儿童示范不安全的行为，或是不尊重班级原有的安全常规。这些情况都可能惊动教师。在必要的时候，教师需要上前友好而坚决地强调安全常规。如果有不安全的举动，教师应坚持立场，直到不安全的举动停下来，恢复正常秩序。表 2-2 提供了一些应对类似情况时可参考的意见。

干预家长的不安全行为

当教师看到家长出现不安全的行为时，如儿童乘车时没有坐安全座椅或没有系好安全带，或家长把婴儿单独留在车上而自己走进教室里，要果断地干预。“安全环节”中为家庭介绍了将儿童单独留在车上的危险，这种行为会引起热射病而导致许多儿童死亡。教师需要跟家庭携手合作，立即解决安全问题。通常家长在接受这样的指导时都是心怀感激的，因为这保障了他们孩子的安全。如果家长拒绝教师的建议，继续做这些危险的事情，则教师需要与警察取得联系。

表2-2 需要采取行动的情况

潜在的安全隐患	应对措施
家长把自行车停在通往教室的走道上。	告诉家长，自行车这样停放可能带来哪些危险。找到可以停放自行车的合适地点。
一名儿童带了自己最喜欢的玩具来到班上，但是这个玩具对家庭看护中心的学步期儿童来说是不安全的。	允许儿童跟你说说这个玩具怎么玩；告诉他（她）这对更小的儿童有什么危险；找一个安全的地方将玩具收起来，直到放学回家时才拿出来。
在没有提前告知的情况下，把宠物带到班上。	通知宠物的主人，宠物必须放在外面。按照所在机构的相关规定安排一次“宠物来访”活动。
有人从活动区域外走过，停下来站在栅栏外跟儿童交谈。	立刻干预。将儿童领回来，并请该人不要在儿童玩耍时跟他们说话。增强栅栏周边的监管。
在接完孩子后，家长们站在活动区域里交谈。他们没有看管孩子或强调安全规则。	走到家长身边，解释安全规则；请他们提供帮助。建议他们提前来接孩子，这样可以有时间参观。
家长派来一位你没见过的人来接学前班的儿童。	让儿童留在班里。联系家长。获得能让该人接走儿童的口头同意。记下交谈的内容。请来接儿童的陌生人出示带有照片的证件。
一位家长打电话来，请教师把孩子送到他们的车停靠等待的地方。	提醒家长，儿童只能让家长直接从班里接走。跟家长一起制订有效的接送计划。

来源：Sorte（from practice）.

安全环节 不要将儿童单独留在车上

将儿童单独留在车上是很危险的。阳光照射会使车变成温室，仅需 10 分钟时间，车里的高温就足以威胁人的生命。在太阳下，车里的温度可以升高至 131° F（译者注：55℃）。即使在 60° F（译者注：约 15.5℃）的凉爽天气里，车里座位的温度也能高达 110° F（译者注：约 43.9℃）。家长需要了解这些安全常规：

- 没人的时候，即使开了车窗，也不要将儿童单独留在车上。
- 有时家长会把睡着的儿童遗忘在后座。这种情况下，要提醒忙碌的家长，可以将钱包、午餐或背包等物品放在后座上，这样下车取物品时也容易看到儿童。
- 提醒家长记得锁车门，以免儿童爬上车把自己锁在车里面。
- 教导儿童不要在车里玩耍。
- 当看到儿童被单独留在车里时，拨打报警电话 911。

来源：National Highway Traffc Safety Association. Children and Cars：A Potentially Lethal Combination. Retrieved February 1，2012，from www.nhtsa.dot.gov/people/injury/enforce/ChildrenAndCars/pages/Unattend-HotCars.htm；Safe Kids，USA. Preventing Injuries，at home，at play，and on the way：Safety in and around cars. Retrieved February 1，2012，from www.safekids.org/safety-basics/safety-resources-by-risk-area/in-and-around-cars/.

确定适当的安全管理实践

当儿童身体技能的发育比逻辑思考能力和对危险的认知发育快时，可能会不知不觉地陷入不安全的环境。例如，会走路后，幼儿会用上楼梯或向街道上走来测试自己的新技能，但他们注意不到潜在的危险。“责怪”幼儿这样做很危险是不对的，因为他们太小且没有经验。同样，想当然地认为大一点儿的孩子应该知道危险，就“允许”他们做出不安全的行为，也是不可以的。随着儿童的成长，教师有责任采取相应的管理策略。

在班级内适当的安全管理措施包括计划、管理和示范以及安全教育三部分。

1. 安全计划包括确定活动是否适合儿童的体能、儿童是否能理解危险行为的后果，以及对儿童进行适当的安全引导。例如，在 3 岁左右，大多数儿童能够知道滑滑梯很好玩，但是出于安全考虑，他们要轮流滑，而且脚要先着地。
2. 管理和示范安全行为是教师生动演示安全行为的重要方式。在布置环境时，教师要考虑到安全事项：教师应示范安全和恰当的互动，例如，如何安全地将玩具放到一边，准备到室外时做哪些准备，以及引导儿童如何恰当地与环境或他人互动。
3. 传授适当的安全信息可以充实儿童早期养育机构的安全管理措施。在儿童期要逐步连续地教给儿童安全信息，这就代表每一条安全信息都要以简单明了的方式介绍安全，而不仅仅关注于避免危险，更要以安全为中心。随着儿童的成长，介绍要越来越细致，包含更多细节信息，并通过不断的实践来强化行为。“健康教案”专题中提供了关于如何在幼儿期循序渐进地向儿童传授安全信息的案例。

了解婴儿的安全需要

在生命的第一年中，脆弱的婴儿逐渐发展成为爬行爱好者或行走探索者。安全管理应该鼓励且不妨碍儿童的正常发展。探索可以让儿童获得实践能力、知识，以及认为“环境是安全且友好”的信心。

适合婴儿的安全实践内容

对婴儿来说，安全要基于个体化的日常看护规律，如熟悉的饮食和睡眠计划、安全的环境、温柔和关切的抚触以及适当的鼓励性话语（NAEYC，2012）。另外，婴儿看护机构的教师还应该：

- 每天检查环境的安全性，保证地板干净、插座不裸露、家具坚固、环境中没有窒息风险、没有粗糙或锋利的物体、没有带拉绳的百叶窗、除喂奶时间以外不戴围嘴、脖子上没有挂着的安抚奶嘴。
- 将婴儿食品、个人物品、宝宝餐椅和婴儿床等进行恰当的标识和存放。
- 婴儿应采取仰卧位睡姿，单独睡在婴儿床里，床中不放置玩具、毯子或缓冲垫。
- 和婴儿说话，给婴儿唱歌，帮助其将对声音和话语的感受与积极的社会关系和安全关系联系起来。

健康教案 班级安全规则

教学效果 **儿童可以说出并描述安全规则**

关键词：**安全、规则、小心。**

安全监护：**根据儿童的年龄段选择适当的玩具和材料。观察儿童玩耍，在适当的场合强调安全规则。**

婴幼儿

- **目标：**让婴幼儿学会“温和地与人相处，从而避免伤害”。
- **材料：**玩耍空间、有人类特征的玩具和动物玩具等。
- **活动计划：**将玩具放置在舒服的玩耍空间内，邀请婴幼儿玩耍。在玩耍时，用语言和手势表达关怀和善意，如“你正在温柔地触摸玩具小狗。你能轻柔地拍拍小狗，不伤害它吗？咱们可以这样照顾它。”引导婴幼儿的手，演示温柔的触摸，从而纠正婴幼儿粗暴的触摸。
- **如何调整活动：**手把手地帮助有运动障碍的儿童轻触填充式的动物玩具。用英语和儿童的母语不断重复安全信息。将班级安全规则告知家长，帮助其在家里强化这些信息。
- **你达到目标了吗？**儿童听到善意的词语了吗？看到教师示范如何照顾人和玩具了吗？

学前班和幼儿园儿童

- **目标：** 儿童可以说出班级安全规则，以及这些规则为什么可以保护儿童的安全。
- **材料：** 儿童在学校不同活动中玩耍的大照片（做手工时、吃饭时和爬滑梯上的台阶时的照片）。
- **活动计划：** 将儿童聚集起来，告诉他们规则是为了帮助人类避免伤害，保证安全。一张一张地展示照片，并邀请儿童思考安全规则。可以用这种方法引起话题，如“在这些活动中，有哪些情况可能导致受伤”，并引导儿童思考可以保证安全的方法和规则，如“用剪刀的规则是，用剪刀时必须坐着，这样剪刀就不会戳到别人了”。将规则写在海报上，并放置在就餐时儿童能看到和讨论的地方。
- **如何调整活动：** 通过让儿童看照片和演练不同场合的安全规则，加强其安全观念。给每个孩子足够的反应时间，强化行为。学习并使用儿童的母语来做安全教育。将安全规则翻译成多种语言并张贴出来。
- **你达到目标了吗？** 儿童能识别出什么是安全行为吗？他们能解释安全规则是怎么保护儿童的吗？

学龄期儿童

- **目标：** 儿童能辨别班级内、餐厅、校车、户外和野外活动等不同地点的安全规则，且能将安全规则解释给他人。
- **材料：** 海报纸、记号笔、胶带。
- **活动计划：** 聊一聊安全规则是如何帮助人们谨记安全的。将儿童分成小组，每组选择一个校园场景，让他们制作一张列有 2 ~ 4 条安全规则的海报，并请儿童解释他们的海报。然后将儿童集中在一起，让每个小组介绍自己的安全规则，及规则是如何保护儿童安全的。请班上其他同学反馈并修改。将海报张贴在大家可以看得到并学习的地方。
- **如何调整活动：** 在小组进行安全规则讨论时进行巡视，并针对需求提供帮助，保证每名儿童都有机会提出点子或添加内容。若儿童需要，适当延长讨论的时间。在儿童进行海报展示时，对其付出的努力表示认可和支持。
- **你达到目标了吗？** 儿童能分辨出学校不同地点的安全规则，并向他人解释吗？

外出郊游时，Petee提醒他的朋友们要手拉手地走在一起

安全管理

管理婴儿的行为是教师和儿童每日互动的基本部分。管理婴儿安全的关键方法包括：

- 监督婴儿如何和玩具互动。消毒掉落的奶嘴和玩具，并确保婴儿咬过的玩具不被传到其他婴儿口中。
- 引导互动。帮助儿童触摸别人，不抓眼睛和耳朵，并说“像这样轻轻地摸一下 Lin-Lin 的脸颊”。

婴儿需要在引导下学会如何轻柔地触摸别人

- 保护婴儿不被大年龄或周围玩耍的好动儿童伤害。这可以引导大年龄儿童学会如何保护婴儿和与婴儿互动。

传授安全信息

婴儿的教师应通过建立安全、可信赖的环境，和教会婴儿如何互动来传达重要的安全信息。教师可通过下列行为来强化这些正面信息：

- 回应婴儿的需求。
- 喂养婴儿和婴儿睡觉时，将其放在安全的地方。
- 温柔的触摸婴儿，保证声音让人感到舒适。

了解学步期儿童的安全需要

学步期（从学步到 3 岁）是逐渐好动、乐于探索、对独立很感兴趣的一段时期。教师应利用学步期儿童的热情，引导其在安全的环境中多参与和他人的互动。

适合学步期儿童的安全实践内容

学步期儿童教师应该认识到，学步期儿童越来越强的探索和活动能力会使儿童爬得更高，走得更远，会促使学步期儿童以更新奇的方式探索更多的事物。对于学步期儿童，教师应该注意以下几项重要的安全内容：

- 确认环境安全。保证橱柜上安装并使用儿童安全锁，家具牢固，这样学步期儿童可以尝试扶着家具站立起来并保持平衡，且不用担心家具会翻倒。
- 为儿童如厕提供帮助，如坐便椅、儿童马桶、儿童洗手池或坚固的梯凳，这样儿童可以在帮助和看护下学会如厕技巧。
- 为玩耍提供开阔的空间和充足的时间，让学步期儿童活动和探索，没有过分的约束。
- 密切查看玩具、材料箱和食物等有可能导致窒息的物品。
- 提供用手指取用食物的机会，让学步期儿童提高独立进食的能力，但同时应避免窒息风险。
- 将学步期儿童的个人物品、睡垫或小床贴上标签储存摆放。

安全管理

对学步期儿童需要进行密切的监管。学步期儿童已经知道了活动和寻求独立的乐趣，但相对来说他们的交流能力又有限，且有时难以达到他们期望的目标。有的幼儿可能会将教师伸来的帮助之手移开，说“Alex 会做，Alex 是大男孩儿了”。有的儿童也可能用抓或者咬等学步期儿童常见行为来回应令人沮丧的情形，这会增加儿童、教师和家长的忧虑。教师应该尽可能和学步期儿童在一起，辨认这些行为何时会发生，并做好立即介入的准备，预防问题行为的发生，引导其重新进入玩耍状态。

如果……

你正在和一名学步期儿童玩游戏，他突然伸出手抓了一下你的眼镜，你会怎么回应？

如果发生了问题，相应的安全管理措施应该是清晰、明确且直接的（NAEYC，2012）：

- 坚定地陈述应该做什么：“不要咬！”或“不要往街上跑！”
- 简单说明原因：“咬人很疼。”或“街上很危险！”
- 提供一个选择：“你可以玩这些积木，吃点心时间你可以咬苹果。”或“在这儿跑是安全的，开始吧！”

传授安全信息

教师可以通过示范安全行为、介绍规则和教儿童安全玩耍的词句来向学步期儿童传授安全信息，这可以帮助学步期儿童看到哪种行为合适，并将词句和行为联系起来。例如，教师可以手把手引导儿童，拿一把小叉子戳豆腐块，并说“可以用叉子戳豆腐，但是不能戳人”。用面部表情强化“可以”和“不可以”的表达，增强表达和沟通。学步期儿童可能会边重复信息“戳豆腐”，边上下点头来肯定。其他通过示范行为和语言沟通来向学步期儿童传授安全信息的方式包括：

- 温柔地触碰：避免戳或抓眼睛和面部，避免拽耳环。
- 远离危险：远离热炉子、碎玻璃、不知名的动物和秋千。
- 安全饮食：进食和饮水时要坐着；慢慢进食，注重咀嚼。
- 安全活动：注意桌面伸出的、到幼儿眼睛高度的部分，坐滑梯要脚先着地。
- 安全互动：告诉幼儿，“花可以摸，可以闻，但是不可以吃”。使用类似“窗户是为了看外面，而不是为了击打”的话语。
- 安全玩耍：“Jenna，看，拿卡车的时候要远离眼睛，将卡车放到低于眼睛的地方是安全的。”

可以通过故事书或人偶戏的方式向学步期儿童介绍安全信息。积极和消极的面部表情也有助于强化信息。

了解学龄前儿童的安全需要

学龄前儿童（3 ~ 5 岁）独自玩耍的能力更强，在其他儿童旁边时更有兴趣进行互动性玩耍。随着成长，他们发展出运动、奔跑和攀爬能力，且能持续地融入别出心裁的戏剧性游戏中。学龄前儿童已经可以学习、执行并教给别人重要的安全常规。安全管理应该遵循儿童能力增长这个自然规律，在告诉儿童知识的同时，让儿童认识危险，并掌握远离危险的方法。

适合学龄前儿童的安全实践内容

学龄前儿童活泼好动，教师可以创造安全的环境，让儿童以恰当的方式测试自身技能，从而加强安全指导。教师还应鼓励儿童尝试解决问题，支持儿童发展自助技能（National Association for the Education of Young Children，2009）。适用于学龄前儿童的安全实践有：

- 创造儿童可以自己主导的环境：确保家具牢固，玩具被码放在儿童能拿到的架子的低处。将大件玩具储存在地上或者架子最低层，让儿童可以在安全的情况下拿到玩具，而不被玩具或架子砸到。
- 鼓励儿童发展自助技能。准备玩具收集桶，让儿童在玩耍后可以收纳玩具；或准备脏盘子收纳箱，让儿童在餐后可以清理自己的区域。“项目经验”专题描述了机构是如何通过提供点心自助区来鼓励儿童发展自助能力的。
- 用不同的储藏格或挂衣钩标记出每个儿童自己的外衣和睡垫，让儿童持续使用。用儿童使用的语言做标记，唤起儿童对读写能力的注意。
- 尽可能方便儿童按需如厕，并提供监护。

安全管理

幼儿能够理解安全指示信息，例如用眼睛看但不要用手触摸

幼儿园的教师需要对学龄前儿童身边的潜在安全问题时刻保持警觉。学龄前儿童行动更独立、更迅速，对于社会性互动更感兴趣。他们可以开发出剧烈的可能存在危险的游戏，如在户外活动时，模仿制作并食用用树叶及蘑菇做的“汤”，或者可能模仿其他儿童的不安全行为，如跑上斜坡、在设备器材和障碍物周围攀爬、从高台上往下跳等。下面是针对学龄前儿童的一些安全管理策略：

- 告诉儿童活动和安全的界限。
- 通过笑容、使眼色或悄悄话来认识和强化安全行为。
- 引导儿童认识不安全行为的后果。可以说：“如果你继续在跳房子游戏区骑三轮车，就会有人受伤。”
- 告诉儿童如何在不安全的场所通过沟通来坚持他们的需求。可以说：“告诉她你不想做这件事，这样不安全。”

项目经验

用“智慧点心区域”来管理饥饿

Roni Cohen Leiderman，Dean，Mailman Segal Center for Human Development of Nova Southeastern University

佛罗里达州劳德代尔堡市诺瓦东南大学的人类发展中心开展了很多学龄前、婴幼儿和看护项目。我们有43间教室，超过1000名儿童和家长参与了项目。我们为社区提供国家级认证的学龄前项目和社区临床服务，并为多种领域的专业培训和技能发展提供学习实验室。

你面对过什么挑战？

在家庭环境中，儿童可以随时索要食物和水，但群体看护的儿童不一样，他们需要遵循安排，不容易随意得到零食和餐食。这种安排带来的影响是两面的。首先，我们没有教儿童去注意他们身体的信号，幼儿靠身体的信号调节饥饿和口渴感，但当他们逐渐成熟时，他们的进食习惯就受日程安排控制了。第二个挑战是，如何在不打破学前班日常安排的前提下，让儿童养成健康的饮食习惯，并有获取健康食物的选择权。

你怎样面对挑战？

在确定行动计划前，我们和家长、工作人员一起形成了可能的解决方法。参与项目的家庭成员轮流扮演“点心父母或祖父母”，为班上的儿童带去充足的食物。我们一直引导儿童家长提供健康的点心和饮料，用全麦的天然食物以及新鲜的水果和蔬菜代替添加糖、人工调味和高钠的食物。

经过慎重地商讨和研究，员工建议开展一个特别的点心项目，在帮助提高教学实践质量和效率的同时，也从营养角度考虑到了儿童的健康问题。这个主意旨在建立点心餐桌，也就是“智慧点心”区，功能和其他兴趣区域是一样的（美术、手工、创造玩耍区等）。每天，家长负责带来对儿童有好处的食物，机构工作人员将食物、饮料、纸巾、用具和盘子摆放在桌子上。智慧点心区一般靠近洗手池，这样儿童可以在进食前清洗双手。点心区在自由活动和小组活动时间是开放的。图片和简单的词语会提示儿童清洗双手、吃完后扔掉垃圾、清理自己弄脏的区域，以及提议推荐的“食谱”。例如，当Maya的妈妈带来草莓、全麦饼干和奶油奶酪时，黑板上的学习卡片同时展示着如何一步一步地制作一个奶油奶酪草莓三明治。机构应提供儿童型号的水壶和杯子。一开始，家长和教师都有些顾虑：儿童会不会长时间坐在点心区吃东西，从而对其他学习和玩耍区域失去兴趣？点心区会不会很难监管？

成果如何？

在开始的几周，儿童在点心餐桌上花了很长的时间。但随着时间推移，规律逐渐形成。儿童使用点心餐桌的频率逐渐降低，对新奇的食物倾向于吃得更少，而且与身体的饥饿和口渴的信号更为协调。在智慧点心餐桌旁，儿童的语言和精细运动能力都得到了发展。儿童互相分享食物、交涉座位、按照教师和海报上的展示保持个人卫生，这可以提高其独自操作和团队合作能力。学龄前儿童逐渐开发出了他们最喜欢的食物搭配，开始认识常用词，并能把词语和每日点心建议上的图画关联起来。

虽然智慧点心项目很成功，但有些教师还是喜欢原来固定的加餐时间。我们在继续和教师沟通的同时，也在探索促进项目可持续发展的方法。我们有义务照顾那些长时间离开家庭的儿童。我们关注养育、保护、教育和玩耍，从而培养儿童良好的习惯，为儿童提供一个健康的未来。

- 监护儿童的社会性互动，出现恃强欺弱的行为时及时制止。
- 通过积极和自信的行动及时纠正不安全行为。

传授安全信息

学龄前儿童理解行为因果关系的能力不断增强，可以理解和学习安全信息。然而，教给学龄前儿童有关危险的知识可能会增加他们的担心，最终可能会将“有些事大人也控制不了”的信息传达给儿童。例如，在消防演习时教会儿童如何撤退，并告诉他们火灾随时可能发生。应该用儿童容易理解的方式介绍安全信息，避免过分夸大令人不安的事件。对于学龄前儿童，典型的安全信息包括：

- 紧急情况时，在教师的引导下撤离出教室。
- 如遇龙卷风或地震，要蹲下找掩护物。
- 远离危险物品（火柴、打火机、油漆、清洁用品、有毒物质、热水）、陌生的动物和人。
- 只吃家人或教师提供的食物。
- 开展安全的户外活动，遵循游戏规则。

画着儿童应对潜在危险环境的正确反应的书本和法兰绒故事板，可以告诉儿童安全信息。请消防队员和警察等安全官员来讲课，或者去可以实地演示的地方（如游泳池）学习，又或去充满戏剧性的游戏地点让儿童探索安全话题，这些都是有效教授安全信息的方法。

还可以从介绍自我意识开始，向学龄前儿童介绍安全信息。例如，学龄前儿童的语言能力发育得更好，他们可以和别人交流担忧、恐惧或者感到威胁的经验。教师可以通过帮助儿童学习认识和命名这些情绪来支持安全教育。教师可以用图片展示不同的面部表情，如图 2-5 所示，这可以帮助儿童辨认和学会表达他们的感受。学习认识和了解自己及他人的情绪是儿童早期发展的任务之一。

图2-5
帮助儿童理解情绪

了解学龄期儿童的安全需要

学龄期儿童（5 岁以上）活动能力更强，且家长经常允许他们单独在社区内活动和独自上学（Centers for Disease Control and Prevention，National Center for Injury Prevention and Control，2006）。这也是一段敏感的时期，儿童容易受电视中的英雄人物和其他荧幕形象的影响，这可能混淆儿童对现实能力的理解。更强的独立性可能导致学龄期儿童被疏于看管，增加意外伤害的潜在风险。同时，学龄期儿童有学习、遵守和告知他人安全注意事项的能力。教师仍需重视安全实践，更加关注教导儿童如何确保安全，并可在稍远的距离处进行监护。

适合学龄期儿童的安全实践内容

针对学龄期儿童的安全实践，要继续关注环境的安全和活动的内容。教师要避免这样的想法：儿童已经长大，能力已经提高，他们应该知道如何确保安全了。适合学龄期儿童的安全实践内容有：

- 示范安全行为，确定活动和行为的界限。
- 设计恰当的、有挑战性的活动和机会，让儿童了解安全风险，学习如何确保安全。
- 确保儿童远离危险物品，如火柴、打火机、有害清洁用品、有毒物品、酒、毒品、烟花和利刃。
- 要注意同伴压力和来自沉迷于危险事物的年长儿童的影响。倾听儿童对火、烟、烟花、爆炸、毒品、酒精和其他危险物品的兴趣，这可能是危险互动的信号。
- 分辨儿童何时变得疲劳，以及他们何时需要停止活动去休息。

安全管理

在学龄期，儿童可能有各种各样不安全的行为，频繁地测试安全界限在哪儿，给安全管理带来挑战。教师可能面对的行为包括：儿童使用有创造性但不安全的物品，做出“冒失鬼”的行为，或通过威胁“不能玩”的方式欺负其他儿童。这些可能是儿童探索和测试自身能力最典型的方法，也是教师必须要帮助儿童辨识安全界限的时机（Gartrell & Gartrell，2008）。教师应该重申，不适当和危险的行为是被禁止的。安全管理策略包括：

- 关注行为，在与儿童交流安全问题时提供清晰的信息。告诉儿童不安全行为是被禁止的。可以说：“爬树是危险的，你应该下来。”
- 按照不同年龄段的特点引导儿童，提供新的挑战和机会让儿童探索。
- 帮助儿童建立领导技能，引导他们解决冲突，辨别可替代的安全行为。

教师应通过提供有趣的个人和小组活动，引导儿童改正不安全行为。设计一系列对所有孩子都有吸引力的、恰当的活动也是一个有用的策略，如手工课、发展爱好、收藏、摄影等。

传授安全信息

对于学龄期儿童来说，安全信息要围绕预防展开。该年龄段的安全话题包括：

- 如何安全地骑自行车（戴上头盔、遵守道路安全法律法规）。
- 如何在轿车和大客车内做一名安全的乘客（头和手不要伸出窗外、不打扰司机、如何安全地上下大客车）。

> 如果……
>
> 你无意中听到你班上的几个同学在讨论他们昨天下午看到的枪，你会做些什么？

- 万一发生紧急情况，如何拨打 911 寻求帮助。
- 当陌生人靠近时如何反应，向谁寻求帮助。
- 远离患病或受伤的动物。
- 远离枪支、刀具和其他尖锐物品。
- 远离深水，没有成人的陪伴不要游泳。
- 如何安全使用电子邮件和互联网。
- 如何短期独自在家（对于较大的学龄期儿童来说）。

因为学龄期儿童理解未经历过的危险的能力更强，所以与教授和幼儿的安全信息相比，这些预防信息可以写得更抽象。例如，儿童可以通过“我发现了烫的东西”的课程来学会如何远离火柴和其他热的物品（Start Safe Kinds USA，2009）。

通过小组讨论解决问题，如班级会议，这是帮助学龄期儿童学习解决安全问题的有效方式（Nast，2012）。定期举办班级会议的教师可以利用这个机会，讨论欺负同学或其他不安全行为的问题（National Education Association，2012）。小组讨论可以这样展开：儿童围成一圈讨论问题，按照以下这些简单的原则提出解决方法，如让每个儿童都发言、倾听，并保持尊重（Gartrell，2006）。教师要引导讨论过程，提供充足的时间让儿童发表自己的观点，然后引导儿童协商问题。“问题解决会议”如果仅仅是为了帮助儿童解决一些小问题而花很长时间，往往适得其反，因为儿童经常会忘记讨论的话题是什么。小组讨论解决问题的步骤见图 2-6。

了解有特殊需求儿童的安全需要

有时因为缺乏信息或经验，教师可能不知道如何保证班上有特殊发育需求儿童的安全。美国残疾人法案（Americans with Disabilities Act，ADA）指导教师，不要简单地因为儿童有残疾或特殊看护需求，就假设儿童会做出某种行为或儿童可以学什么。相反，既要考虑班上儿童个人的安全需要，又要权衡机构的能力，从而合理满足儿童的需要，这是非常重要的。譬如，儿童可能需要特殊的支持或帮助来确保其安全，那些有食物过敏或食物摄入限制的儿童更需要特殊的监护，有特殊健康需求（如糖尿病或癫痫）的儿童更需要特殊的健康和安全计划。了解儿童的能力、确定相应的支持策略以及起草行动计划是满足儿童特殊安全需要的步骤。

开展恰当的安全实践

针对有特殊需要的儿童，安全管理应在儿童家长、儿童早期干预师、医疗服务者和其他可以为教师提供安全建议的人员的协作下共同完成（AAP et al.，2011）。安全管理内容包括：

- 为满足儿童需求，使用特殊的器械提供身体方面的支持，如适应性

图2-6　通过小组活动解决问题的实例

1. 明确存在的问题。[三轮车停在了门前。]
2. 讨论为什么这是一个安全问题。[三轮车挡住了门，人们进不来了；人们可能会被三轮车绊倒。]
3. 思考能解决这个问题的方法。[不让儿童骑三轮车？将三轮车靠墙停放？贴上“不许停放三轮车”的标识？]
4. 选择1～2种方法并尝试。[将三轮车靠墙停放，并在门外张贴“禁止停车”的标识。]
5. 达成一致意见。[Heather 和 Connor 将去制作标识。]
6. 具体实施。[做几天试试。]
7. 检查。[措施有效吗？]

来源：Sorte（from practice）.

剪刀或带有安全带的座椅。

- 玩要期间为儿童提供更多的个体引导和监护，用多种沟通方式（如手势）来强化语言；或画出计划表，描述儿童在活动的过渡环节应该做什么（放下玩具，洗手，坐下吃零食）（Hanline，Nunes，& Worthy，2007）。
- 为每个有特殊健康需求或过敏的儿童制订健康管理计划。

对食物过敏的监管

教师需要给予特别的关注，以确保所有儿童都参与到活动中。例如，在制订菜单时，食物过敏要引起重视。教师需要对课堂上的活动进行监管，确保儿童不会接触过敏原。“营养笔记”中描述了一些常见的食物过敏原和过敏方式，以及这些食物可能通过何种途径被带到课堂活动中。要确保厨艺活动对每一个儿童都安全，需反复斟酌菜谱，标记出班上儿童的饮食限制，如无坚果、无蛋类、无奶类。

安全管理

对于有特殊需要的儿童来说，安全管理要关注儿童的成熟度和理解并辨识危险的能力，以及遵循安全指引的能力。教师需要考虑儿童个体的特殊情况，实施清晰简单的策略。在实践中，很多策略都适合所有儿童，下面是一些例子。

对于有特殊发育需求的儿童：

营养笔记　可能导致食物过敏的课堂活动

据估计，3 岁以下儿童中，有多达 8% 的儿童有食物过敏的问题。食物过敏是过敏性休克最常见的原因，如果不治疗则可能导致死亡。为了保证儿童安全，幼儿教师需要谨慎小心，避免在课堂活动上让儿童接触食物过敏原。

常见的食物过敏原	可能将这些过敏原带到班上的活动
蛋类	• 用到蛋类的厨艺活动（制作小蛋糕或圆饼） • 雕刻课上制作鸡蛋卡通
牛奶	• 用到奶类的厨艺活动（面包或奶昔） • 用含奶类的布丁制作手指画
花生	• 用松果、花生酱和鸟食喂鸟 • 感知或数数游戏中使用的花生
小麦	• 玩面粉制作的生面团 • 用到面粉的厨艺和烘焙活动 • 用面粉制作意面项链
大豆	• 用大豆制作马赛克板 • 用大豆制作有声响的手鼓或沙球

来源：Based on “Symposium：Pediatric Food Allergy,” by S. H. Sicherer et al.，2003，Pediatrics，111（6），1591–1594.

- 使用直接明了的语言，用手势或图片辅助交流，适当的时候强化可能出现的连锁反应。
- 在危险区域边缘放置危险 或“停止”标识。

对于有特殊健康问题的儿童：

- 明确说出安全问题：“你有一种叫糖尿病的特殊健康问题。”
- 描述安全措施的目的：“我们需要测试你的血糖水平，选择适合你的零食。”
- 帮助儿童知道应该期望什么：“小组讨论之后，我们要去那个安静的角落集中精力做血液检查。我会戴上手套，你可以坐在故事椅上。之后我们会和其他小朋友们一起吃零食。”
- 告诉儿童如何用一种正常的交谈方式来告诉别人他（她）的健康问题：“我必须吃适合我身体需要的零食。”

对于那些正在学习英语的儿童：

- 与儿童家长或能用儿童母语和其交流的人交谈。写一些标注了拼音的提示卡片。

- 提供用儿童母语撰写的安全教育书。要求家庭成员帮助你教给儿童这些安全知识。
- 结合手势，用清晰的英语给儿童安全指引。用吸引人的、鼓励的语气重复你希望儿童记住的内容。

应该清晰地说出指导的内容，经常重复，并遵照执行，以免引起儿童的误解。经常提醒儿童之前定下的规则可能会使教师觉得沮丧，但教师还是应该耐心地用坚定的声音提醒儿童，因为有些儿童需要花更长的时间来学习这些安全知识。

教授安全信息

对于有特殊需求的儿童，安全信息的内容应该符合他们理解力和成熟度，并且和儿童的特殊情况相关。教师还需要评估儿童认识、理解和正确应对危险的程度。每个儿童的需要可能都不同，因此教师需要查询指南，评估所使用策略的效果，这样才能做好教授儿童适宜安全信息的准备。对于有特殊需求的儿童，安全信息的内容和应对方法的例子如下：

- 肢体残疾儿童：引导儿童认识和躲避安全风险，如学会避免被不平的地面绊倒。
- 听障儿童：教会儿童在教师提供安全指导时认真观看，避免那些会导致危险发生的行为。帮助儿童识别预警灯的闪烁或震动方式，学习观察环境中的各种提示，如疏散演习中人们会在门前站成一队排队出门。
- 视障儿童：教会儿童寻找安全出口和如何辨识烟雾的味道。演习如何从安全出口撤离。确保安全出口设施风格一致，通道没有障碍物，这可以帮助儿童辨识和找到安全出口。
- 坐轮椅的儿童：确保轮椅可以通过安全出口。在撤离演习时告诉儿童如何使用安全出口。
- 注意缺陷障碍的儿童：教儿童如何使用视觉上的提示，如门上画着禁止标志的图片，或者“等老师来”的标志，提醒儿童怎么做才安全。在儿童容易看到的地方张贴标志和规则，并针对紧急情况开展演习。
- 糖尿病儿童：帮助儿童认识低血糖的危险信号，让他们能够表达“我觉得血糖低了”。管理葡萄糖片剂、果冻、果汁和其他危险食物的使用（参照糖尿病管理计划），向儿童解释在低血糖时如何使用这些食物。
- 有特殊健康问题的儿童：帮助儿童学习认识个人安全风险，在适当年龄时告诉儿童如何监管个人安全。教师可以教患哮喘的儿童在工作台上打磨木头时戴上口罩，引导和支持食物过敏的儿童避免特定的食物。

- 正在学英语的儿童：教授儿童关于安全的单词和手势，包括“禁止”和“危险”。赢得家庭的支持，帮助你强化这些安全词语。

管理有挑战性的行为

有时儿童活动频繁，且有可能危害到他们或别人的安全。挑战性行为可能会危害儿童安全，因为儿童经常测试底线和规则是什么，如爬上家具或不合理地使用游乐设施。当儿童咬、打、划、踢或者欺负他人时，这些挑战性行为还会让儿童陷入不安全环境。这些行为可能会严重伤害失控的儿童、行为的目标儿童或教师，让小组内所有儿童产生不安全感。

教师需要制订引导策略，从而帮助儿童适应社会环境并确保安全（Fox & Garrison，2009）。引导是一种提高儿童对于管理自身行为的理解力和能力的教育方法。引导不同于纪律，纪律倾向于用惩罚措施规定哪些是可以接受的行为。引导可以帮助儿童避免人际冲突或发作，从而避免伤害自身或他人（Alter & Conroy，2007）。

教师应加强与儿童家庭的联系，了解儿童行为，从而制订既能在学校又能在家庭环境中使用的引导方法（Alter & Conroy，2007）。这种干预可以帮助儿童学习管理自己的行为，且更能听从引导，这两方面在应对紧急情况时都是至关重要的。在本章开头的情景中，Jean 就因为儿童的一系列挑战性行为而感到很沮丧。她需要鼓起勇气，反思自己的课堂管理方式，并寻求支持，从而帮助自己建立一个改善计划。这是一个教师在班级内管理安全行为的很好的例子。

强化安全信息

应该在儿童早期教育课程上引导儿童如何保证安全。通过日常活动认识安全内容，帮助儿童理解生活中安全有多重要，这是教师强化安全信息、为儿童的未来做准备的方式。

在每日课堂上强化安全信息

通过每天活动强化安全信息，帮助儿童认识他们需要且能够保证安全（Bales，Wallinga，& Coleman，2005）。学习如何堆积木使之不会倒下，可以教会孩子温柔地触碰和懂得粗鲁的后果。获得成功可以让儿童体会到安全行为的好处，譬如拿着一个水杯且没有水洒出来。教师可以通过帮助儿童认识他们学会的安全技能来支持这些课程的开展。

利用可以开展教学的时刻

有时，一些突发情况可以成为教授安全知识的好时机。例如，教师面对事故的第一反应是照顾伤者和安抚儿童，在控制住局面的情况下，事故也可以成为学习的机会。在急救之后，教师可以拥抱儿童并说："撞到头很痛！下次如果你拐弯的时候走慢点儿，你就能看到并远离书架，就不会磕到头了。"这样既承认了儿童的伤痛，同时又提供给儿童了避免伤害再度发生的方法。

与儿童的生活相关的安全

如果能将安全信息和儿童的经验体会相结合，这样的安全信息是最有效的。如果儿童经历了负面事件，如事故或者可怕的风暴，让他们感到不安全，教师可以帮助儿童寻找解除其忧虑的方法，譬如在儿童感觉害怕时联系其家人。有时儿童通过媒体或邻居目击了暴力行为，教师可以用探索潜在可怕的场景、描述主角在困难情况下如何展现力量和坚忍不拔的故事书，告诉儿童如何保证安全。

教师还应该为可能在家庭或社区中有安全风险的儿童定制安全信息。对农村儿童，应多宣传与农场动物、安全使用农场设备以及远离运河等相关的信息；对城市儿童，应多宣传如何安全乘坐地铁和电梯等信息。

虽然教师传授了多种安全信息，但是他们通常不知道，如果能坚持教授安全知识，可以帮助儿童在未来都能远离安全问题。通过有效的管理措施，教师可以提供给儿童一个安全的、有机会学习安全知识的环境，帮儿童树立安全环境和安全正向互动的概念。

总结

在幼儿机构里，有效的班级管理需要系统的技能发展，从而提高儿童的安全性。提前计划是安全的基础，在进行规律的班级日常活动时，安全是最重要的。

监管对于儿童安全来说至关重要。教师要做好监管儿童的准备，在不同机构、不同场合，使用适宜策略、专业经验和常识消除安全隐患。

教师还需要了解和满足所有儿童的安全需求。通过适应性安全管理策略，根据儿童的发育水平和能力制订安全策略，引导儿童建立有益于现在和将来的安全模式。

问题回顾

1．描述一些在儿童入学前就建立好的安全管理实践方法。
2．说出两个安全监管的关键点。说出几个需要特别关注安全的情形。
3．何谓户外环境的监管区域？

4. 说出一些针对有特殊发育或健康问题的儿童设计的安全信息。
5. 描述在日常课程中如何灌输安全信息。

讨论

1. 要在儿童早期养育机构里培养安全习惯，建立课堂的安全常规就至关重要。建立一个你认为重要的班级安全常规，并说说为什么。
2. 家长经常依靠家庭其他成员和朋友接送儿童。讨论一下，如果婶婶 Janet 来接你班上的学龄前儿童 Meg，但是她的名字并不在接 Meg 的人员名单上，你会做些什么？
3. 监管儿童的安全，需要教师根据儿童的成长情况和成熟度制订不同的适应性策略。讨论监管学龄前儿童和学龄儿童安全的几个共同点和不同点。

实践要点

1. 用“网络资源”做引导，在网络上搜索一篇讨论幼儿班级中安全管理实践现存问题的文章。
2. 为幼儿园儿童找一个可以外出实践的目的地。实地考察，列出潜在的安全风险，解释你将通过什么方式确保儿童的安全。
3. 给家庭成员写一篇通讯，告诉他们班级上的安全规则。在每条安全规则后面提供解释，描述这条规则是如何在允许儿童探索和学习的前提下保护儿童安全的。

网络资源

National Association for Child Care Resource & Referral Agencies

www.naccrra.org

National Association for the Education of Young Children

www.naeyc.org

National Education Association, Promoting Effective Classroom Management

www.nea.org/tools/14367.htm

U.S. Department of Health & Human Services, Early Childhood Learning and Knowledge Center

http://eclkc.ohs.acf.hhs.gov/hslc

Zero to Tree

www.zerotothree.org

第三章

应急反应

学习目标

1. 列出应急反应方案的主要内容，并能说出教师寻求及时的应急援助和从专业培训机构接受心肺复苏（CPR）培训的重要性。
2. 描述如何对儿童进行伤害症状评估，并能说出进行婴儿和儿童 CPR 的步骤。
3. 解释什么是就地避险、禁闭、疏散和安置。并能描述何时采取以上这些推荐行动。
4. 了解教师可以采取哪些措施帮助儿童在应急灾难事件发生后重新获得安全感，并进一步增强自身的抗逆力。

Jamal 经营了一所家庭式儿童看护机构，目前正在看护 5 名 2 ~ 5 岁的儿童。

孩子们都喜欢在户外玩耍。他们从 Jamal 推出来放在草地上的手推车里挑选皮球玩。Mattie 和 Tristan 在草地上轻轻地扔球。Callie 和 Ahmed 年龄大一些，他们追着皮球跑并互相投掷球。他们笑着玩耍，颜色鲜艳的球在院子里到处乱窜。

Jamal 微笑着看着孩子们。突然他听到一声碰撞声，发现 2 岁的 Kevin 不小心把小推车拽倒，并倒扣在自己头上了。当 Jamal 迅速移开小推车后，他看到 Kevin 被严重划伤了。一道红色的伤口顺着 Kevin 的额头一直延伸到眉头和脸颊，血从他的鼻子和嘴巴里往外流。Kevin 的眼睛睁开并盯着看，但是他完全没有反应。Jamal 伏下身子评估当前的情况，并戴上随身携带的橡胶手套。其他孩子也聚集过来。他大声呼唤 Kevin：“嘿，Kevin。嘿，小家伙！你还好吗？” Kevin 瞪大眼睛看着 Jamal，然后深深吸了一口气，大哭了起来并朝 Jamal 伸出双手。

Jamal 轻轻地抱起 Kevin，让其他孩子跟在他身后，把 Kevin 抱到了厨房，这里存放着急救药品。他让 Kevin 仰面躺下，并指挥 Callie 和 Ahmed 带领其他年龄小的孩子去图书角玩耍。Jamal 拿出无菌纱布垫到 Kevin 的鼻子和嘴巴里。他轻轻摇动 Kevin 的身体安慰道："没事了，现在没事了，Kevin。你会好起来的。"Jamal 给 Kevin 的妈妈 Mimi 打了电话，她说她会尽快赶过来。

Jamal 与 Kevin 坐在一起看着其他孩子玩耍。他一边继续把纱布敷在 Kevin 的脸上，一边轻声给他讲故事分散他的注意力。Kevin 的眼睛看着其他孩子玩耍，但是他仍然有些迷迷糊糊、昏昏沉沉。Mimi 抵达后，Jamal 向她汇报了 Kevin 的情况，并建议她带 Kevin 去看医生。他们轻轻地把 Kevin 脸上的胶布撕掉。

他们离开后，Jamal 把污染的纱布和手套密封在一个塑料袋里，将附近的地面和桌面消毒，并洗了手。他安排其他孩子进行午休。当天晚上，Jamal 检查了小推车，发现其中一个支架的保护罩脱落了。看起来可以修好它，但是他暂时把小推车放进了仓库，以便等他有时间再认真修理。然后他给 Mimi 打电话询问 Kevin 的情况，了解到 Kevin 的伤口需要进行缝合，但他并无大碍。

儿童早期养育机构的教师在看护和教育儿童的同时，需要承担一系列复杂的责任。他们不仅需要处理一些小的意外伤害，还需要处理更严重的紧急事件。为了使 Jamal 这样的教师能有效地做出应急反应，他们要能意识到什么时候意外伤害会成为紧急事件。教师们必须做好处理紧急事件的应急反应计划，并应具有采取必要措施的技能和自信心。教师们还必须为灾难情形做好准备，做好在这类情形下监护孩子的计划，直到孩子们的家人到来。

在本章中，我们将讨论制订应急反应计划的过程并阐述急救的基本步骤，以便帮助教师做好准备，采取有效措施。这些知识并不能代替教师从专业机构接受急救和应急反应的培训。做好应急准备和定期接受专业培训两者同时进行，可以帮助教师有效地采取措施确保儿童的安全。

做好应急准备

幼儿的任何意外伤害都是预警信号。儿童可能大声哭喊和剧烈活动，或者出现不正常的安静和呆滞。有时候会出很多血，有时候孩子只表现为面色苍白。有些紧急事件是灾难性事件，在没有任何预警的情况下发生，会导致无法想象的破坏。这类事件对目击者造成巨大冲击，带来不良的经验体验。在这类困难的时刻，教师应该能够：

- 意识到发生了重大的意外事件。
- 对意外事件进行重点评估。
- 迅速和正确地做出反应。
- 确保儿童受到安全照料。

在如此紧张的情形下很难保持冷静并做出决定。即便如此，在意识到紧急事件发生的同时，应立即启动有效的应对措施。教师需要时刻准备对紧急事件进行评估，并按照紧急事件应对计划采取行动。做好应急准备是预防或减少对儿童造成伤害的有效途径。

定义紧急事件

尽管教师有义务尽其所能确保儿童的安全，以免其受意外伤害或疾病困扰，但是严重的和无法预测的事件仍会发生。这些事件包括紧急事件和灾难，其定义如下：

- **紧急事件**是任何威胁儿童生命或有可能造成永久伤害或残疾的事件［National Association of Child Care Resource & Referral Agencies（NACCRRA）and Save the Children，2010］。
- **灾难**是任何事件或事件的组合在短时间内超出了恢复安全和秩序的能力所造成的后果。

紧急事件
任何威胁儿童生命或可能造成永久伤害或残疾的事件

灾难
任何超出了社区紧急应对能力，并造成广泛的伤害、死亡和财产损失的事件

有些紧急情形是由灾难事件引发的。很多类型的紧急情形会威胁儿童的安全（American Academy of Pediatrics，American Public Health Association，National Resource Center for Health and Safety in Child Care and Early Education，2011；NACCRRA and Save the Children，2010）。这些情形包括：

- 健康紧急事件：这些包括严重的伤害、严重的健康问题或者可能致命的疾病流行（例如流感、H1N1 或其他儿科流行性疾病）。
- 自然灾害：这包括自然环境造成的事件，例如飓风、龙卷风、森林大火或洪水。这些灾害有时被称为“上帝的行为”。
- 对人身安全的袭击和威胁：这些暴力行为包括武器威胁、狙击步枪、炸弹威胁、绑架（儿童走失）、闯入者和恐怖袭击。

以上所描述的紧急情形，均需要得到经过专业训练并配备应急反应设备的医务人员的帮助。教师需要时刻准备对情况进行评估。图 3-1 列出了一些帮助教师识别儿童正在遭受健康紧急事件的线索。当教师意识到这些线索时，他们必须立即呼叫寻求紧急援助，并在紧急援助医疗人员抵达之前协助进行急救。如果发现任何提示孩子正在经历紧急事件的可疑线索，教师应该立即呼叫医疗援助。

制订应急反应计划

近年来，儿童早期养育机构中越来越关注应急事件和灾难反应。国家儿童与灾害委员会出版的*2010 Report to the President and Congress*中推荐将灾难培训和应急准备作为拟批准儿童机构的最低安全标准内容之一。在处理紧急事件和灾难对儿童造成的影响时，教师是第一应对人。当教室发生紧急事件时，教师应做好准备领导对事件的处理过程，并能与团队一起应对发生在他们中心或学校的紧急事件。教师们需要接受培训和配备资源，以便有效和自信地应对。为了向教师提供必需的支持，相关部门已经建立了一个网站，以指导学校和家庭式儿童看护机构的教师制订应急计划和进行应急演练。“政策要点”中提供了一个资源清单，以帮助教师制订恰当的计划，有效地指导紧急应对，即应急管理计划（Emergency Management Plan，EMP）。

EMP是教师、家长和社区应急反应人员通过深思熟虑和认真讨论而确定的书面文件。这是一项需要在发生紧急事件之前积极主动去做的工作，它有助于人们在危急事件发生后迅速做出决策。尽管每一个儿童早期养育机构的EMP所涵盖的内容均类似，但其设计还应符合所在机构和社区的特点，满足特定的需求。应急管理计划用来预测可能的危险因素，明确应采

图3-1 什么是紧急事件？

若儿童出现以下情形即为紧急事件：

- 丧失意识，或反应越来越微弱
- 无法正常呼吸或无法说话
- 头部受伤后出现意识模糊、头痛或呕吐。
- 有骨折迹象。
- 有出血且无法止血。
- 吐血，或者大便中出现大量血液。
- 有休克迹象
- 疼痛感觉逐渐加强
- 出现脱水体征：眼窝凹陷、嗜睡。

来源：Based on Caring for Our Children：National Health and Safety Performance Standards：Guidelines for Out-of-Home Child Care Programs，3rd ed.，2011，by American Academy of Pediatrics，American Public Health Association，& National Resource Cen-ter for Health and Safety in Child Care and Early Education，retrieved April 16，2012，from http：//nrckids. org/CFOC3/index. html；and Is it a Medical Emergency？ 2009，by KidsHealth，Nemours，retrieved May 11，2012，from http：//kidshealth. org/par-ent/general/aches/emergencies. html?tracking=P_RelatedArticle#.

取的步骤以减少可能的威胁，确定如何获得应急资源，阐明机构特征和儿童的特定需求，列出采取庇护的地点，提出必要时转介儿童的计划。

分析潜在的应急威胁

一个有效的应急管理计划应起始于对潜在应急威胁的分析。在儿童早期养育机构中，突然发生的意外伤害所导致的健康紧急事件是最常见的危急情形。教师努力创造一个安全的环境并监控日常活动以减少此类事件的发生。流行性疾病将在公共卫生的层面被识别，而且大多数情况下一旦识别这种威胁，会及时发出健康警告。

大多数地理区域都会发生一些类似的自然灾害，在某些情况下这些灾害是可以预测的。例如，自然灾害的发生常常存在季节规律，如飓风或龙卷风，或气候干燥引发的森林山火（NACCRRA，2010）。工业园区和工业原料运输的交通要道容易发生化学品或石油等的泄漏。此外，某些类型的灾害彼此存在联系。例如，地震经常造成火灾，剧烈的风暴可能导致泥石流和电力中断，有毒化学物质的泄漏会引起急性疾病（NACCRRA，2010）。

灾难，以及由此引发的紧急事件，有可能给有效的应对和管理制造障碍。道路损坏可能会阻断人员向安全区域撤离，或阻碍父母去学校或看护机构接儿童回家。鉴于这个原因，州政府和儿童看护机构监管部门正在积极倡导在儿童早期健康项目中制订计划以指导灾难事件中的紧急应对（National Commission on Children and Disasters，2010）。

许多资源都为教师提供了关于紧急事件对儿童造成潜在危险的信息。联邦紧急措施署（Federal Emergency Management Agency，FEMA）提供的

政策要点　儿童早期养育机构需要制订应急准备计划

国家儿童与灾害委员会出版的 *2010 Report to the President and Congress* 中强调了儿童早期养育机构中制订紧急事件和灾害应急准备计划的重要性。与此相关的资源包括：

开端计划办公室（office of Head Start，OHS）提供了用于支持项目设计者制订应急计划的工具，参见 *Head Start Emergency Preparedness Manual*（ACF-IM-09-09），网址：www.headstartresourcecenter.org/assets/files/EPrep%20Manual%20v22.pdf.

儿童保健办公室提供了应急准备信息和资源以指导应急反应，参见 *Child Care Resources for Disasters and Emergencies*，网址：www.acf.hhs.gov/programs/ccb/initiatives /emergency/index.htm。

国家儿童保健资源与转诊机构协会提供了一系列资源，向儿童看护中心的教师和家庭提供灾难计划和准备方面的资源。参见 *Children and Disasters*，网址：www.naccrra.org/disaster/。

来源：Based on National Commission on Children and Disasters. 2010 Report to the President and Congress. AHRQ Publication No. 10-M037. Rockville，MD：Agency for Healthcare Research and Quality. October 2010.

信息包括各州公布的灾害种类和日期。这些信息在制订计划应对可能发生的灾害类型时很有帮助。国家天气服务系统提供了风暴观察、预警和咨询地图，并且可以在网上获取这些信息。可在网络资源中查找这些资源的网站链接。当地的紧急事件工作人员也是很好的信息来源，可以从他们那里了解到威胁的类型等方面的信息。

消除潜在危险因素

预防措施可以减轻或减少潜在危险因素造成的伤害。预防措施包括仔细检查儿童所处环境，确定潜在危险因素，必要时做出判断。确保吊灯的固定装置牢固地固定在天花板上，较高的家具倚靠墙壁摆放，重物放在地板上避免地震时从高处掉落。知道如何关闭煤气和水、电，以便能在剧烈的风暴中避免这些设施发生危险。剪除危险的树枝以防止发生飓风时打碎窗户玻璃。这些积极主动的措施有助于带来保护性的结果。

明确如何获得应急资源

有效的应急管理计划是教师、家长和社区应急反应人员共同协作完成的。这种合作关系有助于汇集众人的经验和视角。它还有助于儿童早期养育机构与社区进行更广泛的连接，确保机构和社区计划层面每名幼儿的需求都能受到重视。

EMP 的有效性取决于教师是否能在短时间内与应急反应人员取得联系。许多能力有助于快速反应，这些能力包括：

- 知道在紧急情况下应与谁联系。应该在每一部电话旁边张贴火警、救护车、中毒援助等部门的紧急援助电话，并将这些电话存入手机的紧急联系人名单中。
- 知道应急反应人员多久能做出反应。若外部援助可以很快到达并做出反应，教师就可以集中精力实施基本的急救并保证儿童在较短的时间内保持稳定状态。如果应急反应人员距离较远，需要经过较长的时间才能赶到，教师就必须做好长时间采取措施的准备。
- 明确将儿童转运至应急服务机构的途径。有些社区可能具有即时可用的医疗转运途径。而在其他情况下，教师需要依靠空中转运措施把儿童转运至较远的医疗中心，或者教师需要做好自己亲自转运儿童的准备。
- 必要时创造条件，与医疗人员进行远程电话咨询。当应急人员距离很远，或者必须立即实施救援时，教师需要知道向谁进行电话咨询。在这种情况下，将医疗咨询者的联系方式张贴在容易看到的地方是非常重要的。

符合场所的特点

应急管理计划必须符合场所的特点和儿童的需求。例如，儿童看护中心和学校通常有很多工作人员可以协助实施应急反应措施。但是在家庭式儿童看护所或短期儿童看护机构中，像Jamal这样的教师可能只能独自一人处理紧急事件。这些教师必须在处理紧急事件的同时还要照看好其他儿童。

> **如果……**
>
> 你所带班级的一名儿童对蜜蜂叮咬过敏，你需要在急救工具包里额外补充什么物品以确保在紧急情况下对该名儿童进行急救？

EMP中还应包括对机构内设施的准备。辟出一个区域安置受伤或者患病需要隔离的儿童，提前在这个区域内准备一个小床或睡垫、毯子和急救用品，这些措施可以保证在第一时间对意外伤害儿童进行有效的急救。若供电中断或手机电池没电，可以使用一部座机电话寻求帮助。

EMP还应按照儿童每天不同时间的活动内容设置相应的应急步骤，例如儿童在室内和户外玩耍时、吃午饭时、午休时。儿童进行户外郊游时也应准备应急管理预案。制订这些应急预案时需要考虑儿童的监管模式和活动地点。

为儿童的特殊需求做好准备

在制订EMP时，必须考虑到儿童的年龄、特殊的身体状况和生长发育的需求。对婴幼儿以及行动能力受限的儿童应制订特别的评估计划。急救工具中需要配备为有特殊健康需求的儿童提供医疗急救的手册。任何已经被批准可以用于儿童的药物都需要准备好，方便教师在紧急情况下随时取用。需要制订特别的计划以确保教师在能随时取用这些药品的同时避免儿童接触到。为紧急情况准备食物时，应按照儿童的食物限制进行选择，或时刻谨记儿童的食物过敏。

明白如何选择紧急躲避地点

在某些紧急情况下，教师和儿童需要离开房屋避险。而另外一些情况下，待在室内是最安全的选择。了解何时应该待在原地、何时应该离开房屋是安全管理中的关键环节。常见的躲避地点如下：

- 就地避险，是指待在原地直到紧急事件结束或救援人员抵达。选择这种避险方式的前提是儿童早期养育机构的房屋足够牢固和安全，同时因为外面有危险情况或有障碍物妨碍撤离，离开房屋并不安全。例如，若撤离通道被洪水淹没或被掉落的电线阻挡，则选择**就地避险**是非常正确的做法。
- 禁闭，指在儿童早期养育机构内与儿童一起躲避在安全区域。选择这种避险方式的前提是紧急事件正在发生，而且儿童即使在教室里

> **就地避险**
>
> 在儿童早期养育机构内避险的策略。它的前提是机构是安全的，而且离开机构的风险更大

也感到非常害怕。当安全威胁十分迫近且离开房屋并不安全时，要选择禁闭的避险方式——例如，危险来自入侵歹徒或学校附近的枪战。

- 疏散和安置，指离开房屋撤离到其他安全地点。当儿童服务机构的房屋不再安全时，必须组织疏散儿童。当发生突然的紧急事件，如房屋内着火时，应组织实施疏散。

EMP 中应详细描述各种恰当的准备措施，并列出每一种避险方式中组织儿童避险的具体步骤。

转运儿童

应急管理计划中应描述安置儿童的方式，包括就近安置和远距离疏散。同时还应描述在疏散过程中如何转运儿童。当紧急事件与儿童机构相关时，如火灾，就近选择可步行抵达的安置地点是很好的方案。就近安置场所应该能起到躲避恶劣天气的作用，并能保证儿童在此停留若干小时。

转运计划中还应描述如何将儿童转运到较远的安置地点。教师应考虑需要转运的儿童数量以及儿童的特殊运动需求。有些机构有自己的车辆可以在紧急情况下使用。其他机构可能需要依赖教师和工作人员的车辆。建议作为紧急情况下使用的车辆，应保证油箱中有至少 1/2 的油（Schwartz，2009）。其他转运方式也应该有所考虑，包括使用婴儿车、推车、马车、轮椅或装有轮子的小床。

为行动做好准备

应急计划涉及采取什么步骤将灾害事件造成的负面影响降到最低。这包括仔细分析可能对儿童的健康和安全造成影响的方方面面，考虑得越全面越好。在这个制订计划的过程中有很多大家熟知的方面，包括确定角色和责任、汇总应急物资、收集儿童应急信息、与儿童家长沟通应急计划以及张贴应急反应流程。

确定角色和责任

应急反应需要采取目的性和组织性强的行动。教师需要理解他们的角色和在行动中需要承担的责任，这至关重要。每位教师都应知道：

- 谁将寻求紧急援助。
- 谁将为受伤的儿童提供急救。
- 谁将照顾其他未受伤的儿童。
- 当需要避险或疏散时，谁应该指挥大家行动。
- 谁将与儿童父母取得联系。
- 谁将记录并向上级或应急反应人员报告进展。

在有多人的团队中，教师们应分担这些应急反应职责。这能鼓励教师队伍的自信心，并能最大限度保证儿童的安全。像 Jamal 这样的家庭式儿童看护机构的工作人员，需要提前确定帮手，如遇到紧急情况时请邻居帮忙。小学的教师则需要知道紧急情况下应该向谁寻求帮助。

儿童服务机构需要准备至少1套急救工具放在机构内、1套急救工具外出郊游时携带

汇总急救工具

美国儿科学会（AAP）、美国公共卫生协会和美国育儿健康与安全资源中心推荐，儿童服务机构需要准备至少 1 套急救工具放在机构内、1 套急救工具外出郊游时携带（American Academy of Pediatrcs，American Public Health Association，and National Resource Center for Health and Safety in Child Care and Early Education，2011）。AAP 和儿童保健许可证审批机构对急救工具的配备是强制要求的。图 3-2 展示了急救工具包的用品清单。

急救工具包应放置在每间教室里容易被教师取用、但不会被儿童取到的地方。工具包上应该有醒目的标签以便识别。还应配备一套“旅行”工具包，便于在郊游旅行过程中使用。急救工具包中应该包括儿童的紧急联系信息和为有特殊健康需求儿童准备的医疗手册。可以将旅行急救包放在一个背包里挂在靠近门口的地方。此外，任何用来转运儿童的车辆中都应配备一套急救工具包。急救工具包应该至少每月检查一次，并在使用后及时补齐。

准备一套血液清洁工具

仔细清洁渗出或喷溅的血渍非常重要，这可以避免儿童暴露于血液传播疾病。一套完整的血液清洁工具中应包括防护性工具，例如手套和护目镜或其他眼睛防护工具。还应包括用来擦拭血液的纸巾和收集、丢弃污染物的袋子，以及肥皂或抗菌洗手液。还需要准备一个喷壶或水桶，用来混合除菌产品如漂白剂或清洁剂，以便清理被污染的物品表面。

在本章开始的案例中，Jamal 之所以能迅速处理 Kevin 的伤口，是因为他所需要的急救工具事先已经准备好并容易获取。这帮助 Jamal 有效地应对意外伤害并减少混乱，并能较好地引导其他儿童进行安全的活动。

储备灾害应急物资

如果需要对儿童进行就地应急看护或疏散到其他地点看护，均需要提前准备应急物资。物资应准备充足，满足 48 ~ 72 小时的使用需求。“安全环节”中提供了一个储备灾害应急物资的清单模板。有盖子的大塑料桶或可滚动的垃圾桶是很好的应急物资存放工具。灾难应急物资应进行定期检

图3-2 急救包用品清单

- ☐ 社区应急救援人员和中毒控制中心的电话号码
- ☐ 儿童家长的紧急联系信息
- ☐ 标准急救指南
- ☐ 为有特殊医疗需求儿童准备的急救药品
- ☐ 一次性塑料手套（最好不含橡胶）
- ☐ 剪刀
- ☐ 镊子
- ☐ 体温计（非玻璃制品且不含汞）
- ☐ 有粘贴功能的胶布
- ☐ 安全别针
- ☐ 三脚架
- ☐ 护目镜
- ☐ 冰袋
- ☐ 水
- ☐ 小的塑料或金属夹板
- ☐ 洗手液
- ☐ 手电筒（配备电池）
- ☐ 圆珠笔 / 铅笔和记事本
- ☐ 急救图册或手册
- ☐ 处理污染物的塑料袋
- ☐ 手机

来源：Based on Emergency/Disaster Preparedness for Child Care Programs：Applicable Standards from "Caring for Our Children," American Academy of Pediatrics，American Public Health Association，and National Resource Center for Health and Safety in Child Care and Early Education，2011. Retrieved May 18，2012，from http：//nrckids.org/CFOC3/PDFVersion/PDF_Color/CFOC3_ch5.pdf.

查，储存的食物和饮用水应每 6 个月更换一次。

编制儿童的应急信息

当需要进行疏散时，应该能够及时获取儿童的应急信息文件。需要获取的应急记录文件包括：

- 当天的出勤记录，以确保每个孩子都不被遗忘。
- 儿童和教师的紧急联系信息，以便与儿童家长及时沟通。
- 儿童和工作人员的紧急医疗计划，确保特殊的健康和医疗需求及时得到满足。

需要特别重视保证应急信息及时更新、随时可获取、轻便容易携带。教师可以在光盘上复制这些信息，通过电子信箱发送至安全的地方便于随时上网获取，准备一份纸质版放在可反复封口的塑料袋里，并放在旅行急救设备包里。

与家长沟通应急计划

当儿童需要就地避险或紧急疏散时，与家长及时沟通是至关重要的。但是这种沟通过程其实在应急计划设计和准备阶段就开始了。首先，教师邀请家长参与应急准备计划的制订。一旦计划确定，教师通过家长会、宣传页、简报、网站、海报等方式向家长宣传应急措施。家长希望了解：

- 紧急事件发生时谁来照顾他们的孩子。
- 进行紧急疏散时，孩子们将被疏散和安置在什么地方（地址和电话号码）。
- 教师如何跟家长联系。

家长希望教师第一时间与他们取得联系，确保自己的孩子在紧急事件中能受到教师的安全看护。因此，与家长沟通被看作是应急管理中的重要一步。有时这也会引起争议。在一些案例中，家长首先从新闻报道中获悉孩子所在机构发生了火灾或其他紧急事件，而教师尚没来得及跟他们沟通。与家长分享信息非常重要，但儿童的安全总是处于首位。

安全环节　灾难应及物资清单

使用背包、拉杆箱或大的塑料箱储存应急物资。

✓ 急救物资：急救包，手消毒用品，抗菌纸巾
✓ 衣服和床具：额外的衣服，雨衣，帽子，手套，毯子或睡袋
✓ 工具和物品：纸杯和盘子，厨具，手动开罐器，塑料薄单，胶带，剪刀，使用电池的收音机，额外的电池，手电筒，现金，五金工具包，火柴（放在防水容器内），应急准备手册
✓ 个人护理和卫生用品：卫生纸，毛巾，肥皂，塑料垃圾袋，消毒剂或漂白剂
✓ 特殊物品：奶粉，奶瓶，纸尿裤，特殊药品，游戏玩具，图书，手机，儿童和成人的紧急联系信息，当地或州级应急救援机构的电话号码
✓ 水：足够 3 天使用（每人每天至少 1 加仑*）
✓ 食物：足够 3 天使用。选择不易变质的、重量轻的、压缩的、不需要冰箱冷藏或烹饪的食物，例如可以选择罐头水果和罐头肉、高能量的即食食品、婴儿食品。
✓ 将食品包装在干净的、有封口的塑料袋中
✓ 每 6 个月更换一次。

*译者注：1 加仑约 3.8L。

来源：Based on Preparing for Disaster（FEMA 475；A4600），August 2004，Jessup，MD：FEMA and Washington，DC：American Red Cross，retrieved May 9，2012，from www.fema.gov/pdf/library/pfd.pdf；and Emergency Preparedness and Response：Chemical Agents：Facts about Sheltering in Place，August 16，2006，Atlanta，GA：Centers for Disease Control and Prevention，retrieved December 17，2012 from www.bt.cdc.gov/planning/shelteringfacts.asp.

张贴紧急应对流程

紧急应对流程应当张贴在容易看到的地方，可以在紧急事件警报时或对反应措施有疑惑时起到提醒的作用。紧急应对流程中应简要列出主要的行动步骤以及紧急联系电话。流程中还应印有紧急情况下教师可以读出的信息，包括所在学校的名称、地址、交通方位和教室的电话号码。这些信息应当清晰、直接，使用大号加黑字体印刷，以便在远距离时也能看清。流程还应采用教师和救援志愿者均熟悉的所有语言印刷。紧急应对流程应该张贴在所有人都知道的地方，例如贴在存放急救工具包位置的墙上，贴在每部电话机旁边以便教师在拨打紧急救援电话时使用。图 3-3 给出了一个紧急应对流程图的模板。

此外，在存放急救工具包的橱柜门内侧，或实施急救的区域的墙壁上

图3-3 紧急应对流程模板

教师负责人

- 管理紧急急救和心肺复苏。
- 向急救人员提供儿童的医学信息。
- 任何时间都与儿童待在一起。
- 必要时陪同儿童转运至医院。
- 直接向儿童家长或其他获得授权的成人移交儿童。

助理教师

- 呼叫 911。提供指引。保持通话畅通。
- 为其他儿童提供监护。
- 联系其他工作人员提供后备援助。
- 与儿童家长取得联系。

紧急电话

火警 - 救护 - 警察：拨打 911

中毒控制中心：拨打 91-800-222-1222

Good Health 医疗中心急诊室：拨打 ×××-××××

电力公司：拨打 ×××-××××

供水公司：拨打 ×××-××××

燃气公司：拨打 ×××-××××

指导用语：“我是 Kennedy 学校，地址是 567 NW 160 号街，具体位置在 160 号街和 Adams 大道的交叉口。沿 Adams 大道走，在 160 号街向北转，沿 160 号街直行。我们在街道的右手边，107 房间。我们的电话是 ×××-×××-××××。”

张贴急救步骤也非常有帮助。这样可以作为提醒信息，指导教师迅速戴上手套，获取急救工具，进行急救处理。

开展应急演练

对应急计划的步骤进行演练是确定其是否可行和有效的最好方法。演练可以提高教师对应急情况下应采取行动的熟练程度。开展应急案例模拟演练也可以提高教职工之间的团队合作精神和自信心，这对有效的应急反应是至关重要的。通过演练，教师还能够认识到他们的个人或家庭事务可能对学校应急事件造成的影响。例如，教师可能需要陪同受伤的儿童转运到医院进行医疗救治，因此他们需要有后援计划，以便此时有人能照顾他们的孩子和家人。提前做好这些准备有助于教师避免由于责任的冲突而导致的紧张和混乱。

与儿童一起参与应急演练

儿童早期养育机构和学校常见的应急演练包括火灾、地震、飓风和禁闭演练。采用伤害或医疗案例模拟的方式与儿童一起进行演练也是非常重要的。举行应急演练的方式可以是：校长来到院子里交给教师一张写有“意外伤害演练”的纸条。按照这个纸条的提示，教师可以选择一名儿童扮演受伤者，然后按照步骤完成呼叫紧急援助、实施现场急救、监护其他儿童、联系儿童家长、清洁污染区域、完成救援报告。在实施应急案例模拟演练时，可以思考以下问题：

- 急救物品和儿童紧急联系信息是否容易获得?
- 是否至少有一个沟通渠道可以用来呼叫紧急援助?
- 应急计划是否能保证为“受伤的”儿童和其他儿童提供足够的监护?
- 是否需要其他安全方面的准备以减少未来危险事件的发生?

应急反应流程应该定期进行更新，以确保所有的障碍和问题都进行了更正、所有的支持都保持有效。通过定期举行演练对应急计划进行测试有助于确保应急计划的有效性，保证教师时刻准备着保护儿童的安全。在真正的应急情况下是没有时间像演练时那样学习从急救包里“借”用绷带的。

进行灾难应急反应演练

还应定期举办灾难应急反应演练。一种演练方式是：设计一种灾难场景，要求教师决策采取恰当的避险或疏散方案，激励教师将书面的计划转变为实际行动。这有助于帮助教师将注意力集中在与避险有关的特殊方面，提供了一个区别于火警演练的机会，让儿童学会在紧急情况下如何听从指挥。反复的练习能帮助儿童获得自信并熟悉应急演练。“健康教案”中阐述了如何帮助儿童培养技能，以专注于教师的指引、听从教师的指挥。

开展灾难应急演练还能为教师提供机会，以便检查应急物资是否充足、应急食物是否更换、手电筒电池是否更换、需要疏散时是否能够获取应急信息。这些行动有助于确保灾难应对计划是有组织的和有用的。

获得应急反应培训

接受专业机构的培训是应急管理的重要组成部分。婴儿和儿童急救以及心肺复苏（cardiopulmonary resuscitation，CPR）是常见的应急反应培训内容。这些培训提供了针对可能与儿童有关的应急事件和意外伤害的最新处理指南。

获得急救和 CPR 培训

急救和 CPR 培训是有效的应急反应的关键部分。在专业训练人员的指引下，教师有机会练习如何确定急救内容并实施急救步骤，例如使用绷带和为婴儿、儿童及成人进行 CPR 。他们会了解到改变儿童的体位以开放阻塞的气道、通过施加压力来止血都是急救措施中的常见步骤，这些步骤可以挽救儿童的生命。培训还可以帮助教师认识到，在紧急情况下不采取行动的后果可能是死亡或严重的残疾，从而帮助他们学会如何消除因担心出错而造成的恐惧心理。定期的培训可以增强教师的自信心，激励教师在必要时采取恰当的行动。从专业机构接受培训对有效的应急反应来讲是至关重要的。

大多数州政府都要求教师持有经过认证的婴儿和儿童急救及 CPR 证书，并每两年更新一次培训。这保证了教师能及时更新技能，学到最新的应急反应知识。有时因为新的知识不断涌现，急救安全技术不断更新，之前通过学习掌握得很好的知识也会过时。

很多机构都提供急救和 CPR 认证课程，例如美国红十字会、美国心脏协会和一些医院。大的儿童教育中心或学校应为职工制订定期培训计划，但是最终教师还是要对自身负责，他们应该保持自身的认证资格，因为确保应急反应技能的更新是他们的职业义务。

获取特殊培训

为了满足有特殊健康需求儿童的应急需要，教师可能还需要接受特殊的培训。这些特殊的培训内容包括：

- 对糖尿病儿童使用胰高血糖素。
- 对敏感性过敏儿童使用肾上腺素自动注射器。
- 癫痫发作儿童的特殊处理。
- 对有特殊发育问题儿童（如易窒息儿童）的紧急处理。

健康教案　有时我主导，有时我跟随

学习目的：**儿童应该能展示什么是听从指挥（看着教师、聆听话语、做让做的事情）并能解释为什么在紧急情形下听从指挥非常重要。**

重点词汇：**听从、领导、复制、观察、聆听、做、安全**

安全观察：**使用恰当的动作让儿童跟着做。**

婴幼儿

- **目标：** 婴幼儿学会玩“跟我学”的游戏。
- **材料：** 玩耍区域、彩色木块、2 个小桶或容器。
- **活动计划：** 与儿童坐在一起玩“跟我学”的游戏。用动作、面部表情或声音指引儿童跟着做。跟着孩子做，再让孩子跟着你做。
- **如何调整活动：** 帮助所有的孩子学会采用清晰的动作。必要时采用夸张的动作，用语言鼓励孩子观察并学做。
- **达到目标了吗？** 孩子们在玩耍中是否复制或重复你的动作了？

学前班和幼儿园儿童

- **目标：** 儿童能够描述和明确什么是领导和跟随。
- **材料：** 一系列小的玩偶（每个玩偶配 5 个小配件），例如小的积木、珠子、手工和拼图玩具、绘画彩纸。
- **活动计划：** 给每个孩子发一张绘画彩纸。把玩偶放在桌子的中间位置。请孩子们注意看并重复你的动作。选两个玩偶，将它们放在你的彩纸上。变换不同的位置摆放玩偶，例如互相靠近地放在纸的中间位置、放在边缘或者放在相对的两个角落。指导孩子跟着你做，找到跟你相同的玩偶并放在彩纸的相同位置。在孩子们这样做的同时，告诉他们什么意味着跟随：倾听和观察，思考教师的指引，重复教师的动作。请孩子们把玩偶放回桌子中间的位置，并重复这样的活动。邀请其中 1 名孩子扮演领导的角色。指引孩子选择 3 个不同的玩偶放在彩纸上，并让其他同学跟着做。保证每个孩子都有机会扮演领导角色。增加放在彩纸上的玩偶数量。强化聆听和观察指引，以及领导和跟随的概念。
- **如何调整活动：** 使用白色的纸张以便增强视觉对比，让有视觉障碍的孩子也能清楚地看到、更容易集中精力跟随和重复摆放玩偶的游戏。口头描述活动过程，让孩子们强化对倾听和观察重要性的认识。选择所有孩子都能拿起来的玩偶。把材料放在桌面上，以便让每个孩子都能够到。了解孩子们的家庭语言中的动词词汇，并结合使用英语词汇以强化领导和跟随的概念。
- **达到目标了吗？** 你观察到了什么？孩子们是否能跟着你摆放玩偶？他们是否真正理解了领导和跟随的含义？当询问他们时，他们能否解释这些词汇的意义？

学龄儿童

- **目标：** 儿童能够解释什么是跟随指引，描述为什么在紧急情况下跟随指引是非常重要的。
- **材料：** 边长为 1 英寸（译者注：约 2.5cm）的正方形积木，12 英寸 ×18 英寸（译者注：约 30.1cm×45.7cm）海报纸（每两个孩子一张），最近的报纸中描述紧急事件或灾难的新闻文章。
- **活动计划：** 将孩子们集中起来讲解在紧急情况下倾听和跟随指引的重要性。请孩子们两两配对，练习发出指引和跟随指引的活动。给每对孩子发一张海报纸，请他们将纸对折并像屏风一样竖立在桌面上。让每对孩子分别坐在屏风的两侧，互相不能看到对方在做什么。给每个孩子 5 个积木。指定其中一人为领导者，另外一人为跟随者。请领导者用 3 块积木摆放一个形状，并指导跟随者摆放一个同样的形状。给跟随者一些时间完成这个动作。请孩子们移开屏风，互相比较所摆放的形状。他们一样吗？为什么会一样，为什么会不一样？互换角色并增加积木数量。完成这个游戏后大家集合讨论。从报纸上读一个最近发生的紧急事件。讨论在紧急事件中跟随指引跟刚才的游戏有哪些相似之处；有些人必须承担领导的角色，有些人必须跟随。分辨出在这个紧急事件中，谁是领导者，谁是跟随者。讨论为什么在紧急事件中跟随指引是非常重要的。
- **如何调整活动：** 确保所有孩子能抓住和摆放所选择的

积木。在有协作能力、听力和注意力集中困难的儿童身旁安排一名成人给予帮助，重复领导者儿童的指引并指导跟随者儿童倾听、思考和采取正确的行动。确保所有孩子都能得到帮助并有机会扮演领导者角色。

- **达到目标了吗？** 孩子们能解释什么是跟随指引吗？他们能否解释为什么在紧急情况下跟随指引是非常重要的？

参加社区灾难演练培训

参加社区灾难演练培训是一个很好的方式，它可以帮助教师了解紧急事件中社区的需求，明确自身的角色和义务。这种活动还能帮助教师认识到在灾难事件中儿童早期养育机构和学校还可以作为潜在的疏散场所，或为那些需要处理灾难事件的人员提供儿童看护服务。当教师参加制订社区灾难应急计划时，他们也能帮助公众意识到儿童和儿童早期养育机构是脆弱群体，应当在社区的紧急应对计划中给予充分考虑（National Commission on Children and Disasters，2010）。

伦理问题

Sarah 的班里有些孩子对花生酱过敏。她的领导组织了一次培训，指导教师如何使用 EpiPen。Sarah 发现她的助理教师 Erin 中途离开培训超过 30 分钟，已经错过了大部分讲解和练习。Sarah 觉得如果她向上级报告此事，必定会影响她和 Erin 之间的关系，但是如果不报告，她又担心 Erin 不能正确处理过敏孩子的问题。请问这里存在哪些问题，你会建议采取哪些行动？

处理紧急事件

即使教师对儿童的安全具备强烈的责任感，在紧急情况下采取正确的行动仍然不是一件简单和自然的事情。紧急事件令人感到惊恐、慌张和压抑。教师可能会因为担心他们的行动会给已经受伤的儿童带来更多疼痛，或者因此受到起诉而不敢实施帮助。熟悉志愿者保障法律的内容、明确理解教师的角色、知道如何评估紧急事件并采用普遍性防护措施、完成应急处理报告等，都是帮助教师有效应对紧急事件的措施。

理解《好撒玛利亚人法案》

《好撒玛利亚人法案》 是一系列鼓励人们在紧急情况下提供帮助的法律，它保护救援人员不会因为提供紧急援助而被起诉

美国各州和哥伦比亚特区都有保护提供善意救援行动的法律。这种保护性法律反映在**《好撒玛利亚人法案》**中。这类法律保护救援者在紧急事件中即使采取了错误的行动也会免于被起诉，前提是救援者采取的行动是合理的和慎重的，并充分利用当时的所有可用资源（Rosenbaum，Harty，& Sheer，2008）。《好撒玛利亚人法案》相关的条款就是为了鼓励人们在紧急情况下提供帮助。

为保证紧急救援措施受到《好撒玛利亚人法案》的保护：

- 所提供的帮助必须是自愿的行动。
- 接受帮助的人必须是不反对的。

- 提供帮助的人必须是出于善意地提供紧急救助。

《好撒玛利亚人法案》不会保护那些不合理的、粗心的或疏忽的行为。在教育领域，这意味着教师应该为儿童的紧急需求提供恰当的应急急救，但这种急救只能作为专业救援人员到来之前的临时补救措施。呼叫医疗救援人员并确保儿童接受到专业的救治是《好撒玛利亚人法案》中规定的教师的义务。

采用普遍性防护措施

许多紧急情况中都会发生流血的伤害案例。因为这个原因，教师在提供应急救援时需要知道和采用基本的普遍性防护措施。**普遍性防护措施**是一系列安全措施，用于预防艾滋病病毒（人类免疫缺陷病毒；human immunodeficiency virus，HIV）、乙肝病毒（hepatitis B virus，HBV）以及其他血液传播疾病病原体（Siegel，Rhinehart，Jackson，Chiarello，& the Healthcare Infection Control Practices Advisory Committee，2007）的传播。推荐采取普遍性防护措施的目的是确保医务人员和应急救援人员在提供紧急救治时免于受到伤害。普遍性防护措施包括以下内容：

普遍性防护措施
是一系列安全措施，用于在应急反应或医学救治中预防艾滋病病毒（HIV）、乙肝病毒（HBV），以及其他血液传播疾病病原体的传染

- 在任何有出血或者体液中有肉眼可见血液的意外伤害事件中都戴手套。
- 使用单向防护罩进行急救人工呼吸。
- 在事故现场留意锋利尖锐的物体、电、有毒气体和其他有害物。
- 提供医疗救治时使用恰当的洗手方式。
- 恰当处理污染物。

这些普遍性防护措施列出了紧急事件处理过程中以及处理后的安全防护要点。

评估伤害征象

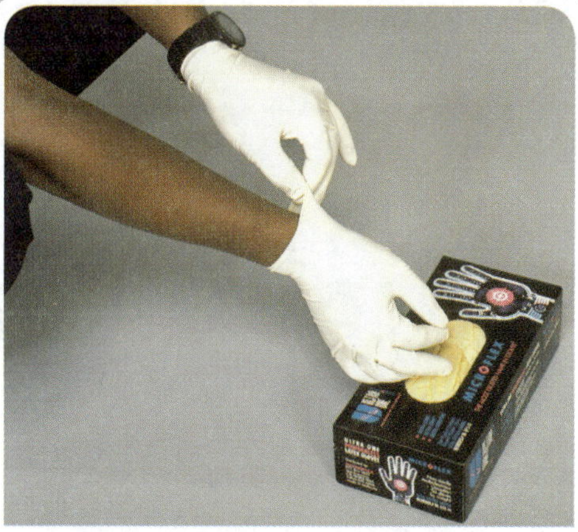

普遍性防护措施包括在任何有出血或者体液中有肉眼可见血液的情况下戴防护手套

伤害发生后的几分钟内所采取的措施对良好的预后是至关重要的。例如，心跳骤停后若呼吸和血液循环不能及时恢复，在4～6分钟内就会发生脑死亡（Heller & Zieve）。高质量的CPR心脏按压可以恢复血液循环并向身体重要器官输送氧气。如果能在心搏骤停的几分钟内实施有效的CPR，生存的概率会极大提高（Berg et al.，2010）。

即使儿童处于教师的密切关注中，他们仍有可能发生意外事件。有时教师就在现场目睹了意外发生。若教师没有看到意外的发生，则他们必须迅速进行细致的评估，做出正确且合理的判断，并立即采取行动。教师必

须在短时间内对大量信息进行分析，有些行动必须同时进行，有些行动则必须按照一定的逻辑顺序实施（Berg et al., 2010）。以下评估必须同时进行。

评估局势。观察有可能属于伤害的征象。预测已经发生的伤害的类型。例如：

- 儿童是否躺在攀爬设施底下，是否是意外跌落？如果是，那么儿童的头或背部可能已经受伤，不能轻易移动儿童。
- 家具是否翻倒了？如果是，儿童是否被碰到或割到？儿童的肢体是否有扭伤？
- 意外是否涉及漏电？如果是，不要触碰儿童直到电源被切断。
- 是否有尖锐锋利的物体，如打碎的玻璃？如果是，在靠近和帮助儿童时要注意避免被这些物体伤害。

观察儿童的身体表现。从头到脚快速查看儿童，判断是否有伤害体征。例如：

- 儿童是否有呼吸？
- 儿童是否流血很严重？
- 儿童的身体姿势正常还是不正常？

注意儿童的行为。观察儿童的反应如何，注意发现其痛苦和恐慌的表现。例如：

- 儿童身体活动吗？
- 儿童哭吗？
- 当跟他（她）说话时儿童有反应吗？

这些信息可以用来判断目前的情形是否属于紧急事件。它可以帮助教师决定是否需要把儿童转移或者提供救治。它可以指导教师了解该做什么并为此做好准备。表 3-1 提供了另外一些进行局势分析的指南，可以帮助教师分析意外事件的具体情况，确定伤害的类型，并开始制订应对计划。

在本章开始的案例中，Jamal 能迅速意识到 Kevin 的伤口是被装球的小推车撞破的，因此他骨折的可能性很小。当他赶到 Kevin 身边时，他认为孩子可以被移动。但是即便孩子的出血已经被绷带止住，Jamal 还是建议家长带孩子去看医生，因为毕竟他伤到了头部。

采取行动

在儿童早期养育机构，意外发生后的最初评估应该在 30 秒内完成。一旦确认发生意外，教师立即开始履行他们在应急反应中的角色。此刻，助教带领其他儿童做恰当的活动，远离受伤的儿童。负责领导应急反应的教师应当采取以下行动：

表3-1 意外发生地点和可能的伤害类型

地点	伤害类型
攀爬设备	• 从设备上跌落（头部受伤、骨折？） • 攀爬（挤压手指？）
三轮车	• 撞上物体（肿块、瘀青？） • 运动中跌倒（头部肿块？）
普通的户外玩耍区	• 绊倒或跌倒（膝盖擦伤、肿块或瘀青？） • 昆虫（咬伤或叮蜇） • 儿童互相冲撞或撞倒玩耍设备（肿块、瘀青、擦伤？） • 过热（热虚脱或中暑？）
沙盒	• 沙子（异物进到眼睛里？）
工具箱	• 锤子、钉子（挤压手指、切割或刺伤？）
室内玩耍	• 抢夺物品（肿块或瘀青？） • 物品掉落砸到儿童（肿块、瘀青、切割伤？）
手工材料	• 暴露于过敏原（急性疾病或过敏反应？）

- 确定并描述自己和儿童可能面临的任何风险。确保没有触电的危险。清理打碎的玻璃。若怀疑脊柱或头部受伤则禁止移动儿童。
- 尝试获得儿童的回应。确定儿童是丧失意识、睡着了还是仍清醒。尝试呼唤儿童。呼吸儿童的姓名并询问：“你还好吗？”
- 检查儿童是否有呼吸。观察规律呼吸的体征。

如果儿童有呼吸，则采取下列行动。如果儿童有呼吸，但只有你一个人，则立即拨打急救电话，然后继续观察儿童，并在必要时实施现场急救。

- 快速检查伤害情况。 双手轻柔地触摸儿童全身，寻找伤害的体征线索。
- 止血。直接按压伤口。使用干净的纱布覆盖伤口。若有可能，将流血的部位举至高于心脏的位置以减缓出血。必要时用力按压出血点以止住大量的流血。
- 处理休克。让儿童平躺着并抬高双脚。给儿童保暖。如果儿童有呼吸且表现平稳，让儿童保持侧卧姿势。这样可以帮助呼吸并防止可能发生的窒息。
- 平静地与儿童交谈，使其消除恐慌。让儿童知道你离他（她）很近。
- 始终与儿童待在一起。不要离开儿童。必要时跟着儿童一起转运到急诊机构。始终与儿童待在一起，直到儿童父母或监护人抵达才可移交责任。
- 向急救人员提供儿童的医疗信息。描述儿童的所有过敏史、正在服用的药物信息，以及糖尿病或哮喘等患病情况。如果儿童有特殊的健康需求，还应该向急救人员提供负责儿童的医生的姓名和联系方式。

- 通知儿童家长或监护人。在对儿童的救治转移给专业救治人员后，应该与儿童家长取得联系。向家长汇报发生意外的原因和采取的急救措施。告知家长是谁提供的急救，儿童被转移到哪里继续进行治疗。不要尝试对病情进行诊断或者提供医疗建议或指南。建议儿童家长向专业医疗人员咨询病情和下一步处理计划。

在这个案例中，教师的职责是获得紧急援助，提供现场急救和临时护理，陪伴在孩子身边直到可以将职责移交给紧急救援人员、家长、监护人或其他获得授权的个人。

如果儿童失去意识或没有呼吸，就应该意识到发生了心搏骤停，需要立即进行心肺复苏。

实施心肺复苏

儿童发生心搏骤停的常见原因包括婴儿猝死综合征、心脏畸形、车辆交通意外伤害、窒息和溺水。对呼吸暂停的儿童进行急救，需要按照CAB的步骤进行：胸外按压、通畅气道、呼吸 / 通气（Berg et al.，2010）。

C= 胸外按压（Chest Compressions）

胸外按压可以帮助富含氧气的血流回流到身体的重要脏器。如果儿童丧失意识或没有呼吸，美国心脏协会（Berg et al.，2010）推荐立即对儿童或婴儿进行 30 次胸外按压、配合 2 次呼吸，并重复这些动作。如果教师没有接受过呼吸急救（人工通气）的培训，或者无法这样做，则应该持续进行胸外按压。这称作“徒手操作”CPR（Berg et al.，2010）。受过专业培训的人员应准备好按照以下标准步骤进行胸外按压。

对儿童（Berg et al.，2010）：

- 将儿童放在较硬的物体表面（如地板）。让另外一名教师或儿童呼叫 911。
- 跪在儿童身旁，将一只手的掌根部放在儿童胸部。
- 肘部伸直，实施 30 次向下按压的动作。用力向下按压大约 2 英寸（译者注：约 5.1cm），快速按压，按压速度每分钟至少 100 次。
- 每次按压动作后要有一个放松动作，以便使心脏充盈血液。

对婴儿（Berg et al.，2010）：

- 将婴儿放在较硬的物体表面。让另外一名教师或儿童呼叫 911。
- 将两根手指按压在胸部中间，位置在两乳头连线的下方。

- 进行30次向下按压的动作。按压深度大约1/2英寸（译者注：约1.3cm），按压速度每分钟至少100次。
- 每次按压动作后要有一个放松动作，以便使心脏充盈血液。

A= 通畅气道

进行30次胸外按压后，要检查儿童的气道是否通畅。抬高儿童下颌，轻轻向后按压额头，使头部自然后仰。这样可以使舌头后置，离开喉咙，使气道开放（Berg et al.，2010；Heller & Zieve，2011b）。

如果儿童或婴儿丧失意识，这些措施常可以纠正呼吸暂停的诱因。

B= 呼吸 / 通气

如果通畅气道后还是没有自主呼吸，则需给予人工呼吸（通气）。

对儿童：

- 抬高儿童的下颌，轻轻捏紧鼻子，确保空气进入儿童的肺部。
- 将单向面罩放在儿童口上，给予2次人工呼吸（Berg et al.，2010）。每次呼吸时应该确保能看到胸廓明显起伏。

对婴儿：

- 用嘴覆盖婴儿的口鼻。给予2次小口的呼吸或吹气，频率大约是每秒1次呼吸。
- 必要时摆正婴儿的体位以确保有效的呼吸。

对婴儿和儿童：

- 重复进行30次胸外按压和2次人工呼吸的循环，持续2分钟。然后，如果只有你一个人抢救，需要拨打911电话。
- 持续进行“30次按压和2次呼吸”的动作，直到救援人员到场。

如果人工呼吸无效，需要检查气道是否完全打开并再次尝试。

如果仍然没有呼吸，表明气道有梗阻，必须进行清理。不要放弃抢救！你的努力可能挽救儿童的生命。

清理气道

当儿童吞咽或吸入小的物体（如食物或玩具）卡住喉咙时，可能会发生气道梗阻。气道梗阻阻止了空气吸入，从而导致大脑供氧中断。此时需要立即进行现场急救。

特别注意儿童的这些表现：

- 用力抓挠喉咙。
- 无法说话或咳嗽。

- 脸色发紫——观察皮肤、嘴唇、指甲。
- 丧失意识。

立即施行紧急措施清理气道。

对儿童（Heller & Zieve，2011a）：

- 站或跪在儿童身后。
- 双臂从后面环绕抱住儿童的腰。
- 双手重叠握成一个拳头。
- 将拳头放在肚脐和胸骨之前的位置。
- 用力快速向里、向上挤压。
- 重复这个动作直到异物被吐出来或儿童丧失意识。
- 如果儿童丧失意识，把儿童平放在地板上，拨打 911 电话，开始施行 CPR。
- 如果可以看到异物，尝试把它取出来。
- 持续进行 CPR 直到救援人员赶到。

对婴儿（Heller 和 Zieve，2011b）：

- 坐下。将婴儿脸朝下、顺着你的前臂平放。将你的前臂放在你的大腿上。用你的手指固定婴儿的下颌，并用你的手掌支撑婴儿的胸部，这样可以保持婴儿颈部稳定。始终保持婴儿头部位置低于身体。
- 用你的手掌根部在婴儿背部的中间位置用力拍打 5 下。检查是否有异物从口中排出。
- 如果异物没有排出，将婴儿夹在两只前臂中间。让婴儿脸部朝上躺在一只前臂上，保持头部位置低于身体。两只手指放在婴儿乳头连线和胸骨中间的位置，快速做 5 次按压动作，按压深度是胸廓前后径的 1/3 或 1/2。
- 继续重复 5 次拍背和 5 次胸腔按压，直到阻塞物被排出或救援人员到达。
- 如果婴儿丧失意识，实施 2 分钟的 CPR 然后呼叫 911。
- 如果气道内的阻塞物体可以看见，则尝试清理出来。
- 持续进行 CPR 直到救援人员到达。

实施现场急救

在儿童早期养育机构和学校可能会发生意外伤害。因此，教师有可能需要参与各种意外伤害的现场急救。**现场急救**指针对意外伤害或疾病所采取的一系列措施。现场急救有 3 个主要目标：

现场急救

指针对意外伤害或疾病所采取的一系列措施

1．挽救生命。

2．避免二次伤害。

3．帮助恢复健康。

在发生紧急情况时，应在专业医疗人员到达之前进行现场急救

儿童早期养育机构的现场急救通常包括简单的、常见的抢救步骤，例如清理和包扎小的伤口，或者对肿胀或拉伤的脚踝进行冷敷。这些都是基本的现场急救例子，通常很容易实施，在大多数情况下不需要正规的医疗协助。当教师实施基本现场急救的时候，还应与儿童的家长取得联系，以便家长能共同决策是否需要进一步的医疗处理。

某些情况可能比较复杂，需要额外的和进一步的措施（例如实施 CPR 或骨折时包扎肢体以防止活动）。这些是需要进行应急急救的例子。如果意外伤害需要进行应急急救，教师应该立即呼叫应急救援电话，同时提供基本急救措施直到救援人员到达。在应急情况下，需要有经过训练的医疗人员在场，以便避免对儿童造成二次伤害，避免造成残疾或死亡的风险。

在这一部分中，我们讲述意外伤害的特征，为教师提供常见的基本急救措施。然而，从专业机构（例如美国心脏协会或美国红十字会）获得正规的应急救援培训是教师学会识别危险征象、做好应急救援准备的重要方法。

跌落

跌落是年幼儿童常见的意外伤害类型。有些跌落会造成严重后果。从较高的地方跌落到坚硬的地面很有可能会造成头部伤害或骨折。如果发生或怀疑发生了跌落：

- 不要移动儿童。
- 检查儿童气道是否开放，儿童是否有呼吸。
- 察看跌落的高度和儿童跌落地面的坚硬程度。检查是否发生头部伤害。注意瞳孔大小是否一致，鼻子、耳朵或嘴里是否有液体流出，以及是否有丧失意识或嗜睡等表现（Homeier，2005）。
- 察看儿童可能发生的骨折。注意肢体形状异常或剧烈疼痛、观察儿童是否特别小心地活动某个肢体或身体某个部分不能活动（Vorvick & Zieve，2009a）。
- 采用基本急救措施处理小的伤口。

若怀疑有头部受伤或骨折，则使儿童保持静止，立即寻求医疗帮助。告知家长儿童发生了跌落，即使伤害看起来很轻微。这样可以有效监控儿童发生无法预知的伤害（Cronan，2011a）。

头部伤

头部的任何伤害都应该被视为严重的伤害，应尽快汇报给儿童的家长。严重的头部伤害会造成颅内出血，导致脑损伤或死亡。即便儿童头部受伤后又重新开始玩耍，也应该告知家长其重要性，以便家长能参与到决策中，决定是否进行医疗救治。发生头部伤害 24 小时内应该对儿童进行严密监控。

在发生头部伤害后：

- 让儿童躺下，头部位置高于双脚。
- 观察儿童的眼睛，察看有无不正常的瞳孔放大。
- 注意儿童是否丧失方向感。
- 保持儿童情绪稳定。

如果儿童丧失意识或出现任何意识丧失的征兆（如昏睡，恶心、呕吐，含糊不清的言语，丧失方向感，鼻子、耳朵和嘴巴里有液体流出，头痛），则应立即寻求医疗援助（CDC，2012a；Heller & Zieve，2012）。

哮喘

儿童哮喘的最常见表现是呼吸时有哨鸣音、快频率的咳嗽或痉挛性咳嗽。在某些情况下，哮喘发作是快速的和致命的（CDC，2012b）。注意观察：

- 呼吸进行性急促或有哨鸣音。
- 胸部发紧或疼痛。
- 精神高度紧张。

对已知有哮喘病的儿童，按照儿童的哮喘应急医疗方案用儿童的喷雾器进行治疗。与家长取得联系，汇报儿童的情况，让家长参与到后续治疗的决策中。如果哮喘发作急骤并且与过敏类似，则应立即寻求医疗救援（Ben-Joseph，2011；Kaneshiro & Zieve，2008）。

过敏性休克：严重的过敏反应

过敏可以诱发过敏性休克，是一种危及生命的反应，会导致呼吸困难和心搏骤停。严重的过敏反应可能由广泛的诱因导致，包括对食物或药物、昆虫毒液（由叮咬导致）、花粉、橡胶以及其他不明物质过敏（Dugdale，Henochowice，& Zieve，2008）。过敏反应可以在接触过敏原后立即发生或在数小时之内发生。有些儿童可能已知有过敏史，而另外一些儿童则尚不知道有过敏现象。过敏性休克的表现包括：

- 皮疹扩散。
- 眼睛或嘴肿胀。
- 呼吸或说话困难。

- 眩晕或意识模糊。
- 腹部发紧，恶心或呕吐。

按照以下步骤处理过敏性休克：

- 立即呼叫 911。
- 注射肾上腺素（EpiPen）。
- 让儿童平躺。
- 不要给儿童吃任何食物和饮料。
- 密切观察儿童。
- 若呼吸停止，立即进行 CPR。

立即寻求医疗救援。注射肾上腺素只能暂时缓解。如果休克症状再次发生，可能需要再次注射肾上腺素（Defelice & Stewart，2011；Dugdale et al.，2008）。

切割、碰撞和伤口引起的流血

按照以下步骤处理儿童流血 ：

- 戴塑料手套或非橡胶手套。
- 用消毒纱布垫覆盖伤口。
- 按压住伤口。
- 让儿童坐下或躺下。
- 抬高伤口，使其位置高于心脏。
- 如果出血渗出纱布，添加更多层纱布。不要拿开纱布，否则会影响自然凝血过程。
- 当出血止住后，用清水冲洗并用干净的绷带包扎。

如果伤口被污染或很深、无法止住出血、血液从耳中流出或儿童吐血，则应寻求医疗救援（Dowshen，2010；Heller & Zieve，2011c）。“健康贴士”中给出了如何确保教师准备好保护性手套的建议。

流鼻血

儿童早期养育机构中经常发生儿童流鼻血的情况。按照以下步骤进行处理：

- 让儿童坐下或斜躺下。
- 垫上消毒的纱布，用拇指和示指捏住鼻子。让儿童用嘴呼吸。
- 保持这种姿势 10 分钟，或直到流血停止。

如果鼻子流血是由头部受伤导致，或流血无法止住，则需寻求医疗救援（Cronan，2011b；Cunah & Shiel，2007）。

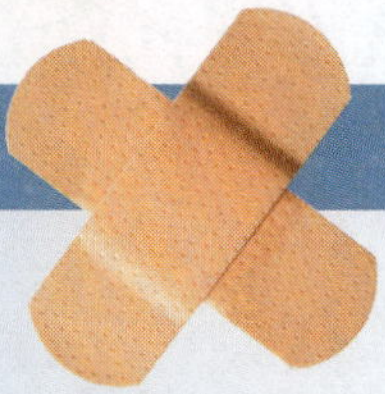

健康贴士 准备好塑料手套的小贴士

- 在应急急救物资附近、在换尿布或洗手间的墙上安装手套自动发放机。
- 将一副手套放在一个塑料袋里，并置于随身衣服的口袋里。
- 在若干塑料袋里放几副手套。将塑料袋分别粘贴在儿童经常活动的室内或户外地点，保证它们容易被看见并随时能取到。
- 在外出应急包里放置几副手套。

咬伤

咬伤是年幼儿童常见的意外伤害类型。咬伤可能由动物、人或蜘蛛造成。

动物咬伤

在儿童早期养育机构中，教师应当特别关注儿童与动物一起玩耍。如果发生伤害，则：

- 必要时按压伤口止血。
- 用温和的肥皂水和清水冲洗伤口 3 ~ 5 分钟。
- 用绷带包扎伤口。

如果对咬伤儿童的动物狂犬病免疫情况不明，或者咬伤伤口很深且皮肤撕裂，或者咬伤伤口位于头部、脸部或双手，或者有感染迹象，则应立即寻求医疗救援（Klein，2010）。

人咬伤

年幼儿童之间互相咬伤对教师来说也是常见的挑战。人类的牙齿里可能有危险的细菌和病毒，可能会导致感染。

人咬伤也可能引起血液传播性病原体的传播。如果咬伤穿透了皮肤，则：

- 直接按压伤口，使用消毒的纱布垫，直到止住出血。
- 用肥皂和清水冲洗伤口 3 ~ 5 分钟。
- 用干净的绷带包扎。

如果咬伤发生在脸部、颈部、双手或双脚，则应联系儿童家长，建议家长寻求医疗救治（Heller & Zieve，2010c）。

蜘蛛咬伤

通常蜘蛛咬伤只是让人烦恼的小事，但褐色蜘蛛（背部有小提琴形状）或黑寡妇蜘蛛（背部有沙漏形状）咬伤可能非常危险。 如果可能，要捉住或确定蜘蛛类型。处理蜘蛛咬伤应该：

- 用肥皂和清水冲洗伤口。
- 用冰袋冷敷。
- 观察是否有皮疹、发热、恶心或腹部疼痛，这些症状提示严重的蜘蛛咬伤反应。

如果明确是褐色蜘蛛或黑寡妇蜘蛛咬伤，或出现了严重的蜘蛛咬伤反应，则应立即寻求医疗救援（Ben-Joseph，2010；Duldner & Zieve，2008）。

如果……

你正在对一名受伤的儿童进行现场急救，这时儿童家长赶到了，指出你做的抢救是错误的，你应该怎么办？你已经接受过急救培训，你知道自己所做的是正确的。你应该如何应对家长的质疑？

擦伤和碰撞

擦伤是年幼儿童常见的伤害。通常最好的急救措施是良好的舒适护理：

- 抬高受伤的身体部位。
- 用布包将凉的物体包住放在擦伤区域冷敷。不要直接将冰凉的物体与皮肤接触，因为这样可能会造成冻伤。
- 只有当皮肤破损和出血时，才使用绷带包扎擦伤伤口。
- 擦伤部位充分休息。

如果擦伤部位范围很大或有感染的危险，则需寻求医疗帮助（Gavin，2010；Vorvick & Zieve，2009b）。

烧烫伤

按照伤口的严重程度可以将烧烫伤分类（Heller & Zieve，2010a）：

- 一度烧烫伤：皮肤外观看起来发红。
- 二度烧烫伤：皮肤发红，有斑点和起水疱。
- 三度烧烫伤：皮肤烧焦，可能发黑或灰白。

应该如何处理：

- 用冷的流动水冲洗受伤区域 5 分钟。
- 用薄的干燥绷带覆盖伤处。
- 不要使用冰。
- 不要涂抹油或药膏。
- 不要挑破水疱。
- 监测呼吸，必要时处理休克。

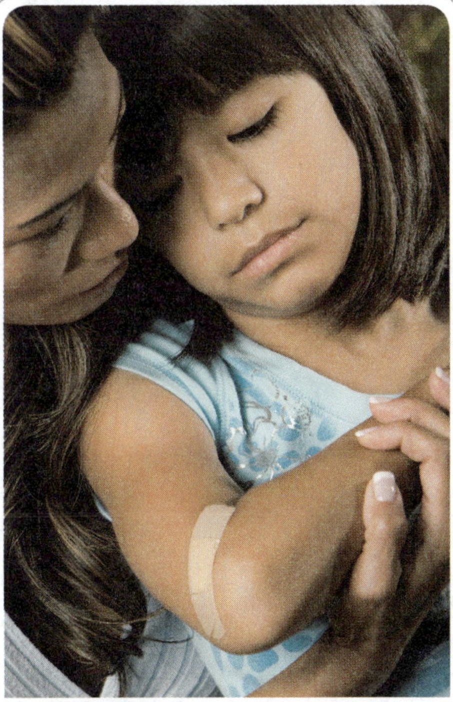

一块冷毛巾和良好的舒适护理是处理擦伤和肿块最好的急救措施

婴儿发生任何程度的烧烫伤，均应寻求医疗帮助。对幼儿和大年龄儿童，如果受伤部位直径大于 3 英寸（译者注：约 7.6cm），或受伤部位在双手、双脚、脸部、腹股沟或臀部、大的肢体关节，或出现感染征象，则应寻求医疗帮助（National Institute of General Medicine Sciences，2008）。尽快通知儿童家长。

溺水

溺水是儿童早期阶段的第二位死亡原因（CDC，2009）。应急反应的目标是将儿童从水中救出，并尽早开始现场急救：

- 在不危及自身安全的前提下，将儿童从水中救出。
- 检查儿童的气道是否开放。
- 尽快开始进行呼吸救援。
- 如果儿童心搏停止，立即进行 CPR。
- 保暖并处理低体温和休克。
- 不要放弃。有些儿童在冰冷的水中溺水超过 1 小时仍被成功抢救过来。

立即寻求医疗帮助。即使复苏抢救后儿童恢复了生命体征，仍需要接受医疗帮助，以确保不会发生感染、呼吸问题或其他并发症。

电击休克

如果儿童受到严重的电击：

- 不要接触儿童。对当前状况进行评估。
- 如果可能，关掉电源或用绝缘物体（如塑料或厚纸板）将电源转移到远离儿童和你自己的地方。
- 如果是高压电源或你无法关掉电源，呼叫 911 寻求紧急援助。
- 如果儿童已经脱离电源，观察儿童是否有呼吸和心搏。使用呼吸急救恢复呼吸。如果心搏停止，呼叫 911 并施行 CPR。
- 处理休克：让儿童平躺。抬高儿童的双腿。

如果儿童出现心搏骤停或心律问题、停止呼吸、肌肉抽搐、疼痛、丧失意识，呼叫 911 寻求应急援助。

异物

儿童对环境的参与性非常强，他们喜欢探索周围的世界。这使他们的眼睛、鼻子和嘴容易受到异物的伤害。现场急救的目标是在不造成进一步伤害的前提下小心取出异物。

取出眼睛里的异物：

- 彻底洗手。
- 让儿童坐下并向上看。
- 翻起眼皮寻找异物。
- 如果异物肉眼可见，尝试用水轻柔地冲洗眼睛将异物洗出。

- 不要揉搓眼睛或试图取出存留在眼球上的异物。

如果异物通过冲洗无法取出，或异物较大，或视力受到损伤，则需寻求医疗帮助（Vorvick，2011）。

取出鼻子里的异物：

- 确定哪个鼻孔里有异物。
- 轻轻地捏住另外一侧鼻孔（不要堵住），让儿童轻轻用力吹气，将异物排出。
- 不要试图探查鼻孔，这样有可能将异物推向更深的地方。

如果这些步骤均无法取出异物，则寻求医疗帮助（Vorvick，2011）。

牙齿伤害

如果儿童的乳牙受到意外伤害，在局部施压止血，并尽快使儿童感觉舒适。呼叫医生寻求帮助。如果儿童的恒牙被磕碰脱落，如果进行仔细的处理，还有可能恢复：

- 找到脱落的牙齿。
- 在盛满水的碗里轻柔地漂洗，不要用力刷或擦拭。
- 把洗干净的牙齿放在儿童的牙槽中；用干净的纱布覆盖，并固定在牙槽上，或者让儿童轻轻地咬住纱布固定。如果牙齿无法放回牙槽中，则把它放在一杯全脂牛奶中浸泡（Goss，2010）。

立刻联系牙科医生寻求进一步的治疗。

热衰竭*

热衰竭是指中等程度的受热相关疾病。当儿童在温暖的户外进行高强度的活动时，可能会发生热衰竭。脱水可能是原因之一。热衰竭的征象包括头晕、恶心、心搏加快、呼吸急促且表浅以及痉挛。

该如何处理：

- 将儿童转移到阴凉的地方，使其平躺，移除过多的衣服。
- 用凉水擦拭或喷淋儿童。
- 让儿童喝一些凉开水。

如果症状加重，立即寻求医疗帮助（CDC，2012c，2012e）。

中暑

中暑是最严重的热相关疾病。若不进行抢救，中暑可导致死亡。密切

---

* 译者注：在我国内科学中，热衰竭是中暑的临床表现之一，但本书原著将其与中暑并列阐述。

观察以下这些症状：

- 体温升高（高于 104 ℉或 40℃）。
- 皮肤干燥、高温。
- 心搏加快。
- 意识模糊、头晕、昏睡、昏迷。

应该如何处理：

- 将儿童转移至阴凉的地方。
- 拨打 911 急救电话寻求医疗帮助。
- 让儿童平躺，移除过多的衣服。
- 用湿润的衣物覆盖儿童身体，或向其喷洒凉水。
- 给儿童扇风帮助降温。

立即寻求医疗帮助（CDC，2012c，2012e）。

癫痫发作

癫痫发作是大脑异常活动的结果。有些儿童可能有癫痫发作病史，因此有处理癫痫发作的预案。另外一些儿童可能是首次发作。紧急援助的目的是预防儿童在癫痫发作过程中受到二次伤害。密切注意以下这些症状：

- 暂时的意识混乱或丧失意识。
- 手臂、腿或头部不受控制地猛然抽动。
- 眼睛突然直视前方，没有意识。

如果发生了癫痫，应该：

- 预防儿童发生二次伤害：让儿童躺在地板上。清理儿童周围的物体，在儿童头部垫上柔软的物体，让儿童轻轻翻身侧躺。
- 不要在儿童口中放任何东西。
- 不要禁锢、限制儿童。
- 让癫痫自然发作。
- 立即给儿童家长打电话汇报癫痫发作的事情。

如果癫痫发作超过 5 分钟，或儿童恢复缓慢，或出现呼吸困难，立即寻求医疗帮助（Filloux & Goodman，2010，Dugdale & Zieve，2010）。

休克

休克常常因伤害引起，但也可以由中暑、过敏反应、感染、中毒或其他原因导致。休克是人体进行抗争的表现。观察以下症状：

- 皮肤冰冷、潮湿。
- 脉搏微弱但快速。

- 晕厥或意识混乱。

处理休克的步骤包括：

- 让儿童平躺。
- 如果确定不会导致二次伤害，可以抬高儿童的双脚。
- 检查并开放气道，确保儿童呼吸通常、血液循环正常。
- 让儿童保持平静，保持儿童舒适和温暖。
- 不要给儿童任何食物和水。
- 处理任何可能的伤害。

如果这些步骤不能缓解症状，或休克是由严重的伤害所导致，则立即寻求医疗帮助（Heller & Zieve，2010b）。

清理洒溅的血液

血液洒溅在儿童早期养育机构是比较常见的。膝盖皮肤破损、鼻子流血、切割伤，特别是嘴的划伤，都可能导致少量的血液喷洒或飞溅。对于这些洒溅的血液，必须给予安全和卫生的处理。清理洒溅出来的血液是预防传染病的重要措施。美国职业安全和健康管理部以及《国家健康与安全从业标准》（AAP et al.，2011）是获知如何处理血液洒溅的非常好的信息来源。

清理室内的血液洒溅

教师应该戴手套和其他适当的防护用具（例如围裙、护眼罩），这取决于血液喷洒的程度。不要踩在受到污染的区域，避免喷洒的血液污染到眼睛、嘴、鼻子或没有防护的皮肤。污染区域应该彻底喷洒消毒剂［1 勺漂白粉，1 夸脱（译者注：约 0.9L）水］，并用吸水性好的纸巾擦拭干净。这个措施应该重复 2 次。然后用肥皂和水清洗这个区域，并用纸巾擦拭干净。用过的纸巾应放入防漏的塑料袋中，并小心不要触碰到塑料袋的外侧，密封塑料袋并丢弃到安全的地方。图 3-4 提供了如何安全移除和丢弃保护性手套的指南。做完这些步骤后教师应该彻底洗手（AAP et al.，2011）。

清理户外的血液洒溅

教师应该穿戴适当的防护用具，并避免踩踏或溅起血渍。草坪、沙地、树皮或人行道等区域均应该用消毒水彻底喷洒或冲洗［混合 2 夸脱（译者注：约 1.9L）的漂白剂和 5 加仑（译者注：约 18.9L）水］。等待 15 分钟后，再用软管喷洒清水将漂白剂彻底冲洗干净（Purdue University，2012）。

清理较大面积的血液喷溅

大面积的血液喷溅可以用有吸附性的颗粒状材料进行清理。颗粒状材

图3-4 丢弃保护性手套的步骤

1. 用戴着保护性手套的右手手指抓住左手手套的掌心位置。用力拽拉，脱下左手上的手套。不要把手伸进对侧的手套里面——只让手套表面互相触碰。
2. 用戴着保护性手套的右手手掌把脱下的手套攥成一个球。
3. 将左手的一个手指伸入右手手套的手腕内侧，将右手手套翻过来脱掉，将污染的手套包住。
4. 将污染的手套放入塑料袋中。密封袋口并丢弃到适当的地方。
5. 彻底洗手。

来源：Based on Sequence for Removing Personal Protective Equipment：Gloves，Centers for Disease Control and Prevention.（2012），retrieved May 9，2012，from http：//www.cdc.gov/sars/downloads/ppeposter148.pdf.

料应该能够吸附喷溅的血液，然后被收集起来，与其他污染物一起丢弃到适当的地方。

清理室内装饰织物和地毯

室内装饰织物和地毯的污渍应该使用专门适用于纤维制品的消毒剂进行清理。让消毒剂浸润 15 分钟（或按照说明书操作），然后再局部擦干。应该重复这样的步骤直到表面看不到污渍为止（AAP et al.，2011）。

处理血液沾染的皮肤

如果血液溅到没有防护的皮肤上，应该尽快用肥皂和水清洗皮肤。如果血液溅到眼睛里，应该用清水彻底冲洗眼睛。若血液溅到有伤口或开放性疮口的皮肤上，应该立即清洗并联系儿童的医生进行随访（AAP et al.，2011）。

灾难应对

在灾难事件中也需要用到应急反应。不论灾难是突然发生，还是由一系列事件造成，教师必须果断采取措施确保儿童的安全。

在灾难事件中首先需要采取的步骤包括以下几点：

- 保持冷静。

- 评估机构的危险状况。
- 对任何伤害进行现场急救。
- 收听广播，接收有关报告和指导。
- 决定何时采取紧急避险、禁闭或撤离措施。
- 采取行动。

行动决策包括是否采取紧急避险、实施禁闭或撤离以及安置儿童。对于自然灾害、技术性危害和疾病暴发，需要采取特殊的处理方式。最后，当灾难事件结束后，教师需要完整地报告，记录下为保证儿童安全都采取了哪些措施，未来还需要注意做好哪些准备等，这一点非常重要。

紧急避险

有时紧急避险只是简单地待在室内。另外一些情况下，可能需要采取特殊措施。例如龙卷风发生时，紧急避险应该选择在建筑物内较低的区域，比如地下室或靠里面的房间。若发生了化学物质泄漏或可经空气传播的有害物质的威胁，应该用塑料布将门、窗和通风口覆盖并用胶带密封［CDC，2006；Federal Emergency Management Agency（FEMA），2012a］。如果需要进行紧急避险，则教师应当：

- 尽快让儿童和来访者集中起来。
- 进入确定好的紧急避险房间。
- 取出应急包和水。

营养笔记　使用应急食物

- 携带一份库存食物种类和数量的清单。
- 丢掉所有变质的食物或已经膨胀、腐败的罐头。
- 制订一份分发食物的计划，以确保每人都能平等获得食物。
- 首先食用冰箱里、冷冻室和橱柜里那些容易变质的食物。
- 小心打开存储的食物。将吃剩的食物放在可以重复密封的袋子里或容器中。
- 罐头食品可以开罐即食（不需要加热）。
- 如果存储的水不够了，也可以使用存储在热水加热器里的水。首先要确定燃气或电源都已经关闭。然后打开加热器底部的排水口。关闭储水罐上的进水阀门，打开屋内的一个热水龙头，水就从加热器的出热水口开始往外流了。
- 若需要，可以将池塘水、井水或雨水烧开煮沸 1 分钟并冷却，放入 1/8 茶勺的新打开的家用漂白剂（其中含有 6.0% 的次氯酸钠）。搅拌并静置 30 分钟。水可能有轻微的漂白剂味道。如果没有这种味道，重复上述步骤。

来源：Based on *Food and Water* in an Emergency（FEMA 447；A5055），August 2004，Jessup，MD：FEMA and Washington，DC：American Red Cross. Retrieved May 11，2012，from http：//www.fema.gov/pdf/library/f&web.pdf.

- 锁闭窗户和门并密封。若有必要，用塑料布覆盖通风口。
- 让儿童进行一些平静和安静的游戏：读书、玩手工操作的玩具。
- 看电视、上网查看新闻，或收听电台广播获取信息。
- 始终待在避险的房间内，直到收到文字指示说明外面已经安全了。

在大多数情况下，教师和儿童只需要在紧急避险房间待几个小时。然而，如果需要在房间待更长的时间，教师应当使用应急物资来照看儿童并让儿童感到舒适。“营养笔记”中给出了如何在紧急避险时使用库存的食物和水。

实施禁闭

禁闭

躲避在儿童看护机构内，并阻止外来闯入者进入

当儿童面临的威胁来自闯入者、枪手或有人质劫持时，需要采取**禁闭**措施［Illinois Emergency Medical Services for Children（IEMSC），2016］。教师帮助儿童躲避在教室里、学校里或儿童看护机构内。如果需要采取禁闭措施，教师应当：

- 使用代码词汇或其他方式提示需要进行禁闭。
- 让儿童集合在一个靠近内部的房间或教室的一个角落。
- 躲在橱柜内部，或架子后面，或桌子后面。
- 若有可能，锁闭门窗；关上窗帘，关灯。
- 保持安静，不要移动。
- 拨打 911 电话报告看到和听到的事情。
- 数一下儿童的数量，确保所有儿童都在场。
- 保持禁闭状态直到应急人员通知“一切正常”。

禁闭状况通常是无法预测的、令人恐慌和紧张的。教师可能需要与儿童一起在禁闭地点待好几个小时。在禁闭地点事先准备一些瓶装水和小的安抚玩具可以帮助教师和儿童度过这段时间（American Red Cross，2012a；Curtis，2008）。汇聚勇气并保持冷静是至关重要的。

疏散和安置

疏散要求将儿童集合起来并安全地转移到事先确定好的地点（IEMSC，2006）。最近的疏散地点应该在步行范围之内，并适合于短期躲避直到能联系到家长接走儿童。如果房屋受损或有危险，也可以将儿童转移到稍远的安置点。安置点需要提前确定，以做好长期安置儿童的准备。应提前准备好安置点的辨认标志，以便在出发时能很快将它放置在显眼的地方。这可以帮助救援人员和家长非常容易地找到安置点。在某些情况下，社区应急人员会引导人们前往撤离地点。需要撤离时（FEMA，Ready.gov，2012a）：

- 集合儿童并安全地撤出教室，前往指定的集合地点。
- 清点儿童和工作人员的人数，确保每个人都在现场。安排每个成人

照看一名儿童。

- 如果时间允许，在每个儿童的衣服上贴一个便利贴，写上儿童的姓名、家长姓名、家庭地址和电话号码。
- 携带应急救援包以及教师和儿童的紧急联系记录簿。
- 在疏散安置点放置辨认标志。
- 沿着事先确定的路线向疏散安置点撤离。
- 如果可能的话，及时联系应急救援人员并听从指引。
- 收听广播，接收恰当的指引。

因为灾难紧急事件是无法预测的，所以很难预测撤离所需的帮助。有时外部的应急救援人员能很快抵达灾难地点提供帮助。有时灾难的波及范围很广，应急救援人员无法及时联系上需要帮助的人员。教师可能发现他们能否正确照顾和处理决定了儿童和他们自身的生死。准备、练习以及勇气是在这种关键时刻下使教师发挥积极作用的重要保障。

应对自然灾害

灾害可以由广泛的自然因素导致，包括龙卷风、飓风、地震、风暴、洪水和大火。每种情况的应急计划都有其独特性。

龙卷风

处在容易遭受龙卷风袭击地区的机构应该安装天气雷达报警系统。教师应当收听广播中的暴风预警信息以便做出适当的行动（FEMA，Ready.gov，2012b；IEMSC，2006）。如果收到了龙卷风预警，推荐以下措施：

- 将儿童转移到地下室、内部房间或远离窗户的走廊。
- 在桌子下掩护起来。
- 如果家庭式儿童机构使用的是移动房屋，则应离开房屋掩护在安全的地方。
- 携带一部手机或无绳电话。
- 保持在掩护地点直到危险警报解除。

飓风

教师应当通过广播、电视或网络收听飓风警报，保持警惕。如果有足够的时间，尽量将儿童送回家。如果没有时间，采取以下步骤（FEMA，Ready.gov，2012b）：

- 关闭窗户，尽量保证机构内部的安全。
- 关闭天然气，拔掉不必要的电器的电源。
- 准备好装水的容器和应急物资备用。
- 在内部的房间或远离窗户的走廊掩护起来。

- 在桌子下面或其他牢固的家具下面躺在地板上。
- 保持在室内直到飓风完全停止。
- 在应急人员的指挥下撤离。

地震

地震通常在没有预警的情况下发生。教师和儿童必须准备立即做好掩护（FEMA，Ready.gov，2012b）：

- 如果在室内，趴在地上，在桌子下躲避。握紧牢固物体直到地震停止。
- 地震停止后，如果房屋不安全，需要立即撤离。要知道还可能发生余震。
- 如果地震发生时正在户外，转移到开阔的地方，远离墙壁、窗户或电线。

风暴

收听广播了解风暴和旅行建议。如果必要，关闭儿童看护机构。如果时间允许，将儿童送回家。如果儿童必须待在看护机构，那么（FEMA，Ready.gov，2012b）：

- 如果风暴警报已经发布，收集应急物资备用。
- 如果担心有大风，转移到内部房间或远离窗户的地方。
- 保持在室内直到风暴结束。
- 必要时进行疏散。

洪水

注意留意洪水警报。如果时间允许，关闭机构并送儿童回家。否则（FEMA，Ready.gov，2012b）：

- 如果时间允许，确保机构的安全：向区域外界发送电报，将设备移到地势高的地方，关闭煤气和电器。
- 如果有任何迹象表明要发生洪水或暴洪，则应立即撤离。

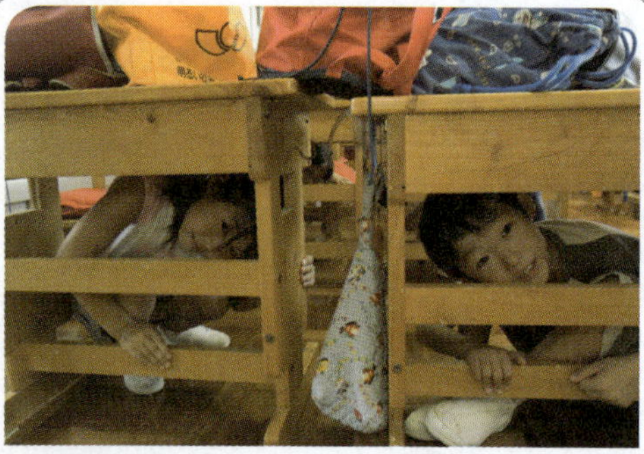

如果发生地震，在桌子下面进行掩护，抓牢物体直到地震结束

野火和森林大火

对所在地区的活动性火灾保持警惕。听从应急管理人员关于禁闭或撤离的指令。如果时间允许，关闭机构并送儿童回家。如果火灾已经接近儿童所在的地点（FEMA，

Ready.gov，2012b）：

- 将儿童全部集合在室内。
- 关闭门窗。
- 关闭煤气和电源。
- 使用喷水器向建筑物和屋顶等喷水。
- 尽快撤离。

应对技术性危害

有很多技术性危害也会危及儿童的安全。这些危害包括公共生活设施中断、包含有毒物质在内的化学物质泄漏或爆炸以及对个人安全的各种威胁。

公共生活设施中断

如果机构内部的水、电、热和与外界联系的电话等出现长时间的中断，则应关闭机构。若这些公共生活设施在没有任何预警的情况下出现中断：

- 将儿童集合在有充足光照和取暖的安全地点。
- 帮助儿童感到安全和舒适。
- 通过手机或无线网络电子邮件联系儿童家长接走儿童。

化学物质泄漏和有害物质爆炸

评估当前形势，确定掩护计划，并遵循以下步骤（IEMSC，2006）：

- 不要打开或关闭任何电源开关。
- 在确定安全的前提下，向污染物的上风向移动并迅速撤离。
- 若不确定撤离是否安全，则就地掩护躲避。
- 将儿童集合在内部的房间。
- 遮挡覆盖窗户、门和通风口。
- 使用手机或无线网络电子邮件联系应急处置人员。
- 待在房间内直到应急处置人员通知可以安全离开。

针对个人安全的袭击和威胁

袭击和威胁通常在没有预警的情况下发生。教师需要做好准备采取适当和有效的行动，例如：

- 爆炸：寻找掩护物体以躲避爆炸造成的碎片。迅速和镇定地撤离。
- 火灾：保持身体低姿态。离开室内并持续待在户外。如果衣物着火，则“停下—躺下—翻滚”，用

工业活动可能对附近的儿童早期养育机构造成技术性威胁

双手护住眼睛。

- 儿童丢失或被绑架：立即拨打 911 电话报告儿童丢失。提供相关信息，包括何时、何地最后一次看到儿童，儿童的穿着。听从应急人员的指示行动。
- 炸弹威胁：立即向应急人员报告炸弹威胁。提供关于威胁的详细信息。迅速和镇定地撤离。
- 持有武器的人员：拨打 911 电话。实施禁闭措施。保持禁闭状态直到应急人员通知可以安全撤离。

处理疾病应急事件

健康应急事件包括传染性疾病的广泛扩散，它考验公共卫生管理机构救治患者和阻止疾病扩散的能力。有些疾病应急事件，例如流感大爆发，可在卫生专业人员意识到其发生并在世界范围内监测其传播速度的过程中逐渐显露出来。另外一些健康应急事件则在突然有大量人员罹患急性疾病的时候被发现，例如传染性非典型肺炎（severe acute respiratory syndrome，SARS）的爆发。健康应急事件会对儿童造成影响，因此，教师必须格外注意环境消毒，教会儿童减少疾病传播的方法，并监测儿童的健康状况。教师自身在健康应急事件中可能会接触疾病而受到健康威胁，他们必须格外谨慎，采取相应措施，例如接受特殊疫苗接种。教师应当了解疾病并准备采取以下措施（FEMA，2012c）：

- 遵循医疗人员指示采取行动，减少疾病的传播和扩散。
- 与儿童家长密切沟通儿童的疾病症状。
- 按照规定上报确定的病例。
- 按照社区卫生部门的要求关闭儿童机构。

与灾难进行抗争时，教师的韧性和勇气可能会接受极限挑战。遵循灾难应急处置计划中的策略和步骤可以帮助教师集中精力确保儿童和成人的安全：保护生命，避免二次伤害，帮助康复。疾病大爆发灾难极少发生。如果确实发生了，有准备的教师也能正确应对。

完成应急处理报告

处理完应急事件后，教师还需要为行动画上完整的句号。这包括检查有没有发生血液喷溅，安全地清理相关区域，恰当丢弃污染的毯子、手套等物品。

教师还应当记录事件的处理过程，完成意外事故或应急处理报告。这需要在事后立即完成，以确保能记录下意外事故和救援措施的所有细节信息。这样的总结在班级层面和机构层面都非常重要，它可以指导未来的应急准备和行动。这在联邦和政策层面也非常必要。例如，“项目经验”中描述了卡特丽娜飓风的处理过程如何提高了公众对应急准备的知晓度，如何促进了供教师使用的资源建设，以及如何影响联邦政策的制定。

除了总结应急行动外，教师还要观察应急事件对儿童造成的影响。可能需要额外的努力来帮助和安慰儿童，使他们从事件影响中尽快恢复。

应急事件后的帮助

当应急事件结束后，教师面临的下一步工作是：关注如何帮助儿童应对他们所经历的心理创伤，并学会增强抗逆力。

帮助儿童成功应对

应急事件结束后，教师继续引导儿童树立积极的榜样，重新建立熟悉的教室秩序，支持儿童处理他们的焦虑情绪。如果悲剧已经发生，教师是帮助儿童及其家庭成功应对失去亲人的感受的重要资源。教师在进行这些支持性活动的同时，也应该认识到自身的类似需求。

项目经验

卡特丽娜飓风的处理经验

Cathy Grace，Director（Retired），The Early Childhood Institute，Mississippi State University（MSU）

早期儿童中心（Early Childhood Institute，ECI）是密西西比州立大学（Mississippi State University，MSU）教育学院下设的一个机构。中心由 Cathy Grace 于 1999 年创建，开展培训、技术支持和应用性研究等活动，以帮助密西西比州提高儿童早期保健和教育质量以及促进早期保健和教育可及性。中心服务于全州的所有社区，开展各种项目促进社区儿童早期保健和教育的质量，提供专业技术支持并且致力于在社区为儿童提供支持。

你面临哪些挑战？

在 2005 年卡特丽娜飓风袭击了密西西比州的墨西哥湾之后，接近 90% 的早期养育机构关闭。在 Chevron 和州政府机构的要求下，ECI 率先开展了儿童早期养育机构复原项目，这在全国都是史无前例的。

你是如何应对挑战的？中心在其中承担什么角色？

考虑到墨西哥湾沿岸社区以及向北延绵 200 英里（译者注：约 321.9km）范围内的损坏程度，ECI 员工前往每一所注册的儿童早期养育机构评估他们的运营状况。所收集的信息绘制成现况地图反馈给州政府和出资方，以便让他们了解目前的需求程度。通过与 Chevron、Save the Children、MSU 外延服务部以及位于密西西比州南部的一个小的基金会合作，ECI 募集到许多基金、捐助人和企业的资金支持，帮助重建和改造了超过 200 个机构，并为上百名工作人员进行了培训。

这项工作持续了超过 2 年，工作内容从修缮和装备机构的房屋扩展到为工作人员和儿童提供应对创伤后应激综合征的支持。这项工作还逐渐提升了公众的意识，认识到州政府和地方政府在制订应急反应计划时应更多关注儿童早期看护和教育机构的需求，应该为幼儿及其家庭提供心理健康咨询，并应该向这些机构提供简单和有效的步骤以帮助他们申请到应对灾难事件所需要的资金。

尽管对机构房屋设施的维修已经完成，但是灾难造成的心理压力和创伤仍然持续存在。附近的居民可能需要花费很长时间才能从中完全恢复。在墨西哥湾沿岸，一些儿童早期看护和教育机构的教师家园被毁，亲人罹难。这带来的挑战是，对于这些遭受了巨大灾难且没有时间悲伤和康复的人员，如何为他们提供情感支持。在卡特丽娜飓风这种应急情况下，儿童早期看护和教育机构的教师应该是第一应急处置人员，应该向其提供培训和支持。当社区处于混乱状态、家庭试图寻求财产和社会服务救助的时候，教师作为儿童看护的责任人，应该被给予优先帮助。只有此时教师的需求得到了满足和保障，他们才有可能去解救处于灾难环境的儿童及其家庭。为解决这个问题，ECI 与国家级专家签订协议，请他们为教师提供心理健康支持。这种支持逐渐延伸到教师内，教师利用这些策略和方法帮助学龄前儿童康复和摆脱心理健康问题。

教师根据他们所服务的儿童年龄，可以采取以下方法帮助儿童应对那些意料之外的事件：

- 在每天的授课中开展关于解决问题的活动。
- 阅读关于儿童在面临问题时如何想办法解决等内容的书籍。
- 鼓励儿童与他们的父母交谈，共同制订一个发生火灾或自然灾害时的逃生计划。
- 邀请应急处理人员到教室，以便儿童能跟他们面对面交谈，更好地理解他们的工作。
- 在平静和可控的环境下进行应急演练，这样儿童可以获得自信心和知识，知道在紧急时刻怎样做。

取得了哪些效果?

作为这项工作取得的效果，截至 2006 年 3 月，291 所机构中的 251 所经过装修或重建后重新开业，而且建设质量比飓风灾难之前得到提高。与全国儿童保健资源和转介机构协会建立了合作关系，工作开发了针对儿童早期看护和教育机构的参考书，用于全国儿童早期养育机构的应急计划培训。墨西哥湾沿岸的儿童早期养育机构大约建设了 100 个游戏场所，向学校职工分发了培训材料并支持他们使用这些新的材料。联邦政策中也对儿童教育机构的应急准备内容做了变化和调整，但是还需要进行修订以确保儿童和家庭获得所需要的帮助。对机构的物理设施进行评估、使用空间地图技术展示评估结果、用不同颜色进行编码等做法，已经用于其他自然灾害的机构评估中。

了解更多信息和图片请登录以下网址：http：//earlychildhood.msstate.edu/reports.htm。

成为一个自信的榜样

紧急事件发生后，儿童需要重新获得信心，相信一切都会好起来。如果教师能冷静、积极、正确地处理紧急事件，则儿童能通过自己的观察获得这种自信［American Red Cross，2012b；Centers for Disease Control and Prevention（CDC），2012b］。这意味着教师必须格外注意，在采取行动时应有自信而不慌乱。教师可以在一开始的时候告知儿童事件的紧迫性和危险性，可以说："这件事很可怕，对吗？"但是同时应该尽可能集中在儿童、教师和其他人应该采取的行动上，例如可以说："我们知道要转移到山上的社区中心，在那里等爸爸妈妈来接我们回家，这样做是不是很好？"这传递了一个信息，即儿童和教师有能力采取恰当的行动，这可以帮助消除无助感。

认识到儿童的感受

如果儿童直接或间接地看到或经历过灾难事件，他们很可能会受到各种心理感受的困扰。他们可能需要从教师那里获得额外的承诺或理解，包括身体接触和拥抱。儿童可能需要谈论灾难事件，尝试理解发生了什么，以及帮助自己处理恐惧心理。经历过艰难时刻后，儿童可能会想（FEMA，2010）：这种事情还会在发生吗？会不会伤害到我所爱的人？会不会丢下我一个人？需要通过简短和准确的信息对这些顾虑进行评估和处理。教师不应该回避谈论这个话题。但同时，教师与儿童或其他人谈论紧急事件，或在儿童在场的情况下与别人通过电话讨论时，都应避免使用令人恐惧的描述。对那些不能谈论自身感受的儿童，教师可以鼓励儿童用绘画的方式表达他们的关切或讲述他们的故事。

重新获得规律的生活

幼儿从规律的生活中能获得舒适感。当常规节奏因伤害、应急或灾难事件打乱后，儿童可能会感到没有希望。他们可能会认为没有人可以控制这一切。尽快回归家庭的日常生活节奏是儿童身心开始恢复的方法之一（American Red Cross，2012b；CDC，2012b；MacCormack，2008）。当儿童处于熟悉的环境中时，他们能更好地处理应急事件所造成的心理压力，获得安全感和身心健康。

儿童与成年人一样，当能感觉到自己已经准备好了时，往往能较好地应对事件（FEMA，2010）。这种自信心可以通过鼓励儿童参与制订应急计划而得到加强。即使经历过困难的事件，教师和儿童仍可以一起重新整理应急急救包，张贴一张新的撤离计划地图，或制订一个新的应急反应计划。

继续监测对儿童的影响

每个儿童应对异常事件的方式都是独特的。有些儿童的情绪可能更容易显现，表现为焦虑、难过或惊愕，然而有些儿童可能表现得不感兴趣或不受影响。儿童需要许多机会来表达他们的关切。这种支持需要在很长一段时间持续进行，因为儿童可能在事件发生几周以后才表现出焦虑（MacCormack，2008）。图 3-5 提供了帮助儿童应对困境的小贴士。 教师应该持续观察儿童是否有征象表明他们需要特别的帮助来解除他们的担心。如果这种担心扰乱了儿童的日常行为，则需要转介到特殊的咨询机构提供帮助（CDC，2012d；FEMA，2010）。

面对灾难结局

有时紧急事件和灾难会导致悲惨的结局，例如同伴或教师的死亡。儿童、家长和教师都需要有机会面对他们内心的这种失落感。一种办法是教师邀请家长和儿童一起参加，教师用简单的词汇解释所发生的一切。描述去世的儿童和教师是多么受到爱戴，谈论大家是如何怀念他们，这给儿童和教师创造了机会来讨论爱和失去的感受。

将难过的想法转化成富有成效的行动和情感宣泄是下一个积极的步骤。“为 Karla 老师”装饰一张有特别纪念意义的壁报，或者种下一棵有特殊意义的小树，都是可以帮助儿童表达他们内心感受的做法。与儿童一起处理难过的事件是建立健康应对策略的一种很好的方式，它对儿童、家长和教师都会有所帮助。

认识到教师也需要得到支持

参与紧急事件应对的教师也需要得到支持。与儿童父母一样，教师承担了做出应急反应和照看儿童的双重职责，这样的压力非常大。有些教师可能觉得对所发生的意外伤害要承担责任，他们认为自己没有照顾好儿童，或者他们不知道自己是否在应对过程中采取了正确的做法（CDC，2012d）。没有处理完的事件会让教师感觉周围的环境不安全。教师应该清楚地知道这些担心并主动寻求支持，以帮助他们消除这些顾虑并重新获得自信心和健康（Government Services Agency，Child Care Division，2011）。

图3-5 灾难过后帮助儿童应对的小贴士

- ☐ 保护儿童免于接触图像视频——限制播放电视，在儿童能听见的情况下避免讨论相关事件。
- ☐ 让儿童安心——让儿童知道每个人都在努力工作以确保儿童的安全。
- ☐ 给予儿童更多的陪伴时间和关注——确保儿童能随时找到自己，与儿童保持近距离。
- ☐ 树立积极的榜样——适当表达你的感受，帮助儿童认识到你是如何管理自己的情绪的。
- ☐ 重新建立正常的作息和活动规律——让儿童多做熟悉的活动。
- ☐ 注意儿童的言谈——了解儿童所担心的是什么。
- ☐ 寻找机会让儿童参与有帮助的行动——让儿童画画，或分发卡片或图书互相分享。
- ☐ 识别不同的反应——儿童对事件的反应各有不同。
- ☐ 留意有可能提示情绪压力的变化——必要时为儿童寻求专业的咨询。

来源：Based on Emergency Preparedness and Response：Coping with Disaster or Traumatic Events，Centers for Disease Control and Prevention.（2012）. Retrieved May 8，2012，from http：//emergency.cdc.gov/mentalhealth/.

培养儿童的适应能力

儿童要积极地参与到应急事件中，并且要在知识和策略上帮助他们学会如何应对。可以通过适合儿童的方式分享关于伤害、疾病和紧急事件的信息，这也被称为“以儿童为中心的危险降低干预项目”（International Save the Children Alliance，2006）。可以帮助儿童掌握知识并提高他们的适应能力的课堂活动包括：

植树是一种积极的活动，它可以帮助儿童表达内心的失落感，并重新获得对未来的希望

- 通过读书或戏剧扮演的方式探讨关于伤害和疾病的话题，例如可以模仿在医生的办公室，或者使用一些小的道具，如消防员的帽子或喷水软管等。
- 利用当前的事件与学龄儿童展开讨论。重点放在人们在紧急事件中是如何互相帮助的。
- 举办应急演练，教会儿童怎样做并养成紧急撤离教室的日常习惯。

将这些生命课程融入日常教学活动中是非常必要的。它可以帮助儿童认识到他们的能力，特别是在处理应急事件中的能力。用恰当的信息和技能武装儿童，让他们互相合作保证自身安全并建立适应能力，以便面对和处理灾难事件的负面影响。

总结

教师是一个充满活力的职业，需要具备各项能力，包括安全地处理日常的意外伤害，确定什么情况下的意外伤害是需要特殊处理的紧急事件。教师需要接受恰当的现场急救和心肺复苏技术培训，并培养一种能处理困难事件的领导力。

处理紧急事件可能面临巨大压力。制订应急反应计划并准备应急物资可以帮助教师做好准备采取有效行动。当紧急事件发生时，教师需要充满自信地实施应急计划，进行基本的现场急救，提供舒适的照料，直到获得应急救援人员的支援。

教师还必须准备处理灾难事件造成的影响，了解如何应对自然灾害、技术性危险和疾病爆发等情形。灾难来临时，他们必须时刻准备好对儿童进行监护，实施躲避或带领儿童转移到安全地带，并为儿童提供照料直到可以将儿童移交给其父母。

当紧急事件或灾难发生过后，教师继续扮演重要角色。他们要帮助儿童处理灾难造成的心理影响。他们通过树立自信的榜样，识别儿童的心理问题和重建日常生活规律，以及提供支持和积极的活动来帮助儿童培养适应能力，并重新获得对未来的信心。

关键词

灾难
紧急事件
现场急救
《好撒玛利亚人法案》
禁闭
就地避险
普遍性防护措施

问题回顾

1. 哪些征象提示需要寻求紧急医疗救助？
2. 现场急救的 3 个目标是什么？
3.《好撒玛利亚人法案》是什么？它的重要性是什么？
4. 灾难的定义是什么？
5. 举例说明教师如何帮助儿童应对灾难后的心理创伤。

讨论

1. 回想你曾经观察过的一间儿童教室。描述场景并制订一个应急处置计划。讨论教室目前可用的支持性条件，并明确存在的挑战。
2. 考虑你所在地区的一个农村社区和一个城市社区。确定并比较这两个地区的教师在寻求紧急事件援助方面所面临的挑战。
3. 选择一个年龄段——婴儿、幼儿、学龄前儿童或学龄儿童——设计一些活动，教会儿童在不同的灾难事件中如何恰当地应对。

实践要点

1. 设想你在一个农村地区管理着一所小的儿童看护机构。你知道现场急救培训非常重要，但是你每个工作日都需要工作，你所在的小镇也没有相关培训。你还能想到其他培训机会吗？
2. 在网络资源目录中找到联邦应急管理机构的网站。浏览网站，了解你所在地区曾经发生的紧急事件的记录。你可以针对这些紧急事件做哪些准备？
3. 制作一个应急物资清单，可供 18 名儿童和 3 名成人在紧急情况下使用 3 天。利用网络资源目录帮助你做这个清单。起草一个这些物资的预算单。解释如何收集和储存这些物资以便紧急撤离时使用。

网络资源

American Academy of Pediatrics，Disaster Planning

www.aap.org/healthtopics/disasters.cfm

American Red Cross

www.redcross.org

Federal Emergency Management Agency

www.fema.gov

www.Ready.gov

Mayo Clinic，First Aid Information

www.mayoclinic.com/health/FirstAidIndex/FirstAidIndex

National Oceanic and Atmospheric Administration’s National Weather Service

www.weather.gov

National Resource Center for Health and Safety in Child Care and Early Education

http：//nrc.uchsc.edu

第四章

儿童虐待和忽视

学习目标

1. 不当对待儿童的定义，儿童虐待和忽视的类型。
2. 描述受虐待儿童的躯体和行为特征。
3. 解释强制报告人的含义以及发现疑似虐待行为后的报告流程。
4. 能识别其他暴力行为，解释这些行为对儿童和家庭的影响。
5. 描述适于教师采用的减少虐待或暴力行为的措施和辅导儿童建立积极应对的技能。
6. 讨论在儿童早期养育机构如何预防虐待和如何帮助儿童及其家庭采取预防措施。

Min Jee 是一群 2 ～ 5 岁儿童的教师，这些儿童来自不同的班级，在该机构一天的课程即将结束时，他们聚集在一起。孩子们投入地玩闹着，此时 Min Jee 高兴地注意到 Katherine 在一旁用记号笔画着什么。Katherine 总是在临近放学的时候独自待在图书角。Min Jee 看着这个穿着粉色衣服、头发卷卷的女孩儿，仿佛看到了童年的自己。Min Jee 温柔地鼓励 Katherine："跟我说说你画的是什么。" Katherine 停了一会儿，然后慢慢地说："这女孩儿是一个很特别的小公主，穿着漂亮的衣服，喜欢跳舞。" 之后，Katherine 忽然紧张地望向 Min Jee，低声说："但我就是又脏又臭。" 说完，Katherine 放下画，起身走到图书角，蜷缩着靠在枕头边。

这些话让 Min Jee 很不安，但也清楚揭示了她一直在担心的问题。其他小朋友不愿意跟 Katherine 坐在一起，因为她身上总有股难闻的味道。Katherine 非常盼望下午的点心餐，但她咀嚼得很费力，有时还不得不放弃。Min Jee 了解到，Katherine 的全日制教师一直很关心她的

牙齿情况，并且还给 Katherine 的母亲介绍了一个义诊的牙医。Min Jee 决定跟进这件事，想要帮 Katherine 的母亲预约牙医。然而 Katherine 的母亲却回应说："这孩子总是给我添麻烦，笨得连刷牙都不会。" Min Jee 仔细分析了所观察到的情况并做了决定，她拨打了儿童保护机构的热线电话，上报了这起儿童忽视的案例。

儿童虐待、忽视和暴力是对儿童安全的严重威胁，这些行为会破坏儿童对他人和身边环境的信任，从而影响身心健康发展。各种类型的虐待和暴力都可能引起严重的损伤，给儿童身心留下难以磨灭的伤痕，甚至致残或致死［U.S. Department of Health and Human Services，Administration for Children and Families，Administration on Children，Youth and Families（HHS/ACF），Children's Bureau，2011］。尽管儿童虐待的负面影响如此深远，很多虐待行为仍被当做父母的严格管教而被无视，或被坚称"这里不存在虐待"的人忽略。

低龄儿童脆弱且易受伤害，缺乏自我保护的能力，也可能不知道在哪里寻求帮助。教师在保护儿童免受虐待和上报疑似虐待的工作中扮演着重要角色。在本章中，我们将讨论儿童虐待的不同类型，教师如何识别虐待的特征，并简述疑似虐待案例上报的步骤。本章还将展示预防和减少儿童虐待的措施，以及如何消除儿童生活中各类暴力所产生的影响。

了解不当对待儿童

儿童期是一段特殊的发展时期，低龄儿童易受到伤害的特性决定了他们应当得到安全和精细的照料以满足基本需求。而另一方面，儿童在这一时期的"任务"就是探索世界、生长发育和学习。在早期发展阶段，儿童处于敏感期，负面体验很容易给儿童造成严重的影响。父母、教师、看护者等人的许多行为都在强化着儿童发展的模式，但有时这些人以不当的方式对待儿童。在这一章节，我们定义不当对待儿童，讨论不当对待儿童逐渐引起公众注意的历史，并描述不当对待儿童的不同类型、危险因素、对个体和社区的影响。

不当对待儿童的定义

不当对待儿童（child maltreatment）是一个综合的定义，包括了可能导致儿童受到伤害的各种行为，包括虐待（child abuse）和忽视（child neglect）。**儿童虐待**特指伤害性的行为，而儿童虐待**儿童忽视**是指因缺乏对儿童的保护而使之受到伤害。不当对待儿童的概念是联邦政府在 1974 年的《预

不当对待儿童（child maltreatment）
是一个综合的定义，包括了可能导致儿童受到伤害的各种行为，包括虐待和忽视

儿童虐待（child abuse）
特指伤害性的行为

儿童忽视（child neglect）
是指因缺乏对儿童的保护而使之受到伤害

如果……

你经历过辱骂或者被忽视吗？当你读到关于虐待的案例信息时，会感到难过吗？如果读到这类信息你认为很难受的话，你会从哪里寻求支持呢？

防和处理儿童虐待法案》(Child Abuse Prevention and Treatment Act，CAPTA）中首次被正式提出的，在 2010 年的 CAPTA 补充法案中被重申。法案对不当对待儿童做了如下定义：

家长或看护者导致儿童发生死亡、受到严重身心伤害或性侵、被非法剥削的行为或疏忽，或置儿童于发生严重伤害危险边缘的行为或疏忽［Administration for Children and Families（ACF），2010］。

联邦政府定义了不当对待儿童的最基本含义，而在某些案例中很难判定某行为是否构成虐待，因此联邦允许各州在本州的州法中进一步定义何为不当对待儿童。这就意味着各州对不当对待儿童的定义会有所差异，而且州法中的定义会比联邦定义更为严格和详尽。

教师应了解本州的法律，以在工作中更好地履行自己的职责。在本章开头的案例中，Min Jee 入职时便学习过相关的法规条例，因此她很清楚应该观察些什么、应该如何去做。各州的相关法规信息都可以在美国卫生部门提供的儿童福利信息门户网站上搜索到。

了解预防儿童虐待的历史

翻开历史，儿童曾在很长一段时间被利用和剥削，被迫参加严苛、繁重的劳动，劳动时间过长，工作环境恶劣。过去，儿童问题被认为是家庭事务，不当对待儿童的行为没有被重视。预防动物虐待组织（Society for the Prevention of Cruelty to Animals，SPCA）首先开展了预防儿童虐待的工作。1874 年，SPCA 的创始人 Henry Bergh 接到了一个小女孩 Mary Ellen 遭受严重殴打的案例，人们希望 SPCA 能够帮助这个孩子，Bergh 也成功使案例在法院立案审理。此严重虐待的行为在案件审理过程中受到极大关注，可怜的小女孩唤起了陪审团成员的同情和激愤。这个事件也促成了预防儿童虐待组织于 1874 年在纽约成立（New York Society for the Prevention of Cruelty to Children，2008）。

父母或其他成年人对儿童造成的非意外伤害的频次和严重程度过去一直没有被充分认知，直到 Henry Kempe 医生在文章中历史性地首次描述了不当对待儿童行为产生的“受虐儿童综合征”（Kempe，Silverman，Steele，Droegemueller，& Silver，1962）。随后，里程碑式的《预防和处理儿童虐待法案》（公法 93—247）在 1974 年被写入法律。这一法案为联邦政府提供了相关研究资金，并为当今多样化的预防和处理儿童虐待的服务提供支持。法案同时也引起了公众对儿童安全更广泛的关注，例如保护儿童免受环境危害的议题。

随着时代的进步，不当对待儿童问题已被更多人熟知，也促进着各类型定义的细分和对本地区发布虐童调查管理报告的期待。然而过去存在的一些矛盾仍在继续，一些人否定自己的社区存在不当对待儿童行为，或认为这是存在于其他经济体或其他文化群体的问题；另有一些人认为他们的社区为保护儿童免于不当对待所做的工作还不够。尽管存在这样那样的矛盾，不当对待儿童的案例报告始终在增多，威胁着儿童的成长。

> **伦理问题**
>
> 如果在教师会议上有一位教师说家长有权按照自己的想法管教孩子，你怎么回应？你会引用NAEYC伦理法案中的哪些条款？你会引用本州法律中的哪些内容？

不当对待儿童的类型

各州对不当对待儿童的定义有所不同，但基本都包括了以下几种典型的类型［Centers for Disease Control and Prevention（CDC），2010］：

1．躯体虐待（physical abuse）。
2．忽视（neglect）。
3．性虐待和剥削（sexual abuse and exploitation）。
4．情感虐待（emotional abuse）。

躯体虐待

躯体虐待包括施加在身体上的殴打、踢踹、摇晃、灼烧或其他任何可能引起伤害的暴力行为（CDC，2010）。引起的伤害包括：淤痕、切割伤、青肿、骨折、扭伤、咬痕等。躯体虐待也可包括强迫儿童饮用大量的水或促泻剂等引起的毒性作用。几种特殊类型的躯体虐待定义如下：

- 受虐儿童综合征（battered child syndrome）：受到虐待儿童的身体会出现一系列症状，提示在某段时间内儿童持续受到过虐待（mannheim & Kaneshiro，2011），伤痕可能会新旧叠加。
- 婴儿摇晃综合征（shaken baby syndrome）：故意猛烈地摇晃、拉扯、撞击婴儿头部所引起的头部损伤（National Institute of Neurological Disorders and Stroke，National Institutes of Health，2010）。伴随婴儿摇晃综合征的伤害包括：内出血、血块栓塞、脑损伤、失明、死亡等。任何年龄的儿童，头部受到摇晃或撞击都可能会受伤。
- 代理型孟乔森综合征（Munchausen's syndrome by proxy）：这一类的虐待多发生于父母，常常是母亲，故意造成孩子发生某种病症，或谎称孩子存在某种病症。儿童可能会因为虚假的病症而经历频繁的医疗处置。这类虐待可由医疗人员通过发现与典型疾病的特征存在差别而识别出来（Kaneshiro & Dugdale，2011）。

忽视是最常见的不当对待儿童类型

如果……

你从一名家长处得知，某个家庭因为宗教或文化的原因严格控制孩子的饮食，你会怎么办？你会采取什么办法去这个家庭进一步了解更多的情况？

忽视

忽视被定义为不能满足儿童的基本需求，如饮食、居住、衣物、医疗、教育等（CDC，2010）。识别忽视行为的关键点在于发现儿童看护人没有尽到为儿童提供适当看护的义务。忽视可以细分为以下四类：

- 身体忽视（physical neglect）：身体忽视指儿童的基本生理需求无法得到满足，如饮食、衣物、居住，或不能提供充分的监护，如威胁儿童安全或健康［Child Welfare Information Gateway（CWIG），2008a；Children's Bureau & DePanfilis，2006］。
- 医疗忽视（medical neglect）：医疗忽视指在有条件和能力的情况下，不能充分满足儿童的医疗和保健需求，或在有医疗资源提供的情况下拒绝为儿童接受服务（CWIG，2008a；HHS/ACF，2011）。这一类型的忽视就是 Min Jee 所发现的情况。她注意到了 Katherine 的牙病没有得到治疗，并且已经影响到了她的进食和健康。在某些医疗忽视的案例中，父母未能给孩子提供医疗保健也与宗教信仰相关。宗教信仰被奉为神圣，只要孩子的生命没有受到威胁，就不会被看做忽视。“健康贴士”里列举了医疗忽视的一系列表现形式。
- 教育忽视（education neglect）：教育忽视指未能满足儿童接受基础教育或特殊教育的需求（CWIG，2008a）。
- 情感忽视（emotional neglect）：这一类忽视指未能满足儿童情感的需求。包括不能对儿童的需求做出回应或与之互动，不能保护儿童免于威胁、欺凌或其他引起恐惧的处境，还包括无视儿童滥用酒精和毒品类物质（CWIG，2008a）。

性虐待和性剥削

性虐待是指对婴儿或儿童进行的任何猥亵、强奸或使之暴露于性活动

健康贴士　医疗忽视的表现形式

✓ 儿童患有慢性严重尿布疹或感染却没有得到过治疗。

✓ 儿童的意外伤害没有得到护理，例如儿童跌倒或磕碰到头部通常会导致骨折或脑震荡，但没有进行医学检查。

✓ 在没有专业医务人员的指导下对儿童进行不恰当的医疗护理。

✓ 儿童的特殊健康需求，例如糖尿病或过敏等，没有得到重视。

中（CDC，2010），也包括对儿童露阴或提供色情物品。性剥削是指使儿童参与性活动而从中牟利的行为，例如强迫儿童参与卖淫或拍摄色情产品（CWIG，2008a）。

情感虐待

情感虐待是指损害儿童自我价值、情绪、心理或精神状况的行为。包括语言虐待，如威胁、嘲笑、起绰号、羞辱、淡漠（CDC，2010）。情感虐待还包括促使儿童达到承受范围之外或发展水平之上的要求；置儿童于会受伤害的环境中，如暴露于或参与家庭暴力；威胁、孤立、拒绝儿童等行为；与性交易相关的贩卖儿童；远离或抛弃儿童（CWIG，2008a；HHS/ACF，2011）。

有些不当对待儿童的事件中，会出现虐待和忽视同时发生的情况，例如躯体虐待、情感虐待和情感忽视会同时发生。某些州会使用“其他”类别来描述几种虐待类型共存的情况，或者使用其他名词来表示某种特定的虐待，如父母药物成瘾、遗弃等（CWIG，2008a）。

不当对待儿童的发生情况

美国儿童虐待和忽视信息系统收集和汇总了儿童虐待及忽视的报告案例，并分析了各州儿童保护机构的调查结果［U.S. Department of Health and Human Services，Administration for Children and Families（HHS/ACF），Children's Bureau，2011］。这些信息帮助教师了解可能会在学校发现的不当对待儿童行为的种类。2010 年，约 330 万件疑似不当对待儿童的案例被上报，涉及 590 万名儿童。这些案例中的 200 万件被筛查并纳入随访调查，436 321 件被确定为不当对待儿童事件（HHS/ACF，2011）。报告显示了如下特点：

- 忽视是不当对待儿童行为中最为常见的类型，在确认的案例中约占 75%，接下来分别是躯体虐待（17%）、性虐待（9%）和情感虐待（7%）（HHS/ACF，2011）。不同年龄组中不当对待儿童的发生率见图 4-1。每个年龄组的发生率之和有可能会超过 100%，因为同一名儿童可能遭受多种类型的虐待。

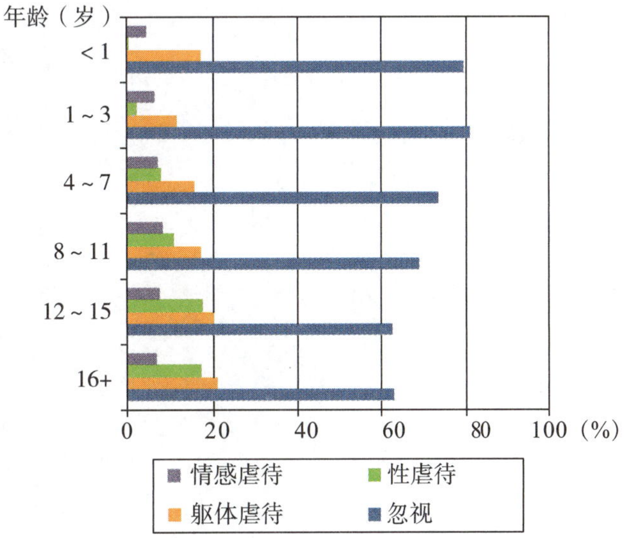

图4-1 不同年龄组中各种类型儿童虐待和忽视的发生百分比，2010

来源：Based on U.S. Department of Health and Human Services. Administration for Children and Families，National Child Abuse and Neglect Data System. FAM7.B Child Maltreatment：Percentage of Substantiated Maltreatment Reports of Children Ages 0-17 By Maltreatment Type and Age. 2010. Retrieved October 31，2012 from http：//www.childstats.gov/americaschildren/tables/fam7b.asp.

- 确认案例中 75% 为新发案例，这些儿童过去没有遭受虐待的历史记录；25% 的案例中，儿童遭受连续的虐待（HHS/ACF，2011）。
- 不当对待儿童会造成永久性的残疾甚至死亡。2010 年，约有 1500 例死亡由不当对待事件引发（HHS/ACF，2011），大多数死亡的儿童（约 80%）年龄在 4 岁以下。死亡的原因中，多种类型的虐待约占 40%，单一忽视约占 32%。男童的死亡率高于女童（HHS/ACF，2011）。
- 不同年龄、性别、种族的不当对待儿童行为发生率和致死率均有不

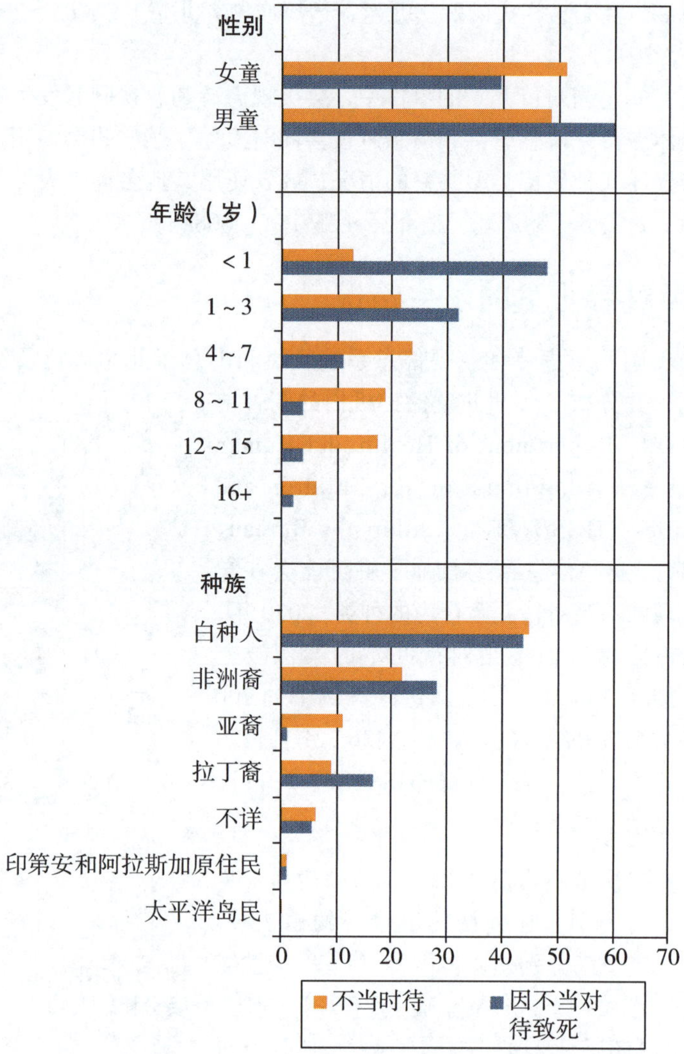

图4-2 不同性别、年龄和种族儿童被不当对待及因此而死亡的百分比，2010

来源：Based on U.S. Department of Health and Human Services，Administration for Children and Families，Administration on Children，Youth，and Families（HHS/ACF），Children's Bureau.（2011）. Child Maltreatment 2010. Available from http：//www.acf.hhs.gov/programs/cb/stats_research/index.htm#can.

同。不当行为的发生会随着儿童年龄增长而增加，因不当行为而死亡的案例易发生在小年龄儿童中（图 4-2）（HHS/ACF，2011）。

尽管有如此严谨的数据统计分析，仍然怀疑不当对待儿童行为的规模能否被真正认识。存在这一挑战的原因包括（Chalk，Gibbons，& Scarupa，2002）：

- 许多儿童虐待的案例从未被上报过，因此，还存在多少未被上报的案例仍是一个未知数。
- 由于无法跟踪随访或者证据不足，上报的案例中只有一少部分能被真正确认。
- 各州对不当对待儿童定义的差别使数据间的可比性较差。

实际受到虐待或忽视儿童的数量或受到不当对待威胁的儿童数量可能远远高于报告的数量，因此需要找到更加可靠的方法来估算不当对待儿童的发生情况。

儿童虐待和忽视行为的施暴者

对儿童实施虐待和忽视行为的人被称为**施暴者**。施暴者包括父母、其他直系家庭成员、亲属、父母的未婚伴侣、领养父母、儿童看护者、家庭成员的友人或其他儿童（HHS/ACF，2011）。但调查表明，不当对待儿童行为中实施虐待和忽视的人往往都是与儿童接触最多的人。这一趋势的特征如下：

施暴者
对儿童实施虐待和忽视行为的人

- 不当对待儿童的施暴者中 81% 是亲生父母，多数是儿童母亲，而继父母和养父母的案例相对较少（HHS/ACF，2011）。
- 施暴者在种族上的分布与受害儿童的种族分布一致，约 49% 的施暴者为白种人，20% 为拉丁裔，约 19% 为非洲裔（HHS/ACF，2011）。
- 致死的案例中，施暴者为父母的约占 70%，多数是母亲单独施暴或父母同时施暴。

正因为不当对待儿童的施暴者多为父母和其他家庭成员，教师与儿童建立起良好的成人 - 儿童沟通模式就显得尤为重要。

不当对待儿童的危险因素

许多因素都会增加儿童受到不当对待的危险，其中包括儿童的年龄、性别、种族、残疾，还有家庭因素。一些因素会增加成人对儿童实施虐待或忽视的可能，包括个体和环境因素，以及临时发生的触发因素。

导致儿童被不当对待的危险因素

一篇关于已确认的不当对待儿童案例的综述讨论了增加儿童被虐待或

忽视的危险因素。

年龄 低龄儿童被不当对待的危险性最高，早产儿受到虐待的危险度相对较高。确认的案例中有27%为4岁以下儿童，接近24%发生在4～7岁（HHS/ACF，2011）。受虐死亡的案例中73%以上都是4岁以下的儿童（HHS/ACF，2011）。

性别 半数以上（51%）被虐儿童为女童，但受虐致死的婴儿中男童占多数（约60%）（HHS/ACF，2011）。

种族和文化 不当对待儿童行为发生在所有种族和文化群体中。受虐儿童45%是白种人，22%是非洲裔，21%是拉丁裔（HHS/ACF，2011）。

残疾和特殊发育需求 受虐儿童中16%是残疾者，包括存在行为问题、情感障碍或生理问题的儿童（HHS/ACF，2011）。可以预见，残疾受虐儿童数量一定是被漏报的，主要因为很多残疾儿童无法通过诊断评估来进行鉴别。残疾儿童以及具有挑战性行为或患有慢性疾病的儿童受虐的风险均增加。这些危险因素是教师进行辨识的重要标志。例如，一名社区健康项目的家庭教师Malika在进行家庭访问时就会关注这些问题。她明白初为父母的人一旦发现他们的新生宝宝存在发育问题，那种内心孤立无援和不知所措的感受。她随时准备为他们提供和分享相关转诊信息。

家庭因素 家庭里也存在着导致儿童受虐的因素。2010年被确认的受虐儿童中，25%生活在家庭暴力中，18%的家庭存在药物滥用，约11%的家庭存在酒精成瘾（HHS/ACF，2011）。

成人不当对待儿童的危险因素

目前还未见对成人不当对待儿童危险因素的描述。要注意的是，有虐待倾向并不等同于成人真的对儿童实施了虐待。教师在工作中与家庭或儿童互动时，可以关注这些危险因素是否存在。成人不当对待儿童的危险因素包括：个性、压力、环境、受临时突发事件触发而实施虐待等（Goldman，Salus，Wolcott，& Kennedy，2003）。这些影响因素可能会联合作用，增加不当对待儿童行为发生的可能性。

个体危险因素 个体危险因素常与成人儿童期的负面经历相关，个性因素也会影响成人抚养儿童的能力。儿童期经常遭受父母惩罚或者虐待的经历，可能会增加成人实施虐待的危险，压力大、自控能力不够或药物滥用问题也会增加虐待行为发生的危险，这些因素均会降低成人应对儿童行为等问题的能力。应对这些问题也许很难，但这是儿童养育者都必须要面对的情况。在开头的案例中，Min Jee可能会猜测Katherine的妈妈是否正承受着抑郁或自卑，这些也是可能导致Min Jee所怀疑的忽视行为的危险因素。

环境危险因素 环境因素是不当对待儿童行为的常见危险因素。社交隔离、年轻或单身的父母、家庭暴力的受害者等因素均可增加成人伤害儿童的可能性。压力会使成人切断积极的社交网络和社会支持。缺乏信息来源、缺乏援助或刚经历过重大变故也均会导致虐待儿童的行为出现。图 4-3 描述了军人家庭由于长期面对父亲或母亲的外调而导致不当对待儿童的行为。

触发因素　触发因素是指引发一系列事件从而促使虐待行为发生的危险因素。包括难以处理的儿童过度哭闹、失控的实践训练或调教（如儿童排便训练）、成人之间的争执波及儿童等。

理解不当对待儿童的后果

儿童虐待对儿童、家庭和社会都可能产生长期的负面影响［Child Welfare Information Gateway（CWIG），2008b］然而，不是所有儿童都会因此遭受长期影响。造成影响的程度与虐待的类型、社区支持、家庭成员的处理相关。

对儿童的影响

某些虐待行为的影响是临时并很快消失的，比如瘀伤，但另一些经历可能会造成永久性的躯体和情感伤痕。儿童的年龄，虐待行为的类型、频次、持续时间均是影响程度的相关因素。

频繁和持续的虐待行为会明显使儿童形成一种“毒性压力”。毒性压力可使体内激素水平和大脑的化学物质系统紊乱，继而损害大脑发育、学习能力、行为举止和健康（National Scientific Council on the Developing Child，2005，2010）。毒性压力若发生在婴儿期和幼儿期则需要引起重视，因为这

图4-3　在职军人家庭发生不当对待儿童行为的危险因素

军人家属会面临很多挑战，比如频繁调动、配偶受训或执行任务时只能独自照看孩子，以及处理战备调动带来的一系列相关的复杂问题。

一项调查比较了处在战备调动时期的军人家庭和非调动军人家庭的不当对待儿童发生率。结果表明，军人（父亲）处在调动期间的家庭中，躯体虐待的发生率是非调动家庭的 2 倍，忽视行为的发生率是非调动家庭的 4 倍。为了应对这些情况，军队为受战备调动影响的军人家庭提供了支持，包括帮助军人家庭与支持机构建立联系的帮助中心。

来源：“Child Maltreatment in Enlisted Soldiers’ Families during Combat-Related Deployments，” by D. Gibbs，S. Martin，L. Kupper，and R. Johnson，2007（August），Journal of the American Medical Association，298（5）. Retrieved July 22，2012，from http：//jama. jamanetwork.com/article. aspx?articleid=208223.

部分儿童遭受虐待的危险性较大，其后续的影响和损害往往会长期持续。

脑损伤的儿童，如婴儿摇晃综合征的患儿，由于脑组织挫伤和颅内出血，大脑可能受到永久性损害，甚至导致死亡（CWIG，2008b）。另外，经历不当对待的儿童在成年期更容易发生抑郁（JAMA and Archives Journals，2007）和生理问题，如过敏、炎症、哮喘、高血压、溃疡等（CWIG，2008b；Springer，Sheridan，Kuo，& Carnes，2007）。

对社区的影响

社区也会受到虐待行为的影响，因为若发生虐待事件，社区必须为儿童福利机构提供资金，进行调查并发布报告，并且为儿童和家庭提供相关服务（Children's Bureau & DePanfilis，2006）。此项每年的直接支出就达240亿美元（CWIG，2008b）。其他影响还包括高犯罪率、青少年不良行为、受虐儿童的躯体和精神伤残。例如：受虐儿童的青少年犯罪率会增长11倍，他们成年后的犯罪率会增长3倍（CWIG，2008b；English，Widom，& Brandford，2004）。

识别不当对待儿童的行为

像Min Jee这样的教师可以与儿童近距离交流，观察他们的生长发育，建立信任，使儿童愿意说出他们的感受和想法。教师应该有意识地去关注与虐待相关的躯体和行为特征，包括了解不同文化背景下对待儿童的方式，识别教导和虐待的区别。

识别不当对待儿童的征象

被虐待的儿童会展现多种特征，细心的教师可以从中加以识别。有些迹象明显，很容易观察到，有些则只能在儿童行为的细微变化中展现出来。父母的某些行为也可以提示不当对待儿童的征象（Crosson-Tower，2002）。

教师首先应考虑到各类不当行为发生的情况并求证，之后利用这些信息确定是否有理由怀疑不当行为发生过或正在发生。例如，在某次学校的教师会议上，Celia分享了对一个行为退化的儿童开展工作时所遇到的困难，其他教师对她的描述给予了回应："这听上去像是忽视！" Celia仔细回想了这个案例，她认为教师们是对的。她当时怎么会忽略了这个案例呢？表4-4列出了可能提示有不当行为发生的儿童和父母的特征信号。

躯体特征

一些不当行为的特征是清晰易辨的，教师能够通过观察某些标志、动作或其他可见的特征分辨虐待或忽视的发生。某些细节特征需要更加仔细地关注。

可见的标志 某些虐待行为的特征很容易辨别，教师在日常课间与学生互动中就可以观察到。躯体虐待的证据可以是擦伤、烧伤、烫伤，这些伤痕如果发生在脸部、颈部或手部则很容易发现；或者给婴儿换尿布的时候，可以见到腿部或躯体部的伤痕；儿童做游戏卷起袖子时，可以见到臂部伤痕。教师需要仔细观察，并评估确认伤痕是来自故意伤害，还是来自儿童的日常活动。例如，膝盖的伤痕通常来自于跌伤，但如果腿部出现一系列烫伤则非常罕见。教师应注意观察以下内容：

- 与儿童日常活动中发生的伤害特征相比，被故意伤害的儿童产生的伤痕特征不常见且有很大差别。
- 伤痕特征会很典型，例如显现手掌的形状或被皮鞭抽打后显现的条状伤痕。
- 如果有新伤和旧伤叠加，则发生反复虐待的可能性很大（CWIG，2007）。

例如，Mandy 老师对遍布在 Krissy 手臂上的深色瘀青产生了警觉，看上去 Krissy 似乎遭受过钝物的反复击打。经过仔细问询，Krissy 说："看，我昨晚扮演了 101 斑点狗，这些是我用记号笔画出的斑点，但非常难洗掉。"在这个案例中，斑点是无害的。

可见的动作 动作也可以提示虐待行为的发生。例如教师 Carolyn 突然发现 6 岁的 Ennis 走路一瘸一拐，于是她问他发生了什么。Ennis 低头看了看说："呃，我摔倒了。"教师可能会发现儿童跛行或捂住疼痛的手臂，或者儿童自述感觉头疼或其他部位疼痛。教师不该去调查或尝试去证明虐待行为的发生，而应首先尽到自己的基本职责，关心儿童受伤的情况，并问询"发生了什么"或"给老师看看伤在了哪里"。疼痛和某些伤害很容易被解释为用力过猛或意外，但如果一个孩子不愿意去解释原因，那可能是虐待行为发生的一个信号（CWIG，2007）。

忽视的可见征象 可以通过观察一些典型的案例来识别父母是否忽略了儿童的需求。儿童可能持续挨饿、脏臭、穿着与天气状况不相符的衣服（甚至在父母有条件提供合适衣物的情况下），或者儿童没有得到充分的医疗保健或口腔保健，例如本章一开始描述的案例（CWIG，2007）。

儿童的叙述 儿童可能会直接跟教师描述虐待行为发生的情况。当 Trina 说"我不想回家，我妈妈用饭勺打我！"时，她的老师 Dustin 应该相信她说的话。小年龄儿童是非常可靠的信息来源，他们对非常微小的威胁都会表现出焦虑或恐惧情绪。Dustin 在回应 Trina 的时候，最好不要表现出震惊。他应该安慰儿童，这不是她的错，告诉她有人会给予她帮助。当她继续玩耍时，Dustin 应该立即把 Trina 的描述上报给儿童保护服务机构或法律执行机构，并对 Trina 给予额外的关注、支持和理解。

图4-4 不当对待儿童的征象

躯体虐待

儿童躯体特征	儿童行为特征	父母行为特征
✓ 瘀青、伤痕和印迹，可能有新旧伤痕的叠加 ✓ 可分辨形状的烧伤和标志，如香烟、手印、木勺等 ✓ 头发被拔掉留下的斑秃 ✓ 无法解释或反复出现的伤害 ✓ 无法解释的骨折 ✓ 儿童自报被父母殴打	✓ 跛行或捂住身体某些部位 ✓ 反复出现头痛、腹痛或其他部位疼痛 ✓ 儿童放学不愿意回家；对父母有恐惧的感觉 ✓ 儿童行为改变，比一般儿童退缩或更有攻击性	✓ 父母无法解释导致儿童伤痕的原因，或者给出可疑的解释或拒绝解释原因 ✓ 父母声称儿童自己弄伤的 ✓ 父母对儿童不够关心或冷漠 ✓ 父母建议教师用严惩的方法教育儿童

情感虐待

儿童躯体特征	儿童行为特征	父母行为特征
✓ 无法解释的身体、智力或心理发育延迟 ✓ 无法解释的长期习惯，如摇摆、吮手指、撞头 ✓ 自残行为（击打自己） ✓ 毁坏行为	✓ 冷漠和沮丧：情绪低落，面部表情僵化 ✓ 害怕父母 ✓ 极度恐惧 ✓ 行为极端：极度消极或有攻击性 ✓ 对他人冷酷，嘲笑他人	✓ 父母贬低儿童 ✓ 父母抛弃儿童 ✓ 父母对儿童漠不关心

性虐待

儿童躯体特征	儿童行为特征	父母行为特征
✓ 外生殖器疼痛、瘙痒、瘀青、出血 ✓ 内衣有污迹或血痕 ✓ 阴道口或尿道口有流出物 ✓ 走路或坐下困难	✓ 做出与年龄不符的性行为动作 ✓ 让其他人做与性有关的动作 ✓ 表现出性感的或引诱的举止 ✓ 对男性（或女性）表现出不常见的恐惧 ✓ 儿童自报被性虐待	✓ 父母对儿童表现出控制欲和占有欲 ✓ 父母孤僻或神秘

忽视

儿童躯体特征	儿童行为特征	父母行为特征
✓ 个人卫生差，如头发、皮肤、衣服脏，体味难闻 ✓ 缺乏医疗保健或口腔保健 ✓ 穿着衣物与天气不符 ✓ 生长发育不良	✓ 索要食物 ✓ 储存食物 ✓ 疲倦、情绪低落 ✓ 儿童渴求关注，甚至通过负面行为来获得关注	✓ 父母对儿童不关心或冷漠 ✓ 父母情绪低落或冷淡 ✓ 父母长期不能为儿童提供与年龄相符的监护

来源：Based on Child Welfare Information Gateway（CWIG）．（2007）．Recognizing Child Abuse and Neglect：Signs and Symptoms. Retrieved June 3，2012，from http：//www.childwelfare.gov/pubs/factsheets/signs.cfm.

虐待行为的隐藏信号 教师也应该保持警惕，从而能够识别家长和儿童试图隐藏的虐待行为信号。例如，Brandie给她的儿子Jacob穿了特别多层的衣服是为了掩盖虐待的伤痕，William声称自己对女儿Sophia所受的伤一无所知。在一些案例中，儿童可能会被教导讲一些故事来解释自己的伤痕，或者儿童会遭遇威胁，即如果不这样讲，自己的宠物或者某些家庭成员就会受到伤害。受到性虐待的儿童往往也会被迫或受到威胁而隐藏自己受虐待的信号。

有时儿童会在游戏的互动过程中显露虐待行为的迹象

儿童的行为特征

虐待行为也可以从儿童的行为表现中显露端倪，例如在进行某些游戏时，或儿童的情绪和活动强度突然改变（CWIG，2007）。行为表现相对来说更加模糊一些，不容易直接与虐待行为联系起来。在判断虐待是否发生时，应将其他儿童和父母观察到的各类信号综合起来考虑。以下讨论了一些行为特征的例子。

游戏中的交流 儿童有时会在游戏活动中表现出受到虐待的迹象，例如，在玩过家家或娃娃屋等游戏时重复虐待场景。就像Sami玩玩具时，会殴打玩具并表现出暴力的威胁行为。Laurie还不能理解自己所经历的性虐待，等到多年之后理解力成熟了，她才会明白自己所经历的一切意味着什么（London，Bruck，Ceci，& Shuman，2005）。但Laurie在行走和坐着的时候可能会表现出受到性虐待的一些信号，或者与其他同伴玩一些游戏的过程中表现出超龄的性相关行为。教师还会发现一些儿童在绘画或者黏土作品中表现出虐待行为发生的信号。

情绪的改变 孩子情绪的改变也可能是遭受虐待的信号。一个平时快乐的儿童突然变得情绪低落或悲伤，或者一个平时性格温和的孩子突然变得很有攻击性、爱与人争吵、抗拒别人，很有可能是遭受了虐待或忽视（CWIG，2007）。

活动强度的改变 一个正常的儿童突然改变了活动的强度或活动的类型，应该加以关注（CWIG，2007）。例如，Madison平时是个孩子王，突然变得喜欢独自玩耍，或者一贯活泼好动的Logan突然无精打采，对平时喜欢的游戏失去了兴趣。这些改变都是虐待和忽视的信号。

> **如果……**
>
> 你白天全职在学校授课，晚上还要在社区大学上课学习，你该怎么办？你将如何确保能有时间恰当地反馈白天所观察到的事情，并保持对虐待征象的警惕？

父母的行为

教师可以留意父母在与他们的孩子进行日常交流时的行为或交流方式，某些负面的交流信号可能提示有虐待发生，例如（CWIG，2007）：

- 贬低孩子。
- 用负面的言语评价孩子，如“灾祸”“坏”“没用”等。
- 无视孩子，对孩子缺乏兴趣和关心。
- 孩子提出需求之后不愿意去满足。
- 对儿童的行为和表现有不切实际的期望。

疑似儿童被虐待的判断不应只基于某一个信号，而应该通过仔细观察儿童和父母进行综合评估（CWIG，2007）。教师们应该对沟通过程中发现的各种虐待信号和被隐藏的迹象保持警觉，并结合他们所了解的孩子和家人的情况进行判断，以确定是否有足够的理由怀疑虐待行为的发生。

考虑文化背景

教师应该熟悉班级学生家庭的不同文化传统，了解这些文化背景下对虐待行为的认知有何不同。不同文化背景对儿童虐待、儿童脆弱性、儿童养育的定义均有很大差异（Roer-Strier，2001）。

受不同文化背景的影响，对儿童虐待的判断并无国际标准。例如，西方人把婴儿独自放在婴儿床中养育的方法，在某些文化中被认为很残忍。某些文化中使用“打屁股”等体罚教育的方式更频繁一些，可以把这定义为虐待吗？一些东南亚家庭使用“硬币刮痧”的方法治疗发热、寒战和头痛（Renteln，2010）。加热的金属硬币在儿童的身体上反复摩擦，会留下典型的刮痧瘀痕。这个方法的目的是促进儿童健康，虽然有瘀痕存在，但跟虐待行为截然不同。

某些文化比传统西方文化给予儿童更多的自由和自主权，如允许儿童自由行动并很少监督，或允许儿童独自待在家中。这些行为都可能会被看成忽视。当 Jessica 不知该如何处理这些在班上发现的情况时，她打电话给儿童保护服务组织，对这些问题进行讨论。如果发现家长的某些行为反常或疑似出现虐待行为但无法确定，保护组织的服务人员会帮助提供处理问题的步骤和方法。保持对文化差异的敏感度是重要的，但这也不意味着忽略虐待儿童的行为（Renteln，2010）。

家庭教育方式的体现

各地区、文化和宗教背景下的儿童教育方式会有很大差别。有的放任自由一些，有的比常见的儿童早期养育机构更为严格。某些父母用“打屁股”的方法教育孩子，另外一些家长会认为这样做不合适。尽管体罚不值得提倡，但这一行为并未被定义为不当对待儿童，除非这种行为出现的频次、比例和强度非常高。这种肉体惩罚也包括使用皮带、木板或其他形态的各类固体物体的情况。教师对家长的管教方式应该尽量表示支持，但这并不意味着对家长所使用的可能影响

> 如果……
>
> 你观察到父母严厉训斥孩子并且严重威胁孩子时会怎么办？你会怎样进行干预来改变这个局面？你会如何与孩子的父母沟通，让他们能够采取有效的方式获得孩子的合作？

孩子健康的不当方式视而不见。当教师无法判断家庭教育方法是否合适时，儿童保护组织的服务人员可以提供重要的帮助。

上报不当对待儿童案例

教师在日常活动中观察儿童的健康、疾病或心理压力，这是工作的基本要求。教师很可能在观察中发现虐待或忽视行为发生过或者正在发生，因此要做好发现疑似案例立即上报的准备。

了解上报责任

报告不当对待儿童是一项非常严肃和重要的职责。教师最接近儿童，日常工作中会花大量的时间与孩子们在一起，因此是最可能首先发现虐待行为的人。这一职业决定了无论从专业性还是伦理要求上考虑，教师在法律上都有上报疑似虐待和忽视案例的责任。

法律规定的强制报告人

教师和其他亲密、频繁接触儿童的从业人员均被法律定义为**强制报告人**。根据法律规定，强制报告人应立即向执法部门或当地的儿童保护机构上报“有理由怀疑”为不当对待儿童的案例。各州均对法定强制人做了定义，通常包括（CWIG，2008b）：

强制报告人
由于工作原因与儿童有亲密、频繁接触的人均有法律义务对可疑的儿童虐待案例进行上报

- 医疗从业人员，例如内科医生、护士、口腔医生、验光师、心理医生等。
- 执法部门人员。
- 儿童保健和早教项目从业人员。
- 教育从业人员。
- 社区工作人员、咨询师、理疗师。
- 宗教人员。
- 律师。
- 消防员。

超过3/5的不当对待儿童案例报告来自幼教人员和专业执法机构（HHS/ACF，2011）。另外28%的案例由非专业人士报告，如父母、亲戚、朋友、邻居或教练。实际上，每一个有责任感的普通公民都可以是阻止虐待行为发生的重要报告人。

职业责任和伦理责任

教师有职业和伦理两方面的责任去保护儿童的健康。这意味着，从

各种压力可能会叠加在一起，增加虐待行为的发生概率

诚信和道德的角度来说，教师都有责任保护儿童免受进一步的侵害。美国幼儿教育协会发布的伦理相关法案（NAEYC，2011）中对这种伦理责任进行了明确：

P-1.1 首先，我们不应伤害儿童。我们不应参与到伤害儿童的任何行为之中，包括情感伤害、躯体伤害、自尊伤害、贬低、威胁、剥削、恐吓等。这是本法案中最高层级的原则。

P-1.8 我们应熟知儿童虐待和忽视的各项特征和危险因素，包括躯体、性、语言、情感虐待，以及躯体、情感、教育、医疗忽视。我们应了解并遵守州法律和社区的制度，保护儿童不被虐待和忽视伤害（p.3）。

在承担关爱和教育儿童责任的同时，教师也通过上报疑似虐待案例的方式，担负起保护儿童健康和安全的责任。这是职业精神的一种重要体现。

然而，教师有时也会在讨论或确认儿童虐待和忽视过程中，经受很多矛盾和不安。教师提出了一些有代表性的、阻碍上报疑似案例的原因（Kenny，2001）：

- 担心如果家长知道是教师上报了案例会产生报复行为。
- 担心上报疑似案例可能会影响儿童的家庭生活。
- 存在错误的观念，认为隐瞒或延迟上报会帮助家庭改善状况。
- 对儿童保护服务机构缺乏信任。
- 缺乏识别和上报不当对待儿童行为的相关知识。
- 担心自己会犯错误，尤其是当观察到的虐待迹象不够明显时。

隐瞒疑似不当对待儿童案例对儿童是有害的，并且违反了法律。这会将儿童置于孤立无援的虐待和忽视处境之中，产生长期的负面效应，甚至毁掉儿童的一生。当教师了解到如何识别虐待行为的特征、该与什么人联络、如何上报时，就会获得信心，参与到保护儿童的工作之中。

发现疑似虐待案例后如何做出恰当的反应

当观察到疑似不当行为发生，或儿童的表现提示虐待可能发生时，教师应保持冷静和自信，做好准备给予回应。立刻让儿童感受到安全的保障，并让儿童充分释放自己在不良经历中产生的焦虑、恐惧等情绪。教师的回应能让儿童感受到温暖和鼓励，并在交流中让儿童感觉到教师对自己所讲述事情的信任。教师应尽可能避免对儿童的叙述表现出警觉或惊愕的情绪。图 4-5 展示了教师在这种情况下应该做什么和避免做什么。

图4-5　当儿童告知遭受虐待后，教师应该如何回应

应该做的事项

事前准备：

- ✓ 明确你作为上报人的职责
- ✓ 知晓上报的程序和制度
- ✓ 了解不当对待儿童行为的特征
- ✓ 知道应该向什么人寻求帮助

必要时，采取行动。

允许儿童讲述或者展示发生了什么，不要中途打断或提问。

相信儿童的叙述。

让儿童相信找到你是正确的决定，你能够寻找合适的人给予帮助。

指导儿童继续去玩耍。

立即上报儿童保护机构或执法机构。

将儿童留在身边，直到权威机构同意将儿童交还给父母。

尽量快速**记录下儿童叙述的内容**。

给予儿童持续的支持。

应避免的事项

避免忽视儿童对虐待的讲述。

不要承诺保密。你必须上报虐待。告诉儿童你会找到合适的人来给予帮助

不要表现出震惊。不要纠正或评论儿童的语言和用词。应充满信任地接受信息。

不要表现出怀疑或试图代替儿童来解释他或她想要表达的意思。

避免不停地问问题。尽快启动上报系统，这样才能进行调查和保护儿童。

不要用诱骗的方法套话。不要用奖励或者恐吓的方式来让儿童开口。

不要实施调查。记录下相关信息，交付给专业的调查人员。

不要联络儿童父母。让执法部门或儿童保护服务机构来决定父母何时该参与进来。得到信息的家庭成员可能会置儿童于危险中，并影响调查的进行。

来源：Based on practice（author）.

上报虐待和忽视的疑似案例

当疑似不当行为发生时，教师应做好准备进行上报，并与儿童保护机构配合，履行随后的职责。

上报

准备上报时，教师应把疑似案例中自己观察到的和儿童叙述的内容进行简要的记录。这有助于理清相关细节。之后，寻找一个隐秘的场所，用电话报告疑似虐待或忽视案例，这对于说明上报的目的十分重要。如果可能，还应提供儿童和家庭的基本信息。图 4-6 展示了给儿童保护服务机构打电话时需要提供的信息内容。教师可以拨打国家儿童虐待热线（1-800-4-A-CHILD）来了解上报儿童虐待案例的更多相关内容。

儿童保护服务的步骤

接到案例报告后，儿童保护机构或执法机构会判断是否有必要对

图4-6 上报虐待案例的步骤

1. 提供你的名字和联络信息。
如：我叫 Min Jee Kim，我是 Northside 儿童早期养育中心的一名老师，我的联系电话是 ××××。

2. 讲明来电的目的，描述你所怀疑的虐待行为。
如：我打电话是想报告一个案例，我怀疑一个孩子正经历家人的忽视。

3. 提供儿童的姓名、年龄和生日，如果你知道的话。
如：这个孩子叫 Katherine Goss，今年 4 岁，生日是 2009 年 3 月 4 日。

4. 提供儿童家人的姓名和住址。
如：她的父母是 Lynn 和 Calvin Goss，住在本市 Canal 大街 3579 号。

5. 讲述你观察到的情况。
如：这个孩子卫生状况一直不好，有严重的口腔问题。Katherine 告诉我她不想回家，因为她如果把裤子弄湿了，她妈妈就会打她。

6. 提供其他相关信息。
如：我们给儿童母亲提供了一个社区的口腔服务，但她不愿去。孩子的父亲经常失业，我觉得他还有酗酒问题。我认为这个孩子没有达到合格的如厕训练标准。

来源：Based on practice（author）.

这个案例展开调查和跟进。调查可能包括对儿童、教师和家庭的问询（Children's Bureau & DePanfilis，2006），有时会请教师和儿童一起参与问询，以便为儿童提供更多的安全感和支持。例如，Leon 周末去父亲家中时受了伤，执法机构在对他进行问询时，也要求教师 Abby 参加问询，帮助他讲述自己的经历。之后对汇总的信息进行评估，以确定是否有理由相信不当行为已发生，以及伤害的威胁是否仍然存在。

确认虐待行为之后

如果确认不当行为已经发生，保护机构和执法机构的工作人员应立即采取行动使儿童远离伤害环境。儿童保护工作人员会评估让儿童继续与家人在一起是否安全。如果认为儿童在家中仍存在危险，应确认一处安全的家庭外居所，如亲戚家或合适的寄养家庭，提供临时的安身之处。同时，儿童保护机构应拟订一个适合儿童家庭的服务计划，为儿童家长提供支持和培训，消除产生不当行为的原因，提高家长安全照看儿童的能力。

给教师的建议

教师不应接触家长或其他家庭成员，以免让他们得知案件被报告，这一点之所以很重要，有如下原因（Office on Child Abuse and Neglect，Caliber Associates，& Crosson-Tower，2003）：

- 这样做可能将儿童置于被报复的危险之中，尤其是揭露虐待行为的儿童。
- 家长会带着儿童逃走。
- 家长会教唆儿童否认虐待。
- 性虐待被报告可能会导致犯罪者出现自杀行为。

> 如果……
>
> 你怀疑一名儿童遭受了虐待，你该怎么办？你觉得处理此类事件时哪些情况是最困难和最有挑战性的？你会如何克服这些困难和担忧？

虐待行为上报之后，儿童保护机构和执法机构会指导教师如何恰当地与儿童的家庭进行接触。虽然向儿童保护机构和执法机构上报案件的过程是私密的，但是父母仍然会怀疑报告来自教师。如果父母找到教师询问，教师应做好准备，以平和与专业的态度与父母讨论这个问题。谈话的重点应该在于始终保证家长能够理解教师目的是保护儿童的健康和安全，一旦怀疑儿童遭到虐待，教师有责任进行报告。

如果教师在与家长的讨论中感受到任何威胁，应该知道向学校内的什么人寻求帮助（Office on Child Abuse and Neglect et al.，2003）。与之类似，如果上报者是家庭儿童看护人，也应该寻找邻居、附近的朋友或家人寻求帮助。通常情况下，聆听父母的想法，给他们以尊重，会有助于打破困难的局面，也有利于建立良好的家庭支持关系，在未来保护儿童的安全。

关注儿童生活中其他形式的暴力行为

当今许多儿童在生活中会遭遇暴力行为。问题如此普遍，以至于专家认为暴力已经成为一种“公害”（Dahlberg & Mercy，2009；Mitchum，2011）。“从出生到3岁：全国婴儿、幼儿与家庭研究中心”指出，美国是世界上最暴力的工业化国家（Zero to Three，2009，p.1）。暴力行为从各方面侵入儿童的生活，给儿童带来负面影响。

识别暴力的来源

任何儿童目击暴力行为或受暴力影响的危险性都很高。暴力行为几乎可以在各种环境中存在，如家庭、学校和社区。儿童接触暴力环境的方式不尽相同，几乎所有儿童都或多或少被暴力行为侵扰过。

家庭暴力

幼儿常常在家中目睹暴力行为。家庭暴力是指伴侣关系中存在的、为获得支配或掌控对方而实施的暴力行为。它包括语言和躯体虐待，例如侮辱、恐吓、威胁、精神打击和致命性武器攻击。家庭暴力是儿童接触的最常见的暴力类型（U.S. Department of Justice，2011；Swaner，et al.，2011）。据估计，每年有300万～1000万儿童目睹过家庭暴力（Child Welfare Information Gateway，2009）。儿童看到或听到其他人的暴力行为不仅会导致精神损害，而且生活在家庭暴力环境中的儿童也更有可能经历其他形式的虐待（Finkelhor，Turner，Ormrod，Hamby，& Kracke，2009）。这些因素综合在一起会对儿童产生潜在的负面影响。

媒体暴力

当今美国，几乎每一个儿童都会通过电视、电影、互联网、电子游戏、音乐等媒体接触到暴力。据估计，一个普通儿童平均每周观看电视28小时，到18岁时累计看过200 000场暴力场景和16 000次谋杀剧情[American Psychological Association（APA），2004]。1小时的卡通片中会出现80次以上侵略性或凶残的场景，比成年人黄金时段电视节目高出50～60次（APA，2004）。这尤其有害，因为剧中的这些暴力行为常常被忽视，而且没有人进行纠正。甚至14月龄大的幼儿也会在看电视时模仿其中的暴力或侵略性行为，因为剧中角色的行为并没有得到惩罚。暴力的声音也会影响儿童的行为，即使儿童在一旁玩游戏或躺在床上、并没有看电视的时候，成人观看的电视节目的声音也会传递给儿童。

研究证实，媒体暴力与暴力行为、反社会行为（Fitzpatrick，Barnett，& Pagani，2012）、对世界恐惧、对虚拟和现实暴力不敏感等有一定的关联[APA，2004；Huesmann，Moise-Titus，Podolski，& Eron，2003；National Association for the Education of Young Children（NAEYC），1997]。噩梦增多、睡眠不良和抑郁等也与媒体暴力有关。Claire是一个二年级的教师，为解决这一问题并鼓励家长关掉电视，她每年都会为家庭提供一系列不看电视时应该做什么的建议。

社区暴力

如果……

你班级上的一个学生说他目睹了暴力行为并且害怕外出，你该怎么办？你将如何帮助这个孩子？

很多儿童居住的社区存在严重暴力行为，或经常发生使用枪支、刀具和毒品以及其他暴力行为（Osofsky，1999；Shonkoff & Phillips，2000）。这些儿童描述他们每天都会目击枪击和斗殴事件，已经对此习以为常。社区暴力还包括一些儿童看到的侵略性和毁坏性的行为（如打破窗户），还有声音暴力（如街上的叫骂声或吵闹的警笛）。暴露于这些各式各样的暴力中，儿童难免会受到负面影响，一些人的精神损伤会持续到成年期（Luthar & Goldstein，2004）。考虑到这些，Karl 会在幼儿园播放来自不同文化的轻柔音乐吸引儿童的注意力，让他们不被外界所侵扰。

其他形式的暴力

还有一些其他形式的暴力，如团伙暴力、药物滥用、威胁，也可能出现在儿童成长的过程中。一些幼儿会目睹社区发生的团伙暴力事件，或在不自愿的情况下成为药物滥用者。儿童还可能直接被卷入某些诉诸暴力的团伙或社会组织，特别是当有年长一些的兄弟姐妹参与这些活动时。他们会被年长一些的组织成员训练去威胁或惩罚其他小孩子。教师需预先了解这些类型的暴力行为会直接或间接影响到孩子，还要认识到这些行为潜在的影响。

了解暴力产生的影响

暴力行为影响着每一个人：儿童、家庭和教师。它产生的负面影响是可以测量的，并且可能长期存在（APA，2004；Luthar & Goldstein，2004）。

对儿童的影响

暴力对幼儿行为和心理发育的影响才刚开始被人们所了解。研究显示，经历暴力事件对任何年龄的儿童都会产生直接或间接影响（Shonkoff & Phillips，2000）。即使在儿童能讲话之前，家庭或社区暴力产生的负面影响就可以通过儿童的发怒、恐惧、不愿与父母分离等行为显现出来（Osofsky，2004）。害怕上床等睡眠困难行为、攻击性或孤僻的表现、亲子关系疏远等，均与暴露于暴力事件相关（Rice & Groves，2005）。一些在社区中目睹过暴力行为的儿童甚至会表现出与经历过战争暴力的儿童类似的创伤后综合征（National Center for Posttraumatic Stress Disorder，2007）。

目睹暴力也会影响大脑的正常发育。已经能够理解暴力行为意向的幼儿园和学龄儿童常常由于恐惧和思维干扰而难以集中注意力。不能对周围环境产生信任感的孩子会变得孤僻，不易建立社交联系，也会逐渐变得孤立于环境，甚至失去照顾和同情他人的能力（APA，2004）。这一切都会切断儿童社会适应性和心理发育的进程，最终损害儿童学习的能力。

教师可以采取一些措施去缓和暴力带来的不良影响，给儿童以希望。Marion 是 3 岁儿童的教师，一直记得她班上的两兄弟。他们因为目睹了社区的暴力事件而遭受精神创伤。当他们刚到班级时，就躺在门前的地板上。他们不哭闹，但也不去玩耍。她帮助他们拿着玩具参与到日常的游戏中，慢慢与他们建立信任。Sonya 用故事板报帮助一年级学生从故事中学习各种人物的行为，教学生用语言文字描述不恰

> **如果……**
>
> 你观察到儿童在游戏中扮演暴力行为的角色时该怎么办？你将采取何种措施帮助儿童重新回到行为恰当的游戏中？

家庭和社区暴力挑战着母亲保护孩子安全的能力，损害家庭的基本功能

当的行为，并且让孩子们为故事中人物的不良行为或攻击性行为创造出替代行为。

对父母的影响

家庭和社区暴力对父母也有一样的危害。父母目睹或经历暴力事件后，也要面对如何处理自身的恐惧，甚至会怀疑自己是否能够保护自己的孩子（Osofsy，1999；Margolin & Gordis，2004）。这些父母可能会过度保护孩子，不允许他们离开自己，也可能变得麻木、冷漠，或极度悲伤和消沉。这些情绪在家庭中导致一种无助、无望的气氛，难免会影响到儿童。随着时间的发展，这些家长可能会出现情感交流障碍，对儿童的需求不予回应，不能给儿童提供舒适的生活（Osofsy，1999）。最后，父母无法给儿童正常的关爱与支持，亲子关系受到损害。

生活在暴力环境中的父母在给孩子支持之前，需要首先找到处理他们自身创伤的途径。教师在其中可以扮演非常重要的角色，给家长提供社会服务组织的相关信息，通过儿童早期养育机构的正向经验来增强亲子关系。Maria 的办公桌里存放着很多信息卡片，上面是她所在社区内社会服务组织的信息。因为她总是随时准备着这些资料，家长们也开始认识到许多人都时不时地需要额外的帮助。

对教师的影响

成人在工作中接触到经历过暴力事件的幼儿时，自身同样也会遭受到负面影响。了解儿童悲惨遭遇的过程也会激起教师的愤怒、恐惧、焦虑等感受。这些暴力的“二次”影响会引发教师出现一些躯体症状，如头痛、反胃，以及精神压力、疲惫、悲伤等心理症状（Rice & Groves，2005）。此外，教师在帮助儿童处理负面经历的时候，还需要处理儿童对压力的表达方式，这些表达方式往往通过儿童的行为发泄出来，如对他人表现出攻击性、恐惧和依赖性，甚至还有如厕能力和语言能力的退化。

教师可能会需要其主管人员提供额外的支持和帮助，辅助他们在处理儿童需求的同时应对自身的精神压力（Osofsky，1999；Rice & Groves，2005）。在本章开头的案例中，Min Jee 发现了忽视的迹象，并且很熟悉如何上报情况。但是在做完这些之后，她开始检讨自己的做法，并怀疑自己是否应该更早注意到发生的一切。她内心产生了自责，认为自己没有很好地保护 Katherine，使她遭受了虐待和忽视的痛苦。此时的 Min Jee 也需要其他人的帮助，来解开心结，并把注意力集中在未来如何给予 Katherine 及其母亲更多的支持上。

处理虐待和暴力所产生的影响

在帮助儿童和父母处理创伤性事件后续影响的过程中，给予关爱和支持尤其重要。教师能给儿童和家庭带来安全感、关爱支持和信任（Office on Child Abuse and Neglect et al.，2003）。教师有能力创建课堂环境，通过开展活动来帮助儿童和家庭处理虐待及暴力事件所产生的影响，使他们未来的生活恢复正常。

针对儿童采取的支持策略

为改善经历负面事件儿童的远期健康结局，教师在课堂上应给予儿童特殊的关照和帮助。这包括给儿童提供持续性的帮助，使儿童用适当的方式管理自己的情绪。

提供持续性的帮助

虐待或暴力事件给儿童造成的影响之一就是其熟悉的日常生活规律受到了侵扰。儿童可能会被安置到一个不熟悉儿童日常作息的临时寄养家庭。儿童保护服务机构应该继续让儿童参加儿童早期养育机构的学习，教师可以帮助安排儿童熟悉的日常活动，这有助于儿童的恢复和改善。儿童保护服务机构经常为经历创伤事件的儿童提供正向的社会化活动，就像那些儿童早期养育机构所提供的活动一样（Office on Child Abuse and Neglect et al.，2003）。

关注需求

经历虐待或暴力事件的儿童都有不同的反应，这就使治疗计划变得复杂。教师应该了解每一名儿童个体的需求和所面对的困难，从而制订相应的处理策略。儿童可能需要：

- 克服恐惧和恢复信任。
- 消除无助感。
- 重获自我认同。
- 感受安全和被支持。
- 建立独立性或自主性。
- 感受控制能力和自信。

针对这些需求，可以由受过训练的专业人员进行干预，或让儿童参与到高质量的儿童早期干预项目中（Cohen，Groves，& Kracke，2009）。负责看护的教师可以采取与儿童发育水平相适应的方法来开展工作。

婴儿　教师需要额外的时间来关爱经历虐待和暴力事件的婴儿。他们在游戏的过程中微笑，用轻柔的语言说话。他们格外关注婴儿的饥饿、困倦、想要玩耍的信号，帮助婴儿重建信任感。

幼儿 幼儿需要额外的帮助来感受积极的人际互动。在游戏时给他们更多的时间来拥有独享的玩具，这可以帮助他们放松心情，增强自主和支配感。教师可以鼓励幼儿去探索一项新任务，如爬行超越障碍训练，来帮助幼儿重获游戏的乐趣，建立对自我能力的信心。

学龄前儿童 学龄前儿童可以通过投入积极的游戏来获得益处，此时他们可以忘记恐惧，心情放松，找到自己的兴趣点。有趣的剧情型游戏设定、触觉游戏或沙盘游戏均可以使儿童建立安全感和自我控制感。

学前班儿童和学龄儿童 教师可以针对学龄儿童采取两种截然不同的方法。一种情况是，这个年龄的儿童可能会乐于表达和讨论自己的恐惧和对暴力、虐待等事件的感受。教师的应对方法就是寻找一个合适的时机，与儿童一起分享他们的想法。另一方面，这个年龄的儿童会希望忘掉经历中的不快，投入到游戏和探索中去。在本章开头的案例中，Min Jee 注意到 Katherine 意识到自己身上很脏。Min Lee 在集体活动时间组织了一场活动，教孩子们如何刷牙、洗手、洗脸、梳头，这样就帮助 Katherine 学会了自理。这样的活动能使儿童建立支配感和自信心。

提供适当发泄情绪的机会

所有儿童都可以从探索和表达自我情绪中获得益处。经历过暴力事件或被不当对待的儿童需要适当且多样的机会，去自由地宣泄自己的感受和想法。可以通过专门的课程来安排这样的活动：

- 提供日常家庭生活中的小道具做角色扮演的游戏，如烹饪、清扫、购物等道具。
- 给儿童指定一个特定的空间，让他们每天去搭建积木，直到想要拆掉为止。
- 从儿童的叙述和小组讨论中探求儿童的感受。
- 指导儿童通过绘画、口述或编写解决某个问题的故事，使儿童获得力量和自信。
- 让儿童接触音乐、玩节奏性的乐器或在不同风格的乐曲中跳舞和律动，表达自己的感觉。

经历过创伤性事件的儿童可以通过在各种形式的活动中表达和处理自己的情感而获益

减少儿童的孤独感

经历虐待或暴力事件的儿童经常感觉被疏远，或在情感上被其他儿童孤立。给予这种儿童支持的方法包括鼓励他们参与互动式的游戏来发展社交技能，如集体游戏、分组活动、角色扮演等。例如，当 Min Jee 看到 Katherine 独自待在图书角时，邀请她参与同伴们正在玩的面团游戏。Min Jee 给 Katherine 一篮子的饼干切割器，让她分给大家。

创造正确解决问题的机会

暴力受害儿童可能会感到被束缚或无法自控。他们需要他人的帮助来获得自信心和胜任感。教师提供适当的机会鼓励儿童自己做出选择，或指导儿童通过合理的方式去解决问题，让儿童从中获得成就感。可选择的活动包括：

- 提供新颖的肢体活动游戏，如给幼儿设立一个丢沙包的新目标，或者让学龄前儿童在平衡木上完成多种任务的挑战。
- 让学龄前儿童自己决定餐点的种类清单，或选择下一周讲故事时间的故事书。
- 给学龄儿童创造机会，让他们帮助决策班级里的一些事务，如选购书籍、选择体育课的活动种类等。

在儿童的主题活动中解决暴力问题

儿童可能参与到与暴力有关的游戏中，尤其是当他们曾经经历过暴力事件时。儿童也很容易被媒体中的超级英雄等强势角色吸引，对追逐、使用假想武器等兴奋类的游戏尤其感兴趣。儿童通过角色扮演的游戏去探索和理解世界，与暴力主题有关的游戏在某些治疗性的环境下或许有其价值（Levin，2003）。然而，在儿童早期养育机构中，教师担心幼儿参与暴力主题的游戏会带来危害。主要的担心包括：

- 暴力游戏一旦开始就很难停止，儿童会变得失控。
- 其他儿童可能会受到惊吓，或在观看暴力游戏过程中受到创伤。
- 暴力游戏可能会强化儿童的暴力行为，教会儿童如何行使暴力。
- 反复扮演科幻角色会干扰儿童与其他孩子的社交联系，影响儿童其他技能的发展。

儿童需求和教师担心之间的矛盾并没有简单的解决方法。然而，其中仍然存在一些基本的策略，适合于所有年龄段的儿童（Levin，2003）。

识别主题游戏中的暴力行为 教师应细心观察并尝试理解儿童在游戏过程中涉及的主题。简单地禁止这类游戏会使儿童失去通过发展合适的方式解决复杂问题的机会；同时，禁止常常不能真正奏效，甚至事与愿违，儿童会偷偷地玩这类游戏，甚至可能会撒谎（Levin，2003）。相反，教师应该提供一些有趣的、挑战性的活动来转移儿童对暴力游戏的兴趣，尝试用其他方式满足儿童的需求。例如，Noemi 意识到 Aaron 和 Kip 非常喜欢射

如果……

一些儿童家长找到你，向你投诉他们看到孩子们在玩耍区进行暴力主题的游戏，这时你该怎么办？你将如何应对？

击的游戏。于是，她在游戏场准备了各式各样的沙包，并给男孩们设计了一些挑战性任务。然后，Noemi 指导孩子们为感兴趣的事情编故事或画画。用这种方式，Aaron 和 Kip 有机会通过其他方式做游戏，并用其他感兴趣的活动来探索暴力主题，避免了侵扰其他儿童。

确保每一个孩子的安全 沉迷于暴力游戏的儿童可能会恐吓其他儿童。为确保其他儿童的安全，有必要确定安全界限。让每个儿童都参与到安全界限的制订过程中就是一个很有用的教育方法。如 Noemi 组织了一次集体活动，讨论和指导孩子们如何拒绝参与让他们感到害怕的游戏。

满足孩子的需求 教师可以有目的地安排一些活动，提供给孩子们一些可选择的、适当的与恐惧有关的主题游戏。与直接叙述经历过的创伤性事件相比，通过画画、陶土模型、讲故事等方式，遭受过创伤性事件的儿童可以在不太恐惧的氛围中把自己的情感表达出来（Malchiodi，2001，2008）。在游戏过程中，孩子们交换玩具和物料也十分重要，这可以保证儿童变换不同的兴趣点，防止他们因为厌倦而重新回到暴力游戏之中。

倡导健康的游戏 有时暴力游戏主题是儿童对自身所经历的暴力事件的模仿重现。这被称为模仿游戏。进行模仿游戏的儿童会反复陷入相同的暴力事件情境之中。例如，Warren 和 Kyle 经常扮演这样的情境，一个孩子假装在等公交车，另一个偷偷走到他身后，对他“开枪”。热衷于这种模仿游戏的儿童陷入这种重复的场景无法自拔。如果儿童的游戏主题一直聚焦在暴力和死亡上，他们就需要专业的咨询和心理医生的帮助。教师应当与儿童家长保持密切合作，制订相应的策略来缓解儿童的焦虑，引导他们进行模仿游戏。

模仿游戏是包含了多种模拟场景的游戏，游戏的参与者通过多种创造性的方式展示如何确保安全和消除暴力的影响。Tony、Karen 和 Enrique 在每天的课间都会进行他们的主题游戏，但游戏的内容是在变化的。游戏刚开始时主题是警察和枪战，后来演变为消防员拯救市民和动物，之后他们又扮演兽医工作。教师可以对这些主动设计的题目进行鼓励，同时提供解决冲突的建议，并对如何扮演角色给予指导，用适当的方式去引导剧情的进展。这种方法可以指导着儿童持续过渡到新的角色当中去。

学习解决冲突的技能

学会用积极、有效的方式去解决矛盾，这有利于帮助儿童掌握处理未来难题的方法和技能。冲突解决技能提供了许多具体的、可以替代强迫和暴力手段的方法。可以帮助儿童培养此类技能的活动包括：

- 阅读关于儿童如何解决问题的书籍。
- 使用玩偶来完成一些有挑战性的任务，例如想出如何分苹果的办法。

- 设计一些需要解决问题的游戏，例如 4 个孩子玩剪贴游戏，只给他们 2 把剪刀和 2 管胶水。
- 教会儿童解决冲突的语言表达，形成解决问题的固定模式，例如指出问题、列举可能的解决方法，以及选择一个彼此都认同的办法（Office on Child Abuse and Neglect et al.，2003）。

识别被忽略的受害者

当暴力在家庭中发生时，每个成员都会受到影响，有时某些受害者可能会被忽略。儿童可能目击兄弟姐妹受虐的场景，或被要求以某种方式参与虐待。儿童还可能被教唆掩盖虐待事实，或者对无法保护其他儿童产生负罪感。同样，父母也可能认为自己本应该发现虐待和保护儿童，因为没有能够做到而产生负罪心理。这些可能被忽略的受害者也需要情感上的支持和情绪的宣泄。

> 如果……
>
> 你了解到你班上一个孩子的母亲曾经是家庭暴力的受害者，你该怎么办？你能看出来她想与其他孩子的父母发展友谊。你该如何帮助她与其他人熟悉起来呢？

为家庭提供支持

教师是受虐待和暴力事件影响家庭的重要支持者。他们可以通过创造开放接纳的环境和组织下列活动发挥积极的作用（Office on Child Abuse and Neglect et al.，2003）：

- 提供儿童发育和积极养育等方面的信息。
- 组织活动，帮助家庭建立社会联系，减少家庭的孤立感。
- 鼓励家庭参与社区服务项目，帮助他们增加参与感、自信心和社区联系。

教师还可以帮助家庭发现自身的强项和可用的资源。例如，Alicia 告诉儿童的父母她观察到他们身上的长处，例如能准时接孩子，她还鼓励家长把他们的朋友视为积极的资源。有时只是简单的友好相待就能给家庭很大的鼓励，有利于他们从创伤性事件中恢复（NAEYC，2004）。

建立应对技能和恢复力

尽管虐待和暴力对儿童造成的影响很严重，但不是每一个儿童都会显现负面的发育影响。一些经历了暴力事件的儿童展现出了应对问题的良好能力，并在随后的干预中很快恢复了活力和自信。这种能力被称作**恢复力**（Children' s Bureau & DePanfilis，2006）。许多因素都会影响儿童的恢复能力。

> **恢复力**
> 应对负面经历的能力

个人特征

儿童个人的性格或个性的某些独特方面与其恢复力相关，如乐观、幽默、智慧、积极的自我认同（Fraser & Terzian，2005）。这些品质消除了不当对待事件所带来的消极影响，使儿童用积极的方式思考问题，从情感创伤事件中得到恢复。

所经历事件的特征

儿童的恢复力与其所经历事件的特征也相关。例如，对事件的恢复力受下列因素的影响：

- 儿童年龄：小年龄的儿童适应能力更好，更容易在经历虐待或忽视之后的治疗中恢复（National Scientific Council on the Developing Child，2005）。
- 儿童与施虐者的关系：儿童如果认识施虐者，那么较难去处理虐待行为所带来的伤害。当施虐者是儿童熟悉的人，例如父母、家庭其他成员或朋友时，会给儿童造成极度的背叛感（Office on Child Abuse and Neglect et al.，2003）。
- 虐待行为的种类、频次和严重程度：如果虐待行为的强度和情感伤害较小，那么儿童更容易从伤害中恢复。例如，经历一次偶然虐待事件的儿童要比长期受虐儿童的恢复力好得多（Children’s Bureau & DePanfilis，2006）。

社会支持资源

在温暖和安全的环境中生活的儿童比孤立和缺少关爱的儿童成长得更健康（Child Welfare Information Gateway，2004）。大家庭的成员、有爱心并负责的教师和其他积极的角色都可以培养儿童对未来积极乐观精神（Fraser & Terzian，2005）。例如，当 Mitch 老师给经历过虐待或暴力事件的儿童上课时，他会帮助儿童制作一本小册子。每周他都跟孩子们围坐在

政策要点　减少不当对待儿童的公共政策措施

- 制定政策以保证父母在孩子出生或被领养之后能离职休假，并为希望在家照顾新生儿但缺乏财务能力的家长提供财政政策支持。
- 给养育孩子的职场父母提供相关支持，尤其是低收入、工作时间不固定、孩子有健康或发育问题的父母。
- 提高幼儿及其家人获得心理保健服务的可及性。
- 给父母和儿童早期养育机构教师提供应对儿童行为问题的资源。
- 帮助低收入家庭获得高质量的儿童早期养育服务。

来源：Based on Excessive Stress Disrupts the Architecture of the Developing Brain（Council Working Paper #3），National Scientifc Council on the Developing Child，2005，Cambridge，MA：Center on the Developing Child at Harvard University. Retrieved July 21，2012，from http：//developingchild.harvard.edu/library/reports_and_working_papers/wp3.

一起，打开小册子，每个人在自己的那一页上画画。他们有说有笑地享受这个集体活动时刻。

积极的社区影响

社区在帮助儿童恢复的过程中也很重要。这包括提供健康保健服务、社会服务资源、稳定的邻里关系和安全的学校环境（Fraser & Terzian，2005）。儿童在社区中如果能获得这样的支持，他们的生理和心理健康需求就能够得到满足，从而减少虐待事件带来的长期影响。

然而，尽管我们了解了这些知识，尽管对虐待的长期负面影响的学术研究结果也不断增加，但是我们在提供综合资源或策略来应对和减少儿童虐待方面的努力还存在不足（Center on the Developing Child at Harvard University，2007）。在“政策要点”中就指出了改善这一情况的公共政策方向。

预防不当对待儿童行为，保护儿童免受暴力侵害

预防是减少不当对待儿童行为的最有效方式。对教师来说，这意味着需要了解虐待和忽视的风险，在儿童早期养育机构内采取预防措施。教师还要帮助儿童和家长掌握降低虐待风险的保护技能，并在社区中承担倡导者的角色，预防不当行为的发生。

教室中的预防措施

儿童早期养育机构内可以采取多种预防措施。这些措施包括谨慎地雇佣教师、对环境进行专门的布置安排、密切关注儿童的需求、培训教师了解虐待的危险因素。

安全的人员聘用流程

幼儿的教师必须是安全且能够胜任的。虽然有施虐行为的教师比例很小（不到1%）（HHS/ACF，2011），但是仍然需要保持警惕，在儿童早期养育机构确实存在虐待儿童的现象。为了防止虐待的发生，在招募教师的程序上要更加谨慎。经验丰富的教师应该积极参与招募过程，应能意识到这是预防虐待发生的一个很重要的环节。招募的程序可包括：

- 分析应聘者的教育和工作简历，评估其是否能胜任幼儿工作。
- 在面试过程中设法显露应聘者的脾气性格，评估是否适合参与幼儿工作。
- 在聘用新教师之前对其进行犯罪背景调查。

- 查阅文件，梳理与恰当的聘用相关的任何问题。
- 观察应聘者与儿童在一起的场景，了解其相关技能。

有虐待倾向的人往往会在频繁接触儿童的工作环境中表现出倦怠（Koralek，1992）。在招募程序中进行细心的审查有助于减少这些顾虑。

营造环境

营造学校或家庭的安全养育环境有助于降低虐待发生的概率，并能保护上报疑似案例的教师（Rice & Groves，2005）。家具和设施的摆放应能确保室内和室外没有观察死角。换尿布和厕所的区域也应该保持开放，以便能观察到成人与儿童的互动是否恰当。

遵守安全指南

应制订相关的安全策略来保护儿童的安全，降低可能的虐待风险。教师必须了解并遵守这些指南。例如，一些规章要求教师和志愿者不能离开儿童。“安全环节”中也列举了一些确保儿童不被不当行为侵害的策略和实践，同时也防止教师受到潜在的虐待指控。

正确的触碰儿童

许多儿童早期养育机构的策略中都规定了触碰儿童的相关内容。某些规定禁止教师抓儿童的腿或抱儿童，另外一些规定还会禁止一切形式的触碰。实施禁止触碰政策是降低虐待危险的一种极端措施，因为触碰是与年龄非常小的儿童进行沟通、互动和照料的基本方式。更恰当的措施是引导教师采用适当的方式来触碰儿童。握手、轻拍后背、把手臂放置在儿童肩膀上均是教师可以使用的安全接触方法。教师还要有文化差异的意识，了解各种接触的可接受度。另外，儿童有权拒绝被触碰，认识到这一点并给予儿童尊重非常重要（Koralek，1992；NAEYC，2004）。

警惕有虐待倾向的教师

有时，即使很有经验的教师也会感到沮丧，发现难以应对儿童的行为。经常表现出情绪低落、对儿童疏于管理的教师可能会发生虐待儿童的行为，例如（Koralek，1992）：

- 对犯错误的儿童大声喊叫或侮辱。
- 用不适当的方法管教儿童，如采取猛抓或推拉的动作。
- 对儿童表现出挫败感。
- 对某个儿童表现出特别的或反常的兴趣，寻找跟儿童独处的机会。

监督者应留意这些儿童相关工作中所发生的不恰当行为，并及时给予

安全环节 降低教师虐待危险的实践

- 制订使家长在任何时间都能接触到孩子的策略。
- 制订换尿布、辅助儿童如厕和换衣服的规则。
- 制订限制教师未经家长允许带儿童离开学校的规则。
- 制订应对儿童各类行为的适当方法。
- 制订户外活动规则，使成人与儿童独处的机会降到最低。
- 制订意外事件报告规则并建立记录系统，降低儿童早期养育机构被指控虐待儿童的可能。
- 制订教师或其他工作人员被指控虐待时的反应机制。

来源：Based on Caregivers of Young Children：Preventing and Responding to Child Maltreatment，by D. Koralek，1992，Washington，DC：U.S. Department of Health & Human Services，retrieved July 21，2012，from http：//www.childwelfare.gov/pubs/usermanuals/caregive/caregive.pdf；and Building Circles—Breaking Cycles（Publication DD2），2004，Washington，DC：National Association for the Education of Young Children.

干预处理。还有一点也很重要，即教师应该清楚自己的行为，认识到自己何时需要寻求额外的帮助，例如需要休息和采取新的策略，以确保自己能保证儿童的安全。

增强保护因素

预防儿童虐待也需要帮助儿童和家庭建立保护因素。保护因素是减少潜在虐待和忽视行为的缓冲器。这些因素均与降低不当行为的发生率相关，因此是预防虐待工作的重要组成部分（CWIG，2004）。

儿童的保护因素

高水平的儿童早期养育机构能为儿童提供一个安全舒适的环境，所有人都以尊重和礼貌相互对待（Cohen & Knitzer，2004）。这样的经历能帮助儿童形成信赖关系，提高他们解决问题的兴趣，促进语言能力的发展、健康的生长发育和积极的社交技能（Cohen，Onunaku，Clothier，& Poppe，2006）。这些保护性的因素也可以加强儿童发展自身兴趣和爱好的能力，训练自控力，学会如何寻求帮助和自助的独立人格（CWIG，2004）。在Jen的课堂上，她制订了为期一周的活动计划。她为学校的故事海报拍摄了照片，这样儿童们可以回忆起他们是如何完成活动的各个步骤的。

儿童在从学龄前到小学的这一段成长过程中，能通过适当的、有目的的计划活动来学习个体的安全技能。活动内容可以集中在对以下技能的学习上：

- 不要跟陌生人走。
- 应该向什么人寻求帮助。

如果……

你目睹其他教师对儿童进行威胁、贬低或大喊大叫时，你该怎么办？

- 什么是“好”的秘密，什么是“坏”的秘密。
- 安全触碰——要大胆说出“别碰我”。

“健康教案”中列举了一些示例，教导儿童关于安全触碰和如何说“不！”。

家庭的保护因素

家庭的保护因素包括了解社区支持的资源和如何获得这些资源，以及

健康教案 保护自我安全

学习目标：**儿童学会分辨友好的触碰和不友好的触碰，知道他们有权利选择是否愿意被触碰。**

安全观察：**在儿童参与的过程中关注他们的情绪。倾听他们是否愿意讲述曾受到伤害或非友好碰触的经历。如果必要的话，给予儿童安全感并将话题引导回小组讨论中。继续关注儿童描述的经历是否存在不当行为。**

婴幼儿

- **目标：**儿童能模仿温柔的抚触。
- **材料：**小玩偶或毛绒玩具。
- **重点词汇：**表达友好接触的词汇（温柔、轻柔、友善、友好）和不友好接触的词汇（生硬、伤害、不友好）。
- **活动计划：**与婴幼儿一同坐在地板上。设计一项让孩子和玩偶或动物互动的游戏。轻柔地手持道具，示范温柔的碰触。指着眼睛、耳朵、鼻子说“看我怎么温柔地触碰”，或者“这是友好的拥抱”。在每天的互动活动中强化儿童对这些概念的理解。
- **如何调整活动：**在每天的游戏中强化概念。用肢体语言克服语言交流的障碍。当儿童做出友好触碰时，给予微笑和积极的鼓励；如果做出不友好的触碰，用皱眉的表情和相应的语调告诉儿童“我们不打，打了会疼”。之后换成微笑，用友善的语气和肢体动作表示，“这才是温柔的方式。看，这是友好的触碰方式”。
- **达到目标了吗？**儿童能够模仿你所演示的温柔触碰吗？幼儿能够使用“温柔”“轻柔”“友善”和“友好”之类的词语吗？

学龄前儿童和学前班儿童

- **目标：**儿童能描述友好和不友好的触碰，并知道如何适当地表达自己不想要的触碰。
- **材料：**A4 纸、记号笔、两个盒子或容器、一个笑脸的标签和一个皱眉的标签。
- **重点词汇：**表达友好接触的词汇（温柔、轻柔、安全、友好）和不友好接触的词汇（疼痛、不舒服、害怕），表达不喜欢和停止（我不喜欢这样、停下来、走开）。
- **活动计划：**在小组活动时间把孩子们聚在一起，介绍友好触碰和不友好触碰的定义。“友好的触碰是对我们表达关爱，让我们感觉舒服，比如拥抱、轻拍、击掌。”解释什么是不友好的触碰，它可能造成伤害，比如击打、踢等动作。举一些例子，并在纸上写下相应的词语，然后请儿童列举友好触碰的词语，在纸上写下。如果儿童描述了一个场景，如“友好的碰触是你友好地拥抱我”，则在纸上写下场景。请儿童列举不友好触碰的词语。然后，把纸面朝下，让每个儿童翻转纸板，朗读词语，并判断这个词（或场景）是友好触碰还是不友好触碰。请儿童把友好的词语和场景放进标注笑脸的盒子中，把不友好的词语和场景放进标注皱眉的盒子中。告诉儿童不友好的触碰是不可以的，应该立即停止。请儿童描述说“不”的方式，例如他不想要不友好的触碰，就说：“你快停下，我不想要这样，很疼！”告诉儿童，他们可以去教师或父母那里寻求帮助和讲述不友好的触碰行为。现在请每一个儿童选择一个不友好触碰的词语或场景卡片，请儿童展示如何对不友好触碰说“不”。结束游戏，再次强调友好和不友好的触碰，如果不想要，就大胆地表达“不”。
- **如何调整活动：**请能讲儿童家庭语言的父母帮助你开展活动。教会每个学生用自己的语言——包括英

语——来表达友好和不友好触碰（或好的和坏的触碰）。儿童也许需要在每天的活动中被反复提醒友好和不友好触碰的定义来强化概念。有特殊学习需求的儿童也可以通过反复重复这样的活动而受益。

- **达到目标了吗？**儿童能够描述友好和不友好的触碰吗？他们能对各类触碰给予适当的回应吗？

学龄儿童

- **目标：**儿童能够描述各种友好和不友好触碰，当友好触碰变化为不友好触碰时，儿童可以清晰地分辨。
- **材料：**小卡片、记号笔。
- **重点词汇：**表达友好触碰的词汇（温柔、关爱、安全、好、友好、轻柔）和不友好触碰的词汇（刺耳、疼痛、刻薄、坏的、受伤）。
- **活动计划：**让儿童在卡片上写下不同类型的友好和不友好触碰。把纸折叠，放在孩子们中间，让儿童轮流抽选并读出纸上的词语。让其他孩子用举手的方式投票，判断这个词是友好还是不友好。让儿童解释为什么这样判断。如果有条件，引入更复杂的概念，例如有一些友好的触碰如果过于激烈，会演变为不友好的或有伤害的行为，如猛烈地拥抱或挠痒。引导大家讨论在怎样的情况下，友好的触碰会转变为不友好触碰。
- **如何调整活动：**使用相同的卡片，让儿童在角色扮演中体会友好和不友好触碰。鼓励所有儿童参与进来，让每个儿童都有机会通过情景演练学习概念。引导儿童使用角色扮演中的语言和动作表达。保证每一个人都有机会充分参与。
- **达到目标了吗？**儿童能够描述友好和不友好的触碰吗？当友好的触碰转变为不友好时，儿童能够分辨吗？儿童在情景表演中，能够给予友好和不友好触碰以适当的回应吗？

来源：Based on Teaching Touching Safety Rules，Committee for Children.（2012）. Seattle，WA：Author. Retrieved July 21，2012，from http：//www.cfchildren.org/ advocacy/child-safety/teaching-touching-safety-rules.aspx.

学会积极的养育技能。许多儿童早期养育项目，如开端计划，设有专门的委员会，通过有计划的父母培训和家庭服务措施给家庭提供必要的支持。学校聘有家庭社会服务工作人员可以帮助家庭成员获得相关资源，从而帮助他们建立保护因素，但通常儿童早期养育机构的教师被父母认为是最方便提供帮助并且最值得信任的人。帮助家庭建立保护因素来减少潜在的虐待行为的策略包括（Children's Bureau & DePanfilis，2006）：

- 安排时间与家庭座谈，了解他们的优势，利用这些来打造未来成长的基础。
- 指导家庭成员了解他们的需求，认识当前的支持性网络和资源，学习如何面对挑战和解决问题。
- 在父母和可获取的资源之间建立联系，为父母提供获得资源的途径。
- 针对儿童的问题行为提供技术指导。
- 帮助家庭了解发生危急事件时，第一时间应该联络谁。

了解社区的资源、熟悉相关的工作人员使教师在社会支持网络中的地位得以加强。同时也建立起了教师与社会服务工作人员之间更紧密的联络关系。Brenda 参与了本地区的儿童和家庭网络组织，这个组织为教师和家庭服务工作人员一起讨论儿童及家庭的需求提供机会。“营养笔记”中描述

营养笔记 社区成员帮助建立保护因素

教师在联系家庭和社区支持机构中扮演重要的角色。“妇女、婴儿和儿童”（Women，Infants，and Children，WIC）项目可以帮助家庭获取食物，支持家庭满足儿童的特殊营养需求。例如，一个铁缺乏的孩子会出现生长发育不良和学习障碍。父母只给儿童提供蔬菜膳食，却忽略了儿童对含铁饮食的需求，导致了儿童贫血。WIC 的营养师指导父母如何给儿童准备膳食来解决铁缺乏问题。这种知识增强了家庭的保护因素，从而降低了发生医疗忽视的可能性。

了这样一个案例，即当地的营养师帮助家庭成员建立保护因素，解决了潜在的医疗忽视问题。

社区在预防虐待中的贡献

有效的儿童虐待预防工作依赖于社区的努力。然而，有时唤起公众对虐待问题的关注却十分困难，因为对人们来说，这可能是一个不愉快的话题。社区居民对虐待发生情况认知的广泛缺失和对正确的育儿方法的意见不一致，妨碍了社区工作的开展。儿童早期养育机构的教师顺理成章地成为这些活动的最有力的合作伙伴，因为他们有足够的相关知识和经验，在处理家庭所面对的挑战以及虐待、暴力行为的负面效应时，具有相当的权威性（Kracke & Cohen，2008）。

预防儿童虐待的最好方法就是积极对待。这包括把关注点集中在支持和鼓励家庭，促进儿童健康成长（Washington Council for Prevention of Child Abuse，2005）。成功的预防儿童虐待工作重点有（Thomas，Leicht，Hughes，Madigan，& Dowell，2003）：

- 给儿童父母提供支持项目，尤其是初为父母者。
- 增进家庭成员的联系。
- 对父母进行养育技能培训。
- 提供针对家庭暴力的临时紧急看护场所。

社区干预应该成为预防儿童虐待策略框架中的重要组成部分，因为社区能够为儿童的生长和发育发挥许多积极的作用，例如提供图书馆、公园、学校、儿童活动场所和休闲项目。有效的预防方法必须要考虑到文化相关性和适应性，使社区每位成员都能参与到实现安全和健康的儿童养育目标中（Fontes，2005）。“项目经验”中描述了由妇女改造机构发起的在早期开端计划项目中进行的工作，这正是社区通力合作为预防儿童虐待提供积极支持的一个典范。

项目经验

通过支持母乳喂养增进母子联系

Farzana Siddiqui，Community Action Head Start，Washington County，OR

俄勒冈州华盛顿郡的社区行动在 Coffee Creek 监狱开创了一项早期开端项目。女子监狱中 75% 以上的犯人都有孩子，一些人入狱时还怀着孕。通过与俄勒冈州监狱管理部门（Department of Corrections，DOC）的合作，8 个 3 岁以下儿童跟他们仍在服刑的妈妈每周有两个半天的时间在监狱的一间早期开端项目教室里上课。专业教师帮助妈妈们学习养育技能，与孩子建立情感联系，以便在出狱后能够胜任这一角色，并且每月探访孩子的抚养人。

现有的监狱系统提供围生期和分娩期的保健服务，但是早期开端计划、DOC 和卫生部门的工作人员共同确定了其中的一些不足，因此设立了围生期保健服务小组[1]。这个小组没有额外的资金支持，工作主要是改善母亲的护理，当怀孕的女犯在医院待产时提供可持续性的相关支持。

对目前的体系进行分析后发现仍存在几项挑战。怀孕的女囚分娩前被囚禁在一个安全的中转机构，之后在社区医院生产，母亲回到监狱，孩子被家庭成员或领养父母代为养育。母乳喂养和送出母乳是被允许的，但程序上十分繁琐。母亲必须在正常探监时间才能见到孩子并哺乳，而且被计入有限的探监次数，这就使母亲不得不在给婴儿喂奶和与其他家人进行会面之间做出选择。母亲只能用手动吸奶器泵出母乳，家属还必须带上冰袋来运输母乳。

通过新设立的早期开端计划项目，母亲们使用上了由“妇女、婴儿和儿童”（Women，Infants and Children，WIC）项目资助的电动吸奶器，给婴儿喂母乳也不再计入探监次数。例如，一位女囚在孕早期进入监狱服刑。生下儿子以后，一个志愿者带着孩子探望她，加强了她对母亲的身份认同，她能够吸奶来哺育婴儿，还参与了药物滥用的戒断项目。一位 DHS 项目工作者带着她的儿子去了 Coffee Creek 儿童发展中心，在那里母亲和孩子建立起亲密联系，她还能给婴儿喂养母乳。现在，母亲已经出狱，跟儿子重聚，母子间建立起强有力的亲子关系。

[1] 这一小组的成员包括：Sharon Bolmeier，Community Head Start Family Support Teacher；Sue Omel，RN，MS，MTH，Washington County Dept of Health and Human Services Supervisor；Cally Wolery，Nurse Manager at Coffee Creek；Becky Wiggin，Executive Support at Coffee Creek；and Carol Thompson，RN，Nurse at Coffee Creek.

总结

许多低龄儿童曾遭受过虐待行为的伤害，或者家庭没能够保护他们免于受害。教师应该能够关注到不同类型的不当行为，并了解虐待所带来的长期危害。不当行为可以从儿童的身体和行为举止中见到端倪，可表现为儿童身上的可见伤痕、在游戏活动中表现出一些迹象，或者直接跟教师讲述虐待的发生。

教师和其他能近距离接触儿童的工作人员有责任上报疑似不当行为的案例。教师应做好充分的准备，了解不当行为的特征、上报程序，明确自己在保护服务过程中的角色。

儿童会暴露于各种形式的暴力行为中，这对他们的学习和生活能力都会产生不良影响。教师应做好准备帮助儿童应对问题和管理困难行为。

教师在帮助目击暴力行为的儿童中扮演重要角色，应帮助他们掌握应对技能，支持他们在困难的时期尽快恢复。这是帮助儿童对周围的人和世界重建信任至关重要的一步。

预防儿童虐待是儿童早期发展工作中的重要一环，包括雇佣值得信任、了解养育和关爱儿童方法的教师。教师也是社区开展预防儿童虐待工作的主要资源之一，帮助建设安全社区，促进儿童健康成长。

关键词

儿童虐待　儿童忽视　施暴者　不当对待儿童　强制报告人　恢复力

问题回顾

1. 躯体虐待和忽视的定义。描述各类不当对待儿童的行为有何不同特征。列举 4 个虐待实例和 4 个忽视的实例。
2. 描述不当对待儿童行为所表现的躯体和行为特征。
3. 让儿童家庭成员明白教师有责任上报疑似不当行为这一点非常重要。你如何与班级上的儿童家长分享相关信息？
4. 儿童经历暴力行为的类型有哪些？列举 3 种，并描述这些行为是如何影响儿童的。
5. 列举 3 个关于教师如何支持儿童有效应对暴力后果的实例。

讨论

1. 回忆你的童年或为人父母的经历。你认为不当对待儿童行为发生的原因是什么？浏览你所在地区的媒体，列举一个新闻中的案例。跟你班上的同学讨论此案例，列举可能预防该行为发生的支持策略。
2. 许多教师对一些儿童的行为感觉讨厌或不耐烦，例如过分依赖、哭闹、发牢骚、总流鼻涕、不服管教或有攻击性行为。列举你认为最让人感觉厌烦的行为。你会采取什么样的方法和步骤去管理这些行为？与其他人交流你的想法，谈谈可能获得的支持。
3. 上报疑似的虐待或忽视案例是一项充满压力的工作，因为这意味着教师必须有理由确定不当行为真的已经发生。你认为什么样的不当行为最难以分辨？对你来说上报过程中的哪一步骤最困难？你会把信息报告给什么机构？

实践要点

1．参考图 4-1，推测为什么针对不同年龄儿童的虐待行为发生率不一样。跟其他人讨论你的结论。查找权威资料验证你的观点。
2．花时间观看你所在地区的儿童节目，你认为哪些内容已经构成暴力？这些角色表现的侵略性或暴力行为在剧中有合理的解释吗？你在观看这些与暴力相关的节目中学到了什么？你会在你的班级实施什么样的活动来降低此类信息对儿童的影响？
3．收集你所在社区儿童虐待和忽视的发生率和流行率。列举暴力受害儿童及其家庭能获得的支持性资源。儿童和父母能够获得哪些专门的服务？获得这些帮助需要付费吗？有没有其他阻碍家庭获得帮助的因素？

网络资源

American Humane Society

www.americanhumane.org/protecting-children

Child Trends

www.childtrends.org

Child Welfare Information Gateway

www.childwelfare.gov

Family Violence Prevention Fund

http：//endabuse.org/userfles/fle/Children_and_Families/DomesticViolence.pdf

National Center on Shaken Baby Syndrome

www.dontshake.org

New York Society for the Prevention of Cruelty to Children

www.nyspcc. org

参考文献

第一章

Agran, P. F., Anderson, C., Winn, D., Trent, R., Walton-Haynes, L., & Thayer, S. (2003) Rates of pediatric injuries by 3-month intervals for children 0 to 3 years of age. *Pediatrics, 111*(6), 3683–3692.

American Academy of Dermatology. (2005). *Sun protection for children*. Schaumburg, IL: Author. Retrieved September 5, 2012, from http://www.aad.org/public/publications/pamphlets/sun_sunprotection.html

American Academy of Pediatrics. (2001). Prevention of agricultural injuries among children and adolescents. *Pediatrics, 108*(4), 1016–1019.

American Academy of Pediatrics, American Public Health Association, & National Resource Center for Health and Safety in Child Care and Early Education. (2011). *Caring for our children: National health and safety performance standards; Guidelines for early care and education programs* (3rd ed.). Elk Grove Village, IL: American Academy of Pediatrics; Washington, DC: American Public Health Association. Also available at http://nrckids.org.

Borse, N., Gilchrist, J., Dellinger, A., Rudd, R., Ballesteros, M., & Sleet, D. (2008, December). *CDC childhood injury report: patterns of unintentional injuries among 0-19 year olds in the United States, 2000–2006*. U.S. Department of Health and Human Services, Centers for Disease Control and Prevention, National Center for Injury Prevention and Control, Division of Unintentional Injury Prevention. Atlanta, GA.

Bureau of Labor Statistics, U.S. Department of Labor. (2010). *Occupational outlook handbook: 2008–09 edition, Teachers–preschool–kindergarten, elementary, middle, and secondary*. Retrieved July 21, 2012, from http/www.bls.gov/OCO

Caronongan, P., Kirby, G., Malone, L., & Boller, K. (2011). *Defining and measuring quality: An in-depth study of five child care quality rating and improvement systems*. OPRE Report #2011-29. Washington, DC: Office of Planning, Research and Evaluation, Administration for Children and Families, U.S. Department of Health and Human Services. Retrieved July 21, 2012, from http://www.acf.hhs.gov/programs/opre/cc/childcare_quality/five_childcare/five_childcare.pdf

Center on the Developing Child at Harvard University. (2012). *The science of neglect: The persistent absence of responsive care disrupts the developing brain: working paper 12*. Retrieved from www.developingchild.harvard.edu

Centers for Disease Control and Prevention. Retrieved July 20, 2012, from http://www.cdc.gov/mmwr/preview/mmwrhtml/mm61e0416a1.htm

Centers for Disease Control and Prevention. (2008). *10 leading causes of injury death by age group highlighting unintentional injury deaths, United States, 2008*. Retrieved July 21, 2012, from http://www.cdc.gov/Injury/wisqars/pdf/Leading_Causes_injury_Deaths_Age_GRoup_Highlighting_Unintentional_Injury%20Deaths_US_2008-a.pdf

Centers for Disease Control and Prevention. (2009). *10 leading causes of injury deaths by age group highlighting unintentional injury deaths, United States–2009*. Retrieved July 18, 2012, from http://www.cdc.gov/injury/wisqars/LeadingCauses.html

Centers for Disease Control and Prevention (2010). *National estimates of the 10 leading causes of nonfatal injuries treated in hospital emergency departments, United States–2010*. Office of Statistics and Programming, National Center for Injury Prevention and Control. Retrieved July 18, 2012, from http://www.cdc.gov/injury/wisqars/LeadingCauses.html

Cohen, J., Onunaku, N., Clothier, S., & Poppe, J. (2005). *Helping young children succeed: Strategies to promote early childhood social and emotional development*. Retrieved May 31, 2007, from the National Conference of State Legislatures website: http://www.zerotothree.org/site/DocServer/helping_young_children_succeed_final.pdf?docID=1725&AddInterest=1157

Copple, C., & Bredekamp, S. (2009). *Developmentally appropriate practice in programs serving children from birth through age 8*. National Association for the Education of Young Children.

Currie, J. M., & Hotz, V.J. (2004). Accidents will happen? Unintentional injury, maternal employment, and child care policy. *Journal of Health Economics*, 23, 25–59.

Danseco, E. R., Miller, T. R., & Spicer, R. S. (2000). Incidence and costs of 1987–1994 childhood injuries: Demographic breakdowns. *Pediatrics, 105*(2), e27. Online at: http://pediatrics.aappublications.org/cgi/content/full/105/2/e27

Edwards, C., Gandini, L., & Forman, G. (1993). *The hundred languages of children: The Reggio Emilia approach to early childhood education*. Norwood, NJ: Ablex Publishing.

Greenman, J. B. (2005, May). Places for childhood in the 21st century: A conceptual framework. In *Young children: Beyond the journal*.

Katz, L. G., & Cesarone, B. (Eds.). (1994). *Reflections on the Reggio Emilia approach*. Urbana, IL: ERIC Clearinghouse on Elementary and Early Childhood Education.

Maine Bureau of Insurance. (2012). *A consumer's guide to . . . Child care liability insurance*. Retrieved July 21, 2012, from http://maine.gov/pfr/insurance/consumer/daycare.html

Maslow, A. (1954). *Motivation and personality*. New York: Harper & Row.

Moore Johnson, S. (2006). *The workplace matters: Teacher quality, retention, and effectiveness* (Best Practices Working Papers). Washington, DC: National Education Association. Retrieved from http://www.nea.org/research/bestpractices/images/wcreport.pdf

Montessori, M. (1966). *The secret of childhood*. Notre Dame, IN: Fides.

National Association of Child Care Resource and Referral Agencies [NACCRRA]. (2008). *Leaving children to chance: NACCRRA's ranking of state standards and oversight of small family child care homes*. Retrieved January 6, 2012, from: http://www.naccrra.org/publications/naccrra-publications/leaving-children-to-chance

National Association for the Education of Young Children. (1998). *Licensing and public regulation of early childhood programs*. Retrieved September 14, 2009, from http://208.118.177.216/about/positions/pdf/PSLIC98.PDF

National Association for the Education of Young Children. (2007). *NAEYC early childhood program standards and accreditation criteria: The mark of quality in early childhood education*. Washington, DC: Author.

National Association for the Education of Young Children (NAEYC). (2008). *Overview of the NAEYC Early Childhood Program Standards*. Retrieved January 6, 2012, from http://www.naeyc.org/files/academy/file/OverviewStandards.pdf

National Association for the Education of Young Children. (2011). *Code of ethical conduct and statement of commitment*. Retrieved July 13, 2012, from http://www.naeyc.org/positionstatements/ethical_conduct

National Association for Regulatory Administration [NARA]. (2010). *National child care licensing study*. 2008. Retrieved July 21, 2012, from http://www.naralicensing.drivehq.com/2008_Licensing_Study/1005_2008_Child%20Care%20Licensing%20Study_Full_Report.pdf

National Child Care Information and Technical Assistance Center & National Association for Regulatory Administration [NARA]. (2010). *The*

2008 child care licensing study. Retrieved from http://www.naralicensing.org/Licensing_Study

National Head Start Facilities Information Services. (2002). *Region IV Head Start quality improvement center.* Bowling Green, KY: Author.

National Institute of Child Health & Human Development (NICHD). (2006). *SIDS: "Back to Sleep" campaign.* National Institutes of Health. Retrieved from http://www.nichd.nih.gov/sids/

National Institute of Child Health & Human Development (NICHD). (2012). *Back to sleep public education campaign.* National Institute of Child Health & Human Development. Retrieved July 21, 2012, from https://www.nichd.nih.gov/sids/

Nemours Foundation. (2012). *KidsHealth for parents: Playground safety.* Retrieved July 21, 2012, from http://www.kidshealth.org/parent/firstaid_safe/outdoor/playground.html

New, R. S. (1993). *Reggio Emilia: Some lessons for U.S. educators.* Retrieved from http://ceep.crc.uiuc.edu/eecearchive/digests/1993/new93.html

Pate, R., Pfeiffer, K. A., Trost, S. G., Ziegler, P., & Dowda, M. (2004). Physical activity among children attending preschools. *Pediatrics, 114*(5), 1258–1263.

Perri, F. S. (2006). *You're being investigated . . . Now What?* Redleaf National Institute, the National Center for the Business of Family Child Care. Retrieved from http://www.redleafinstitute.org

Phelan, K. J., Khoury, J., Kalkwarf, H., & Lanphear, B. (2005). Most childhood injuries occur at home. *Public Health Reports.* Retrieved January 6, 2012, from http://www.childrenscolorado.org/wellness/info/news/41169.aspx

Ritchie, S., & Weller, B. (Eds.). (2005). *Physical environment: A guide to the NAEYC early childhood program standard and related accreditation criteria.* Washington, DC: National Association for the Education of Young Children.

Rivkin, M. S. (1995). *The great outdoors: Restoring children's right to play outside.* Washington, DC: National Association for the Education of Young Children.

Savage, M. A., Kawanabe, I. T., Mejeur, J., Goehring, J. B., & Reed, J. B. (2002). *Protecting children: A guide to child traffic safety laws.* Washington, DC: National Conference of State Legislatures.

Shonkoff, J. P., & Phillips, D. A. (Eds.). (2000). *From neurons to neighborhoods: The science of early childhood development.* National Research Council and Institute of Medicine. Committee on Integrating the Science of Early Childhood Development. Board on Children, Youth, and Families, Commission on Behavioral and Social Sciences and Education. Washington, DC: National Academy Press.

Sussman, C., & Gillman, A. (2007). *Building early childhood facilities—What states can do to create supply and promote quality* (NIEER Preschool Policy Report). New Brunswick, NJ: National Institute for Early Education Research. Retrieved July 2, 2012, from http://www.nieer.org/resources/research/Facilities.pdf

Tarr, P. (2001). Aesthetic codes in early childhood classrooms: What art educators can learn from Reggio Emilia. *Art Education, 54*(3) 33–39.

Telep, V. (2009). *Tips on toys.* (Pub. #350-063). Blacksburg: Virginia State University Cooperative Extension. Retrieved July 21, 2012, from http://pubs.ext.vt.edu/350/350-063/350-063.html

Trancik, A. M., & Evans, G. W. (1995). Spaces fit for children: Competency in the design of daycare center environments. *Children's Environments, 12*(3), 43–58.

U.S. Census Bureau. U.S. Department of Commerce, 2010. *Who's minding the kids? Child care arrangements, Spring 2010.* Retrieved July, 2012, from http://www.census.gov/hhes/childcare/data/sipp/2010/tables.html

U.S. Consumer Product Safety Commission. (1999). *Consumer product safety commission staff study of safety hazards in child care settings.* Washington, DC: Author. Retrieved July 12, 2012, from http://www.cpsc.gov/library/ccstudy.html

U.S. Consumer Product Safety Commission. (2008, April). *Public playground saftey handbook* (Publication No. 325). Retrieved July 21, 2012, from http://www.cpsc.gov/CPSCPUB/PUBS/325.pdf

U.S. General Services Administration. (2003, July). *Child care center design guide.* Washington, DC: Author. Retrieved July 2, 2012, from http://www.gsa.gov/graphics/pbs/designguidesmall.pdf

Wrigley, J., & J. Dreby. (2005). Fatalities and the Organization of Child Care in the United States, 1985–2003. *American Sociological Review, 70,* 729–757. Retrieved July 21, 2012, from http://fcd-us.org/resources/fatalities-and-organization-child-care-united-states-1985-2003?destination=resources%2Fsearch%3Fpage%3D23

Wyatt, J. (2001). *Just what is adequate liability coverage?* Redleaf National Institute, the National Center for the Business of Family Child Care. Retrieved April 15, 2007, from http://www.redleafinstitute.org

York, S. (1991). *Roots and wings: Affirming culture in early childhood programs.* St. Paul, MN: Redleaf Press.

第二章

Alter, P. J., & Conroy, M. (2007). *Recommended practices: Preventing challenging behavior in young children: Effective practices.* Center for Evidence-Based Practice. Retrieved from www.challengingbehavior.org

American Academy of Pediatrics, American Public Health Association, and National Resource Center for Health and Safety in Child Care and Early Education. (2011). *Caring for our children: National Health and Safety Performance Standards: Guidelines for out-of-home child care programs* (2nd ed.). Elk Grove Village, IL: American Academy of Pediatrics and Washington, DC: American Public Health Association. Also available at: http://nrc.uchsc.edu

Bales, D., Wallinga, C., & Coleman, M. (2005). *The teaching basic health and safety in the early childhood classroom curriculum.* University of Georgia.

Bluth, L. (1993). Transporting infants, toddlers and preschool children with disabilities. *School Business Affairs, 59*(4), 13–16.

Bowlby, J. (1982). *Attachment and loss: Vol. 1. Attachment* (2nd ed.). New York: Basic Books.

Carson, K. (2006). Family mealtimes: More than just eating together. *Journal of the American Dietetic Association,* (106), 532–533.

Centers for Disease Control and Prevention, National Center for Injury Prevention and Control. (2006). *Web-based injury statistics query and reporting system (WISQARS).* Available online at: http://www.cdc.gov/ncipc/wisqars

Early Childhood Learning and Knowledge Center (ECLKC). (2008). Office of Head Start, U.S. Department of Health and Human Services Administration for Children and Families. For guidance about safe transportation of young children in Head Start (ages 3 to 5 years) and Early Head Start (ages infant to 3 years). Retrieved February 1, 2012, from http://eclkc.ohs.acf.hhs.gov/hslc

Fox, L., & Garrison, S. (2009). Helping children learn to manage their own behavior: What Works Brief #7. Center for Social and Emotional Foundations for Early Learning. Retrieved July 17, 2012, from http://csefel.vanderbilt.edu/resources/what_works.html

French, K. (2004). Supporting a child with special health care needs. *Young Children, 59*(2), 62–63.

Gartrell, D. (2006). Guidance matters: The beauty of class meetings. *Young Children, 61*(6) 1–3.

Gartrell, D., & Gartrell, J. J. (2008). Guidance matters: Understanding bullying. *Young Children. 63*(3), 54–57.

Gilliam, W. S. (2005). Prekindergartners left behind: Expulsion rates in state prekindergarten programs. *Policy Briefs.* Foundation for Child Development. Retrieved July 13, 2012, from http://www.challengingbehavior.org/explore/policy_docs/prek_expulsion.pdf

Hanline, M. F., Nunes, D., & Worthy, M. B. (2007). Augmentative and alternative communication in the early childhood years. *Young Children, 62*(4), 78–82.

Hemmeter, M., Ostrosky, M., Artman, K., & Kinder, K. (2008, May). Planning transitions to prevent challenging behavior. Beyond the Journal: *Young Children* on the Web. National Association for the Education of Young Children. Retrieved January 9, 2013, from http://journal.naeyc.org/btj/200805/pdf/BTJ_Hemmeter_Transitions.pdf

Kern, P., & Wakeford, L. (2007). Supporting outdoor play for young children: The zone model of playground supervision. *Young Children. 62*(5), 12–18.

Nast, P. (2012). Establishing classroom rules. *Classroom Management.* National Education Association. Retrieved July 13, 2012, from http://www.nea.org/tools/establishing-classroom-rules.html

National Association for the Education of Young Children (NAEYC). (2006). *NAEYC accreditation classroom observation tool.* Washington, DC: NAEYC.

National Association for the Education of Young Children. (2009). *Developmentally appropriate practice in early childhood programs serving children birth through 8.* Washington DC: NAEYC.

National Association for the Education of Young Children (NAEYC). (2011a). *Code of ethical conduct and statement of commitment.* Retrieved July 13, 2012, from http://www.naeyc.org/positionstatements/ethical_conduct

National Association for the Education of Young Children (NAEYC). (2011b). *Q & A highlights: What can I do when a child bites?* Retrieved July 13, 2012, from http://www.naeyc.org/event/challenging-behaviors/highlights

National Education Association. (2002–2006). *Classroom management.* Retrieved July 13, 2012, from http://www.nea.org/tools/ClassroomManagement.html

National Highway Traffic Safety Administration. (1999, February). *Guidelines for the safe transportation of pre-school age children in school buses.* Retrieved July 13, 2012, from http://www.nhtsa.dot.gov/people/injury/buses/Guide1999/prekfinal.htm

National Highway Traffic Safety Administration. (2011). School transportation related crashes. *Traffic safety facts: 2009 data.* NHTSA National Center for Statistics and Analysis. Publication 811396. Retrieved July 17, 2012, from http://www-nrd.nhtsa.dot.gov/Pubs/811396.pdf

National Safety Council. (2009). *School bus safety: Infants, toddlers, and preschoolers.* Retrieved July 17, 2012, from http://www.nsc.org/news_resources/Resources/Documents/School_Bus_Safety_Infants_Toddlers_and_Pre-schoolers.pdf

Olson, M. (2007). Strengthening families: Community strategies that work. *Young Children, 62*(2), 26–32.

Savage, M., Kawanabe, I., Mejeur, J., Goehring, J., & Reed, J. (2002). *Protecting children: A guide to traffic safety laws.* National Conference of State Legislatures. Retrieved February 1, 2012, from http://www.nhtsa.gov/staticfiles/nti/enforcement/pdf/ProtectingChildren.pdf

Start Safe Kids USA. (2009). *Start safe fire safety. Start safe fire: A fire and burn prevention safety program for preschoolers and their families.* Retrieved July 17, 2012, from http://www.safekids.org/educators/Start-safe/fire-safety/

Strain, P. S., & Dunlap, G. 2006. *Recommended practices: Being an evidence-based practitioner.* Tampa: University of South Florida, Louis de la Parte Florida Mental Health Institute, Center for Evidence-based Practice: Young Children with Challenging Behavior.

U.S. Consumer Products Safety Commission. (2012). *Water safety tips.* Publication 210. Retrieved February 1, 2012, from http://www.cpsc.gov/cpscpub/pubs/210.pdf

Wittmer, D. S., & Petersen, S. H. (2008). Issues in infant/toddler programs. In S. Feeney, (Ed.), Issues in Early Childhood Education. Upper Saddle River, NJ: Merrill Prentice Hall.

第三章

American Academy of Pediatrics, American Public Health Association, National Resource Center for Health and Safety in Child Care and Early Education. (2011). *Caring for our children: National health and safety performance standards; Guidelines for early care and education programs* (3rd ed.). Elk Grove Village, IL: American Academy of Pediatrics; Washington, DC: American Public Health Association. Also available at http://nrckids.org

American Red Cross. (2012a). *Red Cross helps kids build preparedness backpacks.* Retrieved May 7, 2012, from www.redcross.org

American Red Cross. (2012b). *Recovering after disaster: Recovering emotionally.* Retrieved May 7, 2012, from www.redcross.org

Ben-Joseph, E. P. (2010). Hey! A black widow spider bit me! *KidsHealth.* Nemours Foundation. Retrieved May 7, 2012, from http://kidshealth.org/kid/ill_injure/bugs/black_widow.html#

Ben-Joseph, E. P. (2011). Asthma. *KidsHealth.* Nemours Foundation. Retrieved May 7, 2012, from http://kidshealth.org/kid/asthma_basics/what/asthma.html#

Berg, M. D., Schexnayder, S. M., Chameides, L., Terry, M., Donoghue, A., Hickey, R. W., Berg, R. A., Sutton, R. M., & Hazinski, M. F. (2010). Part 13: Pediatric basic life support: 2010 American Heart Association Guidelines for Cardiopulmonary Resuscitation and Emergency Cardiovascular Care. *Circulation, 122*(suppl 3), S862–S875.

Centers for Disease Control and Prevention. (2006). *Emergency preparedness: Chemical spills.* Retrieved July 18, 2012, from http://www.bt.cdc.gov/planning/shelteringfacts.asp

Centers for Disease Control and Prevention. (2009). *10 leading causes of injury deaths by age group highlighting unintentional injury deaths, United States – 2009.* Office of Statistics and Programming, National Center for Injury Prevention and Control. Retrieved July 18, 2012, from http://www.cdc.gov/injury/wisqars/LeadingCauses.html

Centers for Disease Control and Prevention. (2012a). *Injury prevention and control: Traumatic brain injury (TBI).* Retrieved July 19, 2012, from http://www.cdc.gov/traumaticbraininjury/severe.html

Centers for Disease Control and Prevention. (2012b). *Asthma. Basic information.* Retrieved July 18, 2012, from http://www.cdc.gov/asthma/faqs.htm

Centers for Disease Control and Prevention. (2012c). *NIOSH workplace safety and health topics: Heat stress.* Retrieved July 18, 2012, from http://www.cdc.gov/niosh/topics/heatstress/

Centers for Disease Control and Prevention. (2012d). *Emergency preparedness and response: Coping with disaster or traumatic events.* CDC Emergency Risk Communication Branch (ERCB), Division of Emergency Operations (DEO), Office of Public Health Preparedness and Response (OPHPR). Retrieved July 18, 2012, from http://emergency.cdc.gov/mentalhealth/

Centers for Disease Control and Prevention. (2012e). *Emergency Preparedness & Response. Frequently Asked Questions (FAQ) About Extreme Heat.* Retrieved January 9, 2013, from http://www.bt.cdc.gov/disasters/extremeheat/faq.asp

Cronan, K. M. (2011b). Nosebleeds. *KidsHealth.* Nemours Foundation. Retrieved May 7, 2012, from http://kidshealth.org/parent/firstaid_safe/emergencies/nose_bleed.html#

Cronan, K. M. (2011b). Nosebleeds. *KidsHealth.* Nemours Foundation. Retrieved May 7, 2012, from http://kidshealth.org/parent/firstaid_safe/emergencies/nose_bleed.html#

Cunah, J. P., & Shiel, W. C. (2007). *Nosebleed.* Retrieved from http://www.medicinenet.com/nosebleed/article.htm

Curtis, N. (2008). Emergency response planning for child care providers. Montgomery County, MD: Child Care Resource and Referral Agency. Retrieved July 18, 2012, from http://www.montgomerycountymd.gov/content/hhs/phs/APC/childcaremanual.pdf

Defelice, M., & Stewart, S. M. (2011). Nut or peanut allergy. *KidsHealth.* Nemours Foundation. Retrieved May 7, 2012, from http://kidshealth.org/kid/nutrition/diets/nut_allergy.html#

Dowshen, S. (2010). Dealing with cuts. *KidsHealth.* Nemours Foundation. Retrieved May 18, 2012, from http://kidshealth.org/parent/firstaid_safe/emergencies/bleeding.html

Dugdale, D. C., Henochowicz, S. L., & Zieve, D. (2008). *Anaphylaxes.* MedlinePlus. U.S. National Library of Medicine & National Institutes of Health. Retrieved from http://www.nlm.nih.gov/medlineplus/ency/article/000844.htm

Dugdale, D. C., & Zieve, D. (2010). *Febrile Seizures.* MedlinePlus. U.S. National Library of Medicine & National Institutes of Health. Retrieved January 9, 2013, from http://www.nlm.nih.gov/medlineplus/ency/article/000028.htm; http://www.nlm.nih.gov/medlineplus/ency/article/000980.htm

Duldner, J. E., & Zieve, D. (2008). *Insect bites and stings.* Medline Plus. U.S. National Library of Medicine & National Institutes of Health. Retrieved from http://www.nlm.nih.gov/medlineplus/ency/article/000033.htm

Federal Emergency Management Agency FEMA). (2010). *Helping children cope with disaster.* Retrieved April 25, 2012, from http://www.fema.gov/rebuild/recover/cope_child.shtm

Federal Emergency Management Agency (FEMA). (2012a). *Hazardous materials incidents.* Retrieved July 18, 2012, from http://www.ready.gov/hazardous-materials-incidents

Federal Emergency Management Agency (FEMA). (2012b). *Natural disasters.* Retrieved July 18, 2012, from http://www.ready.gov/natural-disasters

Federal Emergency Management Agency (FEMA). (2012c). *Pandemic.* Retrieved July 18, 2012, from http://www.ready.gov/pandemic

Filloux, F., & Goodman, M. (2010). Seizures. *KidsHealth.* Nemours Foundation. Retrieved January 9, 2012, from http://kidshealth.org/parent/firstaid_safe/emergencies/seizure.html#

Gavin, M. L. (2010). What's a bruise? *KidsHealth.* Nemours Foundation. Retrieved May 7, 2012, from http://kidshealth.org/kid/talk/qa/bruise.html

Goss, L. A. (2010). Tooth injuries. *KidsHealth.* Nemours Foundation. Retrieved May 18, 2012, from http://kidshealth.org/parent/firstaid_safe/emergencies/tooth_injury.html

Government Services Agency, Child Care Division. (2011). *Child Care Emergency Preparedness Toolbox.* Retrieved April 25, 2012, from http://www

.gsa.gov/graphics/pbs/Child_Care_Emergency_Preparedness_Toolbox.pdf

Heller, J. L., & Zieve, D. (2010a). *Burns.* MedLinePlus. U.S. National Library of Medicine & National Institutes of Health. Retrieved May 18, 2012, from http://www.nlm.nih.gov/medlineplus/ency/article/000030.htm

Heller, J. L., & Zieve, D. (2010b). *Shock.* MedLinePlus. U.S. National Library of Medicine & National Institutes of Health. Retrieved May 18, 2012, from http://www.nlm.nih.gov/medlineplus/ency/article/000039.htm

Heller, J. L., & Zieve, D. (2010c). *Human bites.* Medline Plus. U.S. National Library of Medicine & National Institutes of Health. Retrieved July 18, 2012, from http://www.nlm.nih.gov/medlineplus/ency/article/000035.htm

Heller, J. L., & Zieve, D. (2011a). *Choking first aid: Adults and children over age 1.* MedlinePlus. U.S. National Library of Medicine & National Institutes of Health. Retrieved May 18, 2012, from http://www.nlm.nih.gov/medlineplus/ency/presentations/100222_5.htm

Heller, J. L., & Zieve, D. (2011b). *Choking first aid: Infant under 1 year.* MedlinePlus. U.S. National Library of Medicine & National Institutes of Health. Retrieved May 18, 2012, from http://www.nlm.nih.gov/medlineplus/ency/presentations/100221_3.htm

Heller, J. L., & Zieve, D. (2011c) *Bleeding.* MedlinePlus. U.S. National Library of Medicine & National Institutes of Health. Retrieved May 18, 2012, from http://www.nlm.nih.gov/medlineplus/ency/presentations/100221_3.htm

Heller, J. L., & Zieve, D. (2011d) *Electrical Injury.* MedlinePlus. U.S. National Library of Medicine & National Institutes of Health. Retrieved January 9, 2013, from http://www.nlm.nih.gov/medlineplus/ency/article/000028.htm; http://www.nlm.nih.gov/medlineplus/ency/article/000053.htm

Heller, J. L., & Zieve, D. (2012) *Head injury first aid.* MedlinePlus. U.S. National Library of Medicine & National Institutes of Health. Retrieved January 9, 2013, from http://www.nlm.nih.gov/medlineplus/ency/article/000028.htm

Homeier, B. P. (2005). Falls. *KidsHealth.* Nemours Foundation. Retrieved January 9, 2012, from http://kidshealth.org/teen/safety/first_aid/falls_sheet.html

Illinois Emergency Medical Services for Children. (2006). *Emergency preparedness planning guide for child care centers.* Retrieved May 2, 2012, from ttp://www.chtc.org/dl/handouts/20061114/20061114-2.pdf

International Save the Children Alliance. (2006). *Two years later: Rebuilding lives after the tsunami: The children's road to recovery.* London: Author. Retrieved July 18, 2012, from http://www.savethechildren.org/atf/cf/%7B9def2ebe-10ae-432c-9bd0-df91d2eba74a%7D/savechild_tsunami_report.pdf

Kaneshiro, N. K., & Zieve, D. (2008). *Signs of an asthma attack.* MedlinePlus. U.S. National Library of Medicine & National Institutes of Health. Retrieved from http://www.nlm.nih.gov/medlineplus/ency/patientinstructions/000062.htm

Klein, J. (2010). Rabies. *KidsHealth.* Nemours Foundation. Retrieved May 7, 2012, from http://kidshealth.org/kid/health_problems/infection/rabies.html

MacCormack, C. (2008). *How to help children cope after the tornadoes in the south: Ten tips from Save the Children.* Westport, CT: Save the Children. Retrieved July 18, 2012, from www.savethechildren.org/newsroom/2008/how-to-help-children-cope.html

National Association of Child Care Resource and Referral Agencies (NACCRRA) and Save the Children. (2010). *Protecting children in child care during emergencies.* Retrieved April 16, 2012, from http://www.naccrra.org/sites/default/files/publications/naccrra_publications/2012/protectingchildreninchildcareemergencies.pdf

National Commission on Children and Disasters. (2010, October). *2010 Report to the President and Congress.* AHRQ Publication No. 10-M037. Rockville, MD: Agency for Healthcare Research and Quality.

National Institute of General Medical Sciences. (2008). *Burns fact sheet.* Retrieved from http://www.nigms.hih.gov/Publications/Factsheet_Burns.htm

Purdue University. (2012). *Radiological and environmental management: Blood spill procedures.* West Lafayette, IN: Author. Retrieved January 9, 2013, from http://www.purdue.edu/rem/eh/bsp.htm

Rosenbaum, S., Harty, M., & Sheer, J. (2008, March–April). State laws extending comprehensive legal liability protections for professional health-care volunteers during public health emergencies. *Public Health Report, 123*(2), 238–241. PMC2239336. Association of Schools of Public Health. Retrieved May 13, 2012, from http://www.ncbi.nlm.nih.gov/pmc/articles/PMC2239336/

Schwartz, A. (2009). *Head Start Emergency Preparedness Manual.* Office of Head Start, Administration for Children and Families, U.S. Department of Health and Human Services. Retrieved July 18, 2012, from http://eclkc.ohs.acf.hhs.gov/hslc/tta-system/health/ep/Head_Start_Emergency_Preparedness_Manual.pdf

Siegel, J. D., Rhinehart, E., Jackson, M., Chiarello, L., & the Healthcare Infection Control Practices Advisory Committee. (2007). *Guideline for isolation precautions: Preventing transmission of infectious agents in healthcare settings.* Retrieved May 15, 2012, from http://www.cdc.gov/ncidod/dhqp/pdf/isolation2007.pdf

Vorvick, L. J. (2011). *Eye—foreign object in.* MedlinePlus. U.S. National Library of Medicine & National Institutes of Health. Retrieved July 18, 2012, from http://www.nlm.nig.gov/medlineplus/ency/article/002084.htm

Vorvick, L. J., & Zieve, D. (2009a). *Broken bones.* Medline Plus. U.S. National Library of Medicine & National Institutes of Health. Retrieved from http://www.nlm.nih.gov/medlineplus/ency/article/000001.htm

Vorvick, L. J., & Zieve, D. (2009b). *Bruises.* Medline Plus. U.S. National Library of Medicine & National Institutes of Health. Retrieved from http://www.nlm.nih.gov/medlineplus/ency/article/007213.htm

第四章

Administration for Children and Families. (2010). The Child Abuse and Prevention and Treatment Act. (PL 111-320) Reauthorization of CAPTA, 2012. U.S. Department of Health & Human Services, Retrieved June 2012, from http://www.acf.hhs.gov/programs/cb/laws_policies/cblaws/capta/capta2010.pdf

American Psychological Association. (2004). *Violence in the media—Psychologists help protect children from harmful effects.* Retrieved July 21, 2012, from http://www.apa.org/research/action/protect.aspx

Center on the Developing Child at Harvard University. (2007, August). *A science-based framework for early childhood policy: Using evidence to improve outcomes in learning, behavior and health for vulnerable children.* Cambridge, MA: Author. Retrieved July 21, 2012, from http://developingchild.harvard.edu/files/7612/5020/4152/Policy_Framework.pdf

Centers for Disease Control and Prevention (CDC). (2010). Understanding Child Maltreatment Fact Sheet. Retrieved June 2012, from http://www.cdc.gov/ViolencePrevention/pdf/CM-FactSheet-a.pdf

Chalk, R., Gibbons, A., & Scarupa, H. J. (2002). The multiple dimensions of child abuse and neglect: New insights into an old problem (child Trends Research Brief). Washington, DC: Child Trends. Retrieved July 22, 2012, from http://www.childtrends.org/files/childabuserb.pdf

Child Welfare Information Gateway (2004). *Risk and protective factors for child abuse and neglect.* Washington, DC: Author. Retrieved July 12, 2012, from http://www.childwelfare.gov/can/factors

Child Welfare Information Gateway. (2007). Recognizing Child Abuse and Neglect: Signs and Symptoms. Retrieved June 3, 2012, from http://www.childwelfare.gov/pubs/factsheets/signs.cfm

Child Welfare Information Gateway. (2008a). *What is child abuse and neglect? Factsheets.* Retrieved July 22, 2012, from http://www.childwelfare.gov/pubs/factsheets/whatiscan.cfm

Child Welfare Information Gateway. (2008b). *Long-term consequences of child abuse and neglect.* Retrieved June 3, 2012, from: http://www.childwelfare.gov/pubs/factsheets/long_term_consequences.pdf

Child Welfare Information Gateway. (2009). *Domestic violence and the child welfare system. Bulletins for professionals.* Retrieved June 2012, from http://www.childwelfare.gov/pubs/factsheets/domesticviolence.cfm

Children's Bureau & DePanfilis, D. (2006). *Child neglect: A guide for prevention assessment and intervention.* User Manual Series. Retrieved July 21, 2012, from http://www.childwelfare.gov/pubs/usermanuals/neglect/index.cfm

Cohen, E., & Knitzer, J. (2004, January). *Young children living with domestic violence: The role of early childhood programs*. Iowa City: University of Iowa.

Cohen, E., Groves, B., & Kracke, K. (2009) *Understanding children's exposure to violence*. Issue Brief: #1. The Safe Start Center Series on Children Exposed to Violence. Retrieved July 18, 2012, from http://www.safestartcenter.org/pdf/IssueBrief1_UNDERSTANDING.pdf

Cohen, J., Onunaku, N., Clothier, S., & Poppe, J. (2006). *Helping young children succeed: Strategies to promote early childhood social and emotional development* (Early Childhood Research and Policy Report). Washington, DC: National Conference of State Legislatures and Zero to Three.

Crosson-Tower, C. (2002). How can we recognize child abuse and neglect? In *When children are abused: An educator's guide to intervention* (pp. 8–34). Boston, MA: Allyn & Bacon.

Dahlberg L. L., & Mercy, J. A. (2009, February). History of violence as a public health issue. *AMA Virtual Mentor*, *11*(2), 167–172. Available online at http://virtualmentor.ama-assn.org/2009/02/mhst1-0902.html

English, D. J., Widom, C. S., & Brandford, C. (2004). Another look at the effects of child abuse. *National Institute of Justice Journal*, 251, 23–24.

Finkelhor, D., Turner, H., Ormrod, R., Hamby, S., & Kracke, K. (2009). Children's exposure to violence: A comprehensive national survey. *Juvenile Justice Bulletin*. Office of Justice Programs. U.S. Department of Justice. Retrieved June 2012, from https://www.ncjrs.gov/pdffiles1/ojjdp/227744.pdf

Fitzpatrick, C., Barnett, T., & Pagani, L. S. (2012). Early exposure to media violence and later child adjustment. *Journal of Development and Behavioral Pediatrics*, *33*(4), 291–297. Retrieved June 2012, from http://www.ncbi.nlm.nih.gov/pubmed/22481072

Fontes, L. A. (2005). Child maltreatment prevention and parent education. In *Child abuse and culture: Working with diverse families* (pp. 76–199). New York: Guilford Press.

Fraser, M. W., & Terzian, M. A. (2005). Risk and resilience in child development: Principles and strategies of practice. In G. P. Mallon & P. M. Hess (Eds.), *Child welfare for the 21st century: A handbook of practices, policies, and programs* (pp. 55–71) New York: Columbia University Press.

Goldman, J., Salus, M. K., Wolcott, D., & Kennedy, K. Y. (2003). *A coordinated response to child abuse and neglect: The foundation for practice*. Author(s): Office on Child Abuse and Neglect, Children's Bureau. Retrieved June 2012, from http://www.childwelfare.gov/pubs/usermanuals/foundation/foundatione.cfm

Huesmann, L. R., Moise-Titus, J., Podolski, C., & Eron, L. D. (2003). Longitudinal relations between children's exposure to TV violence and their aggressive and violent behavior in young adulthood: 1977–1992. *Developmental Psychology*, *30*(2), 201–221. Available online at http://www.apa.org/journals/releases/dev392201.pdf

JAMA and Archives Journals. (2007, January 3). Child abuse and neglect associated with increased risk of depression among young adults. *Science Daily*. Retrieved January 9, 2013 from http://www.sciencedaily.com/releases/2007/01/070102092229.htm

Kaneshiro, N. K., & Dugdale, D. C. (2011). *Munchausen syndrome by proxy*. MedlinePlus. National Institutes of Health. Retrieved June 2012 from http://www.nlm.nih.gov/medlineplus/ency/article/001555.htm

Kempe, C.H., Silverman, F. N., Steele, B. F. Droegemueller, W., & Silver, H. K. (1962). The battered-child syndrome. *Journal of the American Medical Association*, *181*(1), 17–24.

Kenny, M. C. (2001). Child abuse reporting: Teachers' perceived deterrents. *Child Abuse and Neglect*, *25*(1), 81–92.

Koralek, D. (1992). *Caregivers of young children: Preventing and responding to child maltreatment*. Washington, DC: U.S. Department of Health & Human Services. Retrieved July 21, 2012, from http://www.childwelfare.gov/pubs/usermanuals/caregive/caregi.pdf

Kracke, K., & Cohen, E. P. (2008). The Safe Start Initiative: Building and disseminating knowledge to support children exposed to violence. *Journal of Emotional Abuse*, *1*(2), 155–174.

Levin, D. (2003, March). *Beyond banning war and superhero play: Meeting children's needs in violent times*. Washington, DC: National Association for the Education of Young Children.

London, K., Bruck, M., Ceci, S., & Shuman, D. (2005). Disclosure of child sexual abuse: What does research tell us about the ways the children tell? *Psychology, Public Policy, and Law*, *11*(1), 194–226.

Luthar, S., & Goldstein, A. (2004). Children's exposure to community violence: Implications for understanding risk and resilience. *Journal of Clinical Child and Adolescent Psychology*, *33*(3), 499–505. Retrieved June 2012, from http://www.ncbi.nlm.nih.gov/pubmed/15271607

Malchiodi, C. A. (2001). Using drawing as intervention with traumatized children. *Trauma and Loss: Research and Interventions*, *1*(1). Gross Pointe Woods, MI: National Institute of Trauma and Loss in Children. Retrieved July 21, 2012, from http://www.tlcinst.org/drawinginterevention.html

Malchiodi, C. A. (2008). When trauma happens, children draw. The healing arts: The restoring power of imagination. *Psychology Today*. Retrieved July 21, 2012, from http://www.psychologytoday.com/blog/the-healing-arts/200805/when-trauma-happens-children-draw-part-i

Mannheim, J. K., & Kaneshiro, N. K. (2011). *Child abuse: Physical*. PubMed. National Institutes of Health. Retrieved June 2012, from http://www.ncbi.nlm.nih.gov/pubmedhealth/PMH0002519/

Margolin, G., & Gordis, E. (2004). Children's Exposure to Violence in the Family and Community. *Current Directions in Psychological Science*, *13*(4). American Psychological Society. Retrieved June 2012, from http://www.psy.miami.edu/faculty/dmessinger/c_c/rsrcs/rdgs/peers_social_general/margolin.exposure2violence.curdir.04.pdf.

Mitchum, R. (2011). Public health epidemics without diseases. *Science Life*. University of Chicago. Retrieved June 2012, from http://sciencelife.uchospitals.edu/2011/02/03/public-health-epidemics-without-diseases/

National Association for the Education of Young Children. (1997). *Early years are learning years: Media violence and young children*. Available online at http://npin.org/library/pre1998/n00154/n00154.html

National Association for the Education of Young children. (2004). *Building circles–Breaking Cycles* (Publication DD2). Author.

National Association for the Education of Young Children. (2011). *Code of ethical conduct and statement of commitment*. Retrieved July 24, 2012, from http://www.naeyc.org/files/naeyc/file/positions/Ethics%20Position%20Statement2011.pdf

National Center for Posttraumatic Stress Disorder. (2007). *Community violence: The effects on children and teens*. U.S. Department of Veteran's Affairs. Retrieved July 21, 2012, from www.ptsd.va.gov

National Institute of Neurological Disorders and Stroke, National Institutes of Health. (2010). *NINDS Shaken baby syndrome information page*. Retrieved June 2012, from http://www.ninds.nih.gov/disorders/shakenbaby/shakenbaby.htm

National Scientific Council on the Developing Child. (2005). *Excessive stress disrupts the architecture of the developing brain* (Council Working Paper #3). Cambridge, MA: Center on the Developing Child at Harvard University. Retrieved July 21, 2012, from http://developingchild.harvard.edu/library/reports_and_working papers/wp3

National Scientific Council on the Developing Child. (2010). *Persistent fear and anxiety can affect young children's learning and development: Working paper no. 9*. Retrieved from www.developingchild.harvard.edu

New York Society for the Prevention of Cruelty to Children. (2008). *The catalyst: 1870–1874*. New York: Author. Retrieved July 22, 2012, from http://www.nyspcc.org/nyspcc/history/the_catalyst

Office on Child Abuse and Neglect, Caliber Associates, & Crosson-Tower, C. (2003). *The role of educators in preventing and responding to child abuse and neglect*. User manual series. Retrieved July 21, 2012, from http://www.childwelfare.gov/pubs/usermanuals/educator/educatorc.cfm

Osofsky, J. (1999). The impact of violence on children. *The Future of Children*, *9*(3), 33–49.

Osofsky, J. (Ed.). (2004). *Young children and trauma: Intervention and treatment*. New York: Guilford Publications.

Renteln, A. D. (2010). *Corporal punishment and the cultural defense*. Retrieved June 3, 2012, from http://scholarship.law.duke.edu/cgi/viewcontent.cgi?article=1572&context=lcp

Rice, K., & Groves, B. (2005). *Hope & healing; A caregivers' guide to helping young children af-*

fected by trauma. Washington, DC: Zero to Three.

Roer-Strier, D. (2001) Reducing risk for children in changing cultural contexts: Recommendations for intervention and training. *Child Abuse and Neglect, 25*(2), 231–248.

Shonkoff, J., & Phillips, D. (Eds.). (2000). *From neurons to neighborhoods: The science of early childhood development*. Washington DC: National Academy Press.

Springer, K. W., Sheridan, J., Kuo, D., & Carnes, M. (2007). Long-term physical and mental health consequences of childhood physical abuse: Results from a large population-based sample of men and women. *Child Abuse & Neglect, 31*, 517–530.

Swaner, R., Kohn, J. Rempel, M., Campbell, M., Jaffe, P., & Wolfe, D. (2011). *The U.S. Attorney General's Defending Childhood Initiative: Formative evaluation of the Phase I Demonstration Program*. Retrieved June 2012, from https://www.ncjrs.gov/pdffiles1/nij/grants/236563.pdf

Thomas, D., Leicht, D., Hughes, C., Madigan, A., & Dowell., K. (2003). *Emerging practices in the prevention of child abuse and neglect*. Wayne, PA: Caliber Associates. Retrieved July 21, 2012, from http://www.childwelfare.gov/preventing/programs/whatworks/report/report.pdf

U.S. Department of Health and Human Services, Administration for Children and Families, Administration on Children, Youth and Families (HHS/ACF), Children's Bureau. (2011). *Child maltreatment 2010*. Available from http://www.acf.hhs.gov/programs/cb/stats_research/index.htm#can

U.S. Department of Health and Human Services. Administration for Children and Families, National Child Abuse and Neglect Data System. (2009). *FAM7.B Child maltreatment: Percentage of substantiated maltreatment reports of children ages 0–17 by maltreatment type and age. 2009*. Retrieved July 22, 2012, from http://www.childstats.gov/americaschildren/tables/fam7b.asp?popup=true

U.S. Department of Justice. (2011). *Fact Sheets: Domestic violence*. Retrieved June 2012, from http://www.ojp.usdoj.gov/newsroom/factsheets/ojpfs_domesticviolence.html

Washington Council for Prevention of Child Abuse. (2005). *Reframing child abuse messages*. Seattle: Author.

Zero to Three. (2009). *Research summary: Children exposed to violence*. Retrieved July 22, 2012, from http://www.zerotothree.org/site/DocServer/Children_Exp_to_Violence.pdf?docID=2502